广州开放大学
GUANGZHOU OPEN UNIVERSITY

社区家庭服务教育系列全媒体丛书

总主编 熊军 孙彬

HUNYIN JIATING GUANXI

婚姻家庭关系

王燕军 主编

SPM
南方传媒 广东人民出版社
·广州·

图书在版编目（CIP）数据

婚姻家庭关系 / 王燕军主编. —广州：广东人民出版社，
2023.8
ISBN 978-7-218-16893-7

Ⅰ. ①婚…　Ⅱ. ①王…　Ⅲ. ①婚姻家庭纠纷—案例—
中国　Ⅳ. ①D923.905

中国国家版本馆CIP数据核字（2023）第162866号

HUNYIN JIATING GUANXI
婚姻家庭关系
王燕军　主编

出 版 人：肖风华

责任编辑：黄洁华　郑方式
责任技编：吴彦斌　周星奎

出版发行：广东人民出版社
地　　址：广州市越秀区大沙头四马路10号（邮政编码：510199）
电　　话：（020）85716809（总编室）
传　　真：（020）83289585
网　　址：http://www.gdpph.com
印　　刷：广东虎彩云印刷有限公司
开　　本：787mm×1092mm　1/16
印　　张：18.125　字　　数：330千
版　　次：2023年8月第1版
印　　次：2023年8月第1次印刷
定　　价：48.00元

如发现印装质量问题，影响阅读，请与出版社（020-85716849）联系调换。
售书热线：（020）87716172

社区家庭服务教育系列全媒体丛书

编委会

广州开放大学社会培训（家政）学院特色项目建设——"家庭服务"课程资源，聚焦"家庭教育"和"家政服务"两个主题，开发4门相关课程全媒体教学资源，分别为《家庭教育概论》《婚姻家庭关系》《家庭教育指导师技能培训手册（三册）》《家政服务经理人技能培训》。

前言
Preface

婚姻家庭是社会的基本组成细胞，夫妻互相忠实、尊重，家庭成员间敬老爱幼、互相帮助、平等、和睦的婚姻家庭关系模式关系到我们整个社会的和谐与文明。婚姻家庭法作为调整自然人两性和亲情生活的法律，是当今世界各国普遍施行的、国与家并治的重要民事基本法。中国特色社会主义进入了新时代，当下中国社会家庭价值日益多元化，婚姻家庭法起着正确引导人们的婚姻家庭观念及选择婚姻家庭模式的作用。新时代的婚姻家庭法既吸收了中华优秀传统，又植根于中国特色社会主义的实际，更加有利于优良家风的养成。以家庭小文明促进社会大文明，是社会主义核心价值观的内在要求，更是社会主义法治优越性的重要体现。

《婚姻家庭关系》是一本专门解决婚姻家庭中两性和亲情生活常见问题的书籍。它以我国2020年颁布的《中华人民共和国民法典（以下简称《民法典》）》和相关法律法规为依据，将解决各类婚姻家庭纠纷的主要法律依据纳入其中，并结合改革开放40多年来婚姻家庭法施行中的社会实际情况，采用"以案说法"的方式予以解读，促成《民法典》普法宣传和贯彻实施，积极回应新时代对婚姻家庭关系的关注；同时本书围绕夫妻关系和亲子关系做了较详细的剖析，旨在为为人父母者指点迷津。本书意在引导读者树立正确的家庭观念，弘扬中华传统家庭美德，让读者的获得感、幸福感、安全感更加充实。

党的二十大报告指出："教育、科技、人才是全面建设社会主义现代化国家的基础性、战略性支撑。"支持为党育人、为国育才，全面提高人才自主培养质量，落实立德树人根本任务，是新时代我国教育事业面临的中心任务。本书贯彻了党的二十大精神，不忘立德树人初心，牢记为党育人、为国育才使命，培养堪当民族复兴大任的时代新人而贡献力量。

本书努力做到简洁明了、通俗易懂，可供开放教育和高职、高专等高等学校相关专业学生使用，还可作为家庭教育相关非学历培训的基本教学依据之一。

参与本书编写的是常年奋战在教学第一线的教师和从事实务工作的律师。在本书写作过程中编写者参阅了若干学者的著述，谨此致谢，林立、叶晓先生为本书编写提供了重要的帮助，陈中华先生为封面题签，在此一并致谢。

由于作者学识有限，书中难免存在谬误，恳请专家和读者批评指正。

本书由王燕军任主编，顾力、陈弦任副主编，各章撰稿人为：

王燕军：第一章、第四章、第五章、第六章、第七章；

顾力：第二章；

刘塞琳、刘佳蕊：第三章；

何苏芸：第八章；

顾力、刘塞琳：第九章；

陈弦、赵英杉：第十章；

陈弦、罗菲：第十一章；

全书由王燕军统稿、定稿。

本书编写组
2023年6月

目 录
Contents

第三章
我国婚姻家庭制度的基本原则

第四章
结婚制度

第五章
夫妻关系

第八章
家庭关系处理

第九章
婚姻的终止

第十一章
婚姻家庭
救助制度

01

第一章

婚姻家庭绪论

思政目标

通过讲解婚姻家庭制度的历史演变，
促进学生树立
正确的人生观和婚姻家庭观。

案 例

2023年2月15日实施的《四川省生育登记服务管理办法》第三条规定：凡生育子女的公民，均应办理生育登记。与旧办法相比新办法取消了对登记对象是否结婚的限制条件，旧办法的规定是"夫妻应当在生育前进行生育登记"。这个条文在网络上引起了热议，有人质疑该规定是鼓励未婚生育，冲击我国传统婚姻家庭道德观念，变相支持"一夫多妻"。其实四川省不是"第一个吃螃蟹"的，广东省才是。在老龄化日趋严重的背景下，立法者本意是帮助单亲妈妈群体，打造生育友好型社会，并不是在鼓励私生子、破坏家庭，正如网友说的：毕竟孩子不是结婚证生的，是女人生的。

问 题

越来越多的未婚生育，是否会冲击我国现有婚姻家庭制度和主流道德观念？

第一节　婚姻家庭概述

一、婚姻概述

（一）婚姻的概念

❶ 古代婚姻的概念

古罗马查士丁尼的《法学总论》主张："婚姻是男与女的结合，包含有一种不能分离的生活方式。"我国古代的"婚姻"一词来源于"昏因"。"昏"原本是一个时间概念，《礼记·昏义》孔颖达注："娶妻之礼，以昏为期，因名焉。必以婚者，取其阳来阴往之义，日入后二刻半为昏。"即婚礼要在黄昏时举行，后来遂演变成一种行为概念。"因"，按照《说文》的解释，是"就"的意思。"谓婿以昏时而来，妻则因之而去也"，所以，"婿曰昏，妻曰姻"，就是说夫妻关系成立后，对丈夫而言称为"昏"，对妻子而言称为"姻"。

❷ 现代婚姻的概念

由于婚姻的形态、内容随着人类社会的演进而不断变化，同时基于不同的文化背景，同一时代的不同族群对婚姻的理解也存在着明显差异。在我国通常认为，婚姻是当时社会制度所承认的男女双方以互为配偶和共同生活为目的结合。

对现代意义的婚姻，我们可以作如下理解：

（1）婚姻是男女两性的结合。男女两性结合是婚姻成立的前提条件，是婚姻自然层面的要求。两性关系是婚姻的自然属性，即同性结合不成为婚姻。男女两性的生理差别、人类固有的性本能，是婚姻赖以形成的自然因素，也是婚姻固有的自然属性。我们之所以强调婚姻是男女两性的结合，是因为婚姻的这一自然属性正面临挑战。

在我国，对"同性恋婚姻"是持否定态度的。首先，在我国传统上，一直认为婚姻的目的在于使祖先得到祭祀、后代得以繁衍，正如《礼记·昏义》所言："昏礼者，将合二姓之好，上以事宗庙，而下以继后世也。"而异性恋是人类繁衍后代的基本方式，只有异性缔结婚姻才能实现这个目的。其次，由于观念上的局限，民间普遍歧视同性恋，古代的统治者甚至将同性恋视为违法犯罪行为，理由是同性恋违背自然规律，危害人类健康，不利于家庭和社会秩序的稳定，国家有权力也有义务运用法律对人类性行为进行有效的控制。基于传统上、习俗上和心理上的原因，目前同性恋难以得到法律和社会的承认，故我国现行婚姻制度所规定的婚姻关系，必须是异性结合的关系。

（2）婚姻必须是男女两性的合法结合。婚姻关系的成立必须具备法定的实质要件、形式要件，这是婚姻的法律属性。

婚姻虽然是男女两性之间的事情，但它具有重要的社会意义。任何社会、任何朝代，统治者无不通过各种规范形式，设定一定的条件，对两性结合加以引导、确认和调整，从而形成一个统一的、规范的婚姻模式。在现代社会，只有符合法律规定的条件，才产生婚姻的法律效力，即符合法律规定的婚姻，才给予保护。

（3）婚姻是男女两性以建立配偶身份关系，共同生活为目的的结合。男女结婚，其目的是共同生活，组成家庭，履行夫妻间、父母子女间以及其他家庭成员间的权利和义务，承担社会赋予的责任。关于"共同生活"，台湾学者史尚宽先生认为，所谓"共同生活"，一般是指"精神的生活共同（互相亲爱、精神的结合）、性的生活共同及经济的生活共同"，即婚姻生活包括三个方面：精神生活（相亲相爱、共同爱好）；性生活；经济生活（家计共有）。

（二）婚姻的种类

❶ 以是否第一次结婚为标准，将婚姻分为初婚和再婚

初婚，是指从未结过婚的男女，第一次缔结的婚姻。再婚，是指已婚的男女，在离婚或配偶死亡之后，再行结婚的婚姻。其中，离婚男女双方自愿按照法定程序重新恢复婚姻关系的，称为复婚。

在历史上，有些国家规定女子再婚为违法，有些国家规定当事人再婚超过一定次数为违法。如《沙俄民法典》第21条规定，禁止男女第4次结婚。当代各国法律无再婚次数的限制，但是不少国家的法律规定丧偶或离婚的妇女在10个月内不得再婚。我国法律无此限制。

2 根据婚姻当事人人数的多少，将婚姻分为双复式婚姻、单复式婚姻、双单式婚姻

双复式婚姻，是指男子一团体与女子一团体之间成立的婚姻。单复式婚姻，是指一夫多妻或一妻多夫。双单式婚姻，即指一夫一妻。在现代，双复式婚姻已不存在。而一夫多妻和一妻多夫的单复式婚姻目前在许多国家依然存在，并被视为合法，但在大多数国家，一夫多妻是不合法的。现代社会合法的婚姻以双单式婚姻为主流。

3 以婚姻是否按照法律规定的方式缔结，将婚姻分为要式婚和事实婚

要式婚，是指符合结婚条件的男女，必须按照法律规定的方式结婚，才能得到社会的认可并受法律保护。在历史上，结婚方式主要有仪式制、登记制、登记与仪式相结合制三种。我国婚姻家庭制度规定结婚登记是婚姻合法成立的唯一方式。

事实婚，是指符合结婚条件的男女双方，未按法律规定办理结婚手续，即以夫妻关系公开同居生活所形成的婚姻。事实婚并非现代社会特有的现象，也不是中国社会特有的现象。一般认为，早在罗马时代就已存在事实婚，如罗马时期的时效婚与现在的事实婚就很相似。对于事实婚，各国法律规定不尽一致。大体有以下三种：一是不承认主义，以日本为代表。《日本民法典》第739条规定："婚姻，因按户籍法规定所进行的申报而发生效力。"该法第742条又规定："当事人不进行婚姻申报时，婚姻无效。"二是承认主义，英美的普通法规定，对于符合结婚实质要件的事实婚承认其婚姻效力。三是相对承认主义，如《古巴家庭法典》第18条规定，非正式婚姻当事人具备"单身和稳定条件"，在得到有关法院的承认之后，即产生正式婚姻的效力。《民法典》第1049条规定："未办理结婚登记的，应当补办登记"。

（三）婚姻的社会功能

1 满足性爱的功能

性爱在表层上被理解为两性生理的结合，而在深层意义上则应界定为男女两性生理、情感、精神等方面互动关系的总和，是一种社会化了的生物性。男女双方缔结婚姻关系之后，性爱就成为维系相互关系的基本纽带，构成婚姻生活的重要内容之一。一夫一妻的婚姻结构既有确认、维护性爱的保障功能，又有限制、排斥婚外性爱的否定功能。

在现代社会，婚姻保证夫妇之间性爱需要满足的功能，一般是与排除婚姻之外各种性爱行为的功能同时实现的。限制和排除婚姻外的性行为是习俗、道德、法律等社会规范中有关两性关系的基本要求，也是婚姻家庭制度的重要内容之一。

② 实现生育的功能

人们缔结婚姻的目的，一方面是性爱本身；另一方面则是性爱的延续和结果，即实现人类自身再生产。自个体婚制形成以来，婚姻是生育的合法的常态途径，非婚生育虽未彻底禁绝，但在社会规范上普遍遭到否定。而且在历史上，当性爱尚未得到人们理性层次的自觉认同时，生育功能被认为是婚姻的最高价值，也曾是婚姻成败与否的检测标准。

随着现代社会生育观的进步，婚姻的生育功能虽已逐步丧失其传统意义上的崇高地位，但社会中绝大多数人口仍然是通过婚姻而生殖养育的，婚姻与生育依然是一个有机联系的整体，传统的自然生育方式仍居主导地位。

③ 相互扶助的功能

一夫一妻的婚姻结构同时也是一男一女长久共同生活的实体。亲密无间的人身关系决定了两人物质上、生活上、情感上的不可分离，有福同享、有难同当、贵贱同受是夫妻关系的基本信条，上升到法律、道德层次则是夫妻之间相互扶助的责任与义务。婚姻承担了扶助功能，它要求夫妻之间在经济上、物质上相互供养，生活上互相照顾，精神上互相关心、抚慰。这种扶助功能是婚姻性爱功能的物化形式和外在表现，也是婚姻生育功能的有效保障，体现了个体与社会利益的双重需要。

二、家庭概述

（一）家庭的概念

① 古代家庭的概念

古罗马法学家乌尔比安说："本义的家庭是指这样一群人，他们均服从某一人的权力、品格和权威。"我国古代社会，将家庭简称为家，其含义有三：

（1）指人的居所。"家"是象形字，在词语意义上是指人的住所。"家庭"一词首次见于古代文献的记载是在《后汉书·均传》中，但在古代大多数场合则被简称为家。我国古代甲骨文和金文中，"家"字像"豕"于屋下，本义为"豕之居"，后来引申为人居住的地方。

（2）指家室，即夫妇。先秦时，家与室连用，专指夫妇。《周礼》郑玄注："有夫有妇，然后为家。"《礼记·地宫媒氏之释文》曰："男女相对，男称女为家，所以成家。"

（3）指父子、兄弟、夫妻共同生活的团体。《周易·家人卦》说："家人有严君焉，父母之谓也。父父、子子、兄兄、弟弟、夫夫、妇妇，而家道正。正家，而天下定矣。"

❷ 现代家庭的概念

家庭，是指因婚姻、血缘和收养（法律拟制）所产生的共同生活的，其成员间互享权利、互负义务的亲属团体。家庭关系与婚姻关系一样，是法律所调整的对象。作为法律意义上的家庭，它具有以下几个特征：

（1）家庭是一个亲属团体，同一家庭的成员是被婚姻和血缘纽带联系在一起的。这一特征区别于其他团体或社会组织。这里包括两层意思：一是指家庭是一个团体，团体是指人与人之结合体，组成家庭的成员有两个人以上。二是指这个团体的成员身份比较特殊，都是具有亲属身份的人，如配偶（夫妻）具有婚姻关系；父母子女、兄弟姐妹之间具有血缘或拟制血缘关系。

（2）家庭须有共同经济生活，这里的"共同经济生活"应解释为"同居共财"或"同一家计"。通俗的意思是指共同生产和共同消费。家庭实际上是个生产单位或消费单位。由此也可以理解为：家庭作为社会关系的一种特定形式，既是由人组成的社会共同体，又是以一定的物质为基础的财产集合体。当然，我们并不能机械地、绝对地将其理解为"同居"，暂时的分居，但仍然有共同生活的意思以及同居的意思就够了。

（3）家庭成员之间在法律上存在明确的权利和义务。法律以一定范围的近亲属作为调整的对象，在这些特定的人之间规定相应的权利和义务，以使家庭实现社会赋予的职能。目前，我国《民法典》规定有权利和义务的近亲属是指配偶、父母、子女、兄弟姐妹、祖（外祖）父母、孙（外孙）子女，其他亲属则不属调整范围之列。

（二）家庭的职能

从历史上看，婚姻家庭是适应人类社会发展的客观需要出现的，自其产生时起就担负着一定的社会职能，在社会生产和社会生活中发挥着重要的作用。这些职能是婚姻家庭本质的外部表现，是婚姻家庭与外部社会的联系环节。

❶ 繁衍后代，延续种群职能

人口是人类社会存在和发展的必要条件。虽然两性结合、繁衍后代是由婚姻家庭的自然属性决定的，但决不能把人口再生产当作一种纯自然的过程。人口的再生产也是必须与一定的社会和经济发展相适应的。历史上的每一种生产方式，都有自己的特定人口规律，社会制度不同，婚姻家庭在实现延续族群的职能时也呈现出相应的特点，这又是由婚姻家庭的社会属性决定的。

❷ 生活、消费职能

家庭是一个婚姻和血缘组成的亲属团体，同时也是一个经济单位，担负着物质资料生产和消费的职能。家庭的经济功能反映了社会生产和生活方式的要求。

家庭既包括两性和血缘关系，又包括物质生活和精神生活关系，担负着多种社会职能。一般来说，家庭具有组织生产、生活，对家庭成员进行教育和繁衍后代的职能。但是，各种类型的家庭的本质和职能，由当时社会的物质生产方式和物质生活条件以及各自所处的阶级地位所决定，同时又为统治阶级的政治制度所支配，并受伦理道德观念、风俗习惯、文化意识等方面的影响，因此，各种类型家庭的职能不可能是整齐划一的。

在原始社会，氏族家庭是主要的社会组织形式，担负着多种社会功能，人们共同狩猎、共同消费、共同生活、共同防御野兽和自然灾害的侵袭。在奴隶制社会和封建制社会，家庭仍然是社会的基本结构形式，家庭的社会职能除生活职能外，还包括生产职能和消费职能，家庭既是生活和消费的部门，又是从事生产的单位。随着资本主义的发展，社会分工愈加细致，生产技术和生产规模愈加现代化和社会化，生产职能逐渐从家庭分离出来，成为社会职能，家庭变为单纯的消费和抚育子女的场所。家庭的生活与消费职能是家庭至今恒久不变的职能，而随着社会的发展变化，家庭的生产职能则随之发生变化。但社会化大生产是社会发展的方向，人类的生产最终要成为社会的生产，全部由社会承担。

3 亲子教育职能

家庭作为一个教育单位，历史上早就形成，实际上家庭教育也是社会教育的一部分。在我国封建社会里，家庭教育在整个教育中占有十分突出的地位。在我国古代，古人很重视对子女的家庭教育的作用，古人在这方面为我们树立了良好的典范，如宋代著名的爱国将领岳飞，其母除给其灌输爱国主义思想外，还在其背纹上"精忠报国"四个字，这对他成为一代名将具有巨大的影响。另外，孟子的母亲三迁其居，目的也是让孟子有一个良好的成长环境，正所谓"近朱者赤，近墨者黑"，这对于他日后成长为对后世影响巨大的思想家也是十分重要的。

此外，历史上不少学者名人都十分重视家教，留下了许多"家训""家书"和"治家格言"。较著名的有《曾国藩家书》《颜氏家训》等。这些家教规范深受后人重视，后人多有所发挥、发展。尽管他们的言行被打上了封建伦理观念的烙印，目的在于维护封建宗法制度，但是，古人在教育子女方面的有益经验，至今对我们仍有借鉴意义。在中国封建社会的长期发展中，其对引导、规范人们的思想、言行，从正、反两方面都起着重要作用。

4 互相扶助职能

家庭的扶助职能包含了抚养和赡养职能。养老育幼、辅助缺乏劳动能力没有生活来源的家庭成员，是我国家庭的传统职能，也是我国几千年来的优良传统。我国自古以来就认为家庭必须承担抚养子女和赡养老人的责任和义务，如"长保二亲，乐富昌"，即认为只有奉养二亲（父母），家庭才会快乐、富有。并且强调，赡养父母，不仅是物质上的供养，更为重要的是精神上的敬爱和慰藉。儒家的创始人孔子对"孝"作这样的解释：强调子女不仅要像犬马服侍人一样，更为重要的是要从思想上敬重、爱护父母，这才是真正的"孝"。他指出，子女即使生活贫困，但眷念父母生我、育我的恩情，用发自内心的真情，尽心尽力奉养父母；从思想上敬爱父母，并兢兢业业为人，不给父母带来耻辱和恶名，使父母精神上得到慰藉和满足、快乐，这就是"孝"。

儒家关于"孝"的思想，虽然有其消极面和糟粕，但其精华、主导方面却是进步的。把人类对父母的爱从一般生物都具有的本能，提高到思想上的敬爱水平，这是对人类家庭伦理思想的重要贡献，影响我国至深且远，形成了我国优秀的民族传统，塑造了我们民族的素质。这是我们建设现代文明社会的重要文化资源和精神财富，值得重视和弘扬。

三、婚姻家庭的属性

婚姻家庭关系作为社会关系的特定形式，是人类社会发展到一定阶段所出现的两性结合和血缘联系的社会形式，既有一般社会关系的共性，又有自身独具的特点和属性，即具有不同于其他社会关系的自身特点。

婚姻家庭带有双重性，是自然属性与社会属性的统一体，其中社会属性是根本属性。

（一）婚姻家庭的自然属性

婚姻家庭的自然属性，是指婚姻家庭赖以形成的自然因素，或称为自然条件、自然规律，是婚姻家庭中客观存在的、具有普遍意义的属性，是区别于其他社会关系的重要因素。

婚姻家庭赖以形成的自然因素包括：（1）男女两性的生理差别和人类固有的性本能；（2）两性结合实现的人种繁衍，保证人口的再生产的自然职能；（3）由婚姻而衍生的血缘联系。通过家庭所明确的父母子女、兄弟姐妹等亲属网络的血缘关系和基因遗传是一种客观的自然形成的生物联系，构成家庭的生物意义上的特征。

婚姻家庭的这种自然属性是婚姻家庭关系区别于其他社会关系（如债权关系、物权关系）的重要特征，如果没有上述种种自然因素，社会根本不可能出现婚姻家庭。各国在立法时都不能不顾婚姻家庭的自然属性。例如：确定法定婚龄以控制人口不得不考虑人的生理发育程度；为了优生优育提高人种素质必须禁止一定范围的血亲结婚；从人道主义的立场出发，规定性能力缺乏可作为离婚的条件和理由；等等。

（二）婚姻家庭的社会属性

婚姻家庭的社会属性，是指社会制度赋予婚姻家庭的本质属性。换言之，是指决定和影响家庭的社会力量及婚姻家庭所包含的社会内容。婚姻家庭的社会属性主要有三个方面：（1）组织经济生活；（2）实现人口再生产；（3）教育下一代。

婚姻家庭不是自然的产物，而是社会的产物，因此，社会属性才是婚姻家庭的本质属性。不能将自然属性和社会属性两者不分主次地平列起来。在婚姻家庭问题上，决不能用对生理学、生物学现象的研究去代替对社会现象的研究，更不能将作为自然条件的两性和血缘联系同作为社会关系的婚姻家庭本身混为一谈。

第二节　婚姻家庭制度及其历史类型

一、婚姻家庭制度

婚姻家庭制度，是指被主流社会所承认的并被人们普遍遵循的婚姻家庭关系规范体系。从形式上，构成婚姻家庭制度主要有四种规范。

（一）习惯

由于两性关系是人类赖以延续的基本的社会关系，所以，婚姻家庭制度是人类社会古老的社会制度之一。在原始社会，习俗和惯例是最基本的规范形式，依靠着舆论的监督和个人的自觉遵守来保证实施。这种在漫长原始社会中逐渐形成并不断发展的规范形式具有很强的惯性，对国家形成以后的婚姻家庭制度有着非常深远的影响。在古代社会，习惯在婚姻家庭制度的构成中占有重要的地位。如中国古代结婚程序的"六礼"就不是成文法律，而是一种民间习惯。其他许多亲属间的关系，包括日常扶养、丧祭活动等也靠习惯来调整。习惯在我国1950年颁布的《中华人民共和国婚姻法》（简称《婚姻法》）中也有反映，如其规定"禁止直系血亲和两代以内的旁系血亲间结婚"，同时规定，其他五代以内旁系血亲间结婚问题"从习惯"。

（二）道德

婚姻家庭制度的第二种表现形式是道德。由于亲属关系用婚姻和血缘纽带联结在一起，具有极强的伦理性，因此，道德是判断亲属关系非常重要的价值尺度。道德规范在婚姻家庭生活中发挥着独特的作用，这是任何其他社会关系所不可比拟的。譬如，在中国古代，所谓"父慈子孝，兄良弟悌，夫义妇听"等就是亲属关系的道德准则；"三从四德"是对女性的道德要求。我们现今也提倡"尊老爱幼"等社会主义婚姻家庭道德。这些道德有的被法律所肯定，有的存在于法律之外，往往反映了更高的标准、更高的境界。

（三）宗教信条

宗教信条在将某种宗教当做"国教"的国家里尤为突出。尽管中国汉族的亲属关系受宗教的影响不大，但从世界范围看，宗教戒律、宗教信条在调整婚姻家庭关系中的作用是绝对不可忽视的。

（四）法律

法律是婚姻家庭制度重要的规范形式。法律最重要的特点就在于它的国家意志性和强制性，它是衡量人们行为是否正当、是否为某一社会所承认的最起码的尺度。由于在不同社会发展阶段，法律文明处于不同状态，故婚姻家庭法的表现形式也有明显区别。比如在古罗马，亲属法属于私法的组成部分；在古代中国，它是刑事和行政法的附属规范；近代以来，婚姻家庭法作为民法的内容，存在着不同的立法模式。

总的看来，在古代社会，习惯、道德、宗教信条的地位比较突出，而近代以来，随着人们对法治的重视，法律发挥着越来越大的作用。

二、婚姻家庭制度的历史类型

人类两性和血缘关系进步到社会制度范畴的婚姻家庭，是一个复杂、曲折的过程，经历了漫长的历史。它是一个从无到有、从低级到高级、从感性到理性的逐渐演变发展的过程。以两性和血缘联系为特征的婚姻家庭关系，经过原始禁忌、习惯、道德和法律加以确认和调整以后，才有了对人们具有普遍约束力的行为规范，从而形成了一定社会的婚姻家庭制度。

恩格斯从辩证唯物主义和历史唯物主义的立场出发，借助摩尔根《古代社会》一书所调查的大量资料和一些正确的分析判断，并以马克思的《摩尔根〈古代社会〉一书摘要》手稿为蓝本，于1884年写出了《家庭、私有制和国家的起源》这部光辉的著作。在这部著作中，恩格斯肯定了摩尔根对原始社会婚姻家庭制度划分的几种类型及其特点，科学地、创造性地揭示了婚姻家庭制度产生和发展的规律，从而廓清了千百年来笼罩在婚姻家庭学说上的迷雾，为马克思主义的婚姻家庭观奠定了理论基础。现在，研究婚姻家庭法学的学者多是以摩尔根的《古代社会》和恩格斯的《家庭、私有制和国家的起源》所作的研究为依据对婚姻家庭形态进行划分，具体的类型如下：

（一）蒙昧时期早期（前婚姻时代）的婚姻家庭形态——乱婚

在原始社会早期，生产力原始、低下，人类刚刚与动物界分化，和自然作斗争的能力异常薄弱。出于在险恶的环境中生存的需要，人类不得不自发地结成规模大小不一的群体，共同劳动，共同生活。同一群体的成员，在两性关系方面处于杂乱状态，不存在任何限制，即一切男子属于一切女子，一切女子也属于一切男子。当时的两性行为是杂乱的、非规范的，没有什么制度的约束，也无任何禁忌的限制。恩格斯指出："所谓杂乱，是说后来由习俗所规定的那些限制那时还不存在。"[1]两性关系还没有基本的社会规范，不仅在兄弟姊妹之间，而且在父母子女等直系血亲之间，两性关系中的血缘禁例尚不存在，"禽兽之性，则乱不知伦理"，"其时也，民知其母不知其父"。这种毫无限制的两性关系和不能分辨的血缘关系，意味着人类在文明社会前的漫长时代里，任何意义上的婚姻家庭都不存在，更谈不上有婚姻家庭制度，这就是人类两性关系发展史上不可逾越的"血亲杂交时期"，马克思把当时的人类称为"无婚姻可言"的原始蒙昧人。当然，这主要是说当时还没有后来才出现的婚姻禁忌，切不可与所谓的"淫乱"混为一谈。这一时期，社会处于蒙昧时期的早期或初期。

（二）蒙昧时期晚期的婚姻家庭形态——群婚制

群婚制，是指原始社会中一定范围的一群男子与一群女子互为夫妻的婚姻形式。其特征在于两性关系受到一定范围的血缘关系的限制和排斥。群婚制又可分为两个阶段：

💗 血缘群婚制

血缘群婚制，又称"全血缘的群婚"，是血缘群婚制的低级形态。血缘群婚制，是指在同一个原始群体内部，根据人们出生的辈分或年龄划分允许通婚的集团。纵向的不同辈分之间的人不许发生性关系，即直系血亲之间的两性关系已被排除，但年龄或辈分相同的男女可以结成配偶，既是兄弟姊妹，又是夫妻。在这里，婚姻集团是按照辈数来划分的：在家庭范围以内的所有祖父和祖母，都互为夫妻；他们的子女，即所有的父亲和母亲也是如此；同样，后者的子女，构成第三个共同夫妻圈子；而他们

---

[1] 见《马克思恩格斯选集》第4卷，人民出版社1995年版，第32页。

的子女，即第一个集团的曾孙子和曾孙女们，又构成第四个圈子。这样，这一家庭形式中，仅仅排除了祖先和子孙之间、双亲和子女之间互为夫妻的权利和义务。同胞兄弟姐妹、从（表）兄弟姐妹、再从（表）兄弟姐妹和血缘更远一些的兄弟姐妹，都互为兄弟姐妹，也一概互为夫妻。与血缘群婚相适应的血缘大家庭，则实际上是一个低级的有纵向两性禁忌的群婚原始群体。一个群体，即是一个血缘大家庭。

血缘群婚制是人类婚姻的第一个形式，也是群婚制的低级阶段。血缘群婚制是在同辈男女之间的通婚，排斥了不同辈分之间，如父母子女、祖父母和孙子女间的通婚。这和杂乱的性交关系相比，是一个很大的进步，这个进步是自然选择规律发生作用的结果。

② 亚血缘群婚制

亚血缘群婚制，又称半血缘的群婚，或称普那路亚家庭。在这种制度下，婚姻仍然是同辈男女之间的集团婚，起初排除同胞兄弟姐妹间的通婚，后来又逐步排除了血缘较远的兄弟姐妹间的通婚。即一群男子和一群女子相结合，有共同的丈夫或共同妻子，但丈夫与妻子必须不是同胞兄弟姐妹（非血缘），排除了兄弟姐妹之间的性关系。亚血缘群婚，是群婚制中的高级阶段。其特点是严格排除直系血亲之间的两性关系，两性结合被限制在同一世代以内。这种婚姻制度，必然要实行族外婚，因此，和全血缘群婚制相比，是一个重大的进步。"按照夏威夷的习俗，若干数目的姊妹——同胞的或血统较远的即从（表）姊妹，再从（表）姊妹或更远一些的姊妹——是她们共同丈夫们的共同的妻子，但是在这些共同丈夫之中，排除了她们的兄弟；这些丈夫彼此已不再互称兄弟，他们也不再必须是兄弟了，而是互称普那路亚……同样，一列兄弟——同胞的或血统较远的——则跟若干数目的女子（只要不是自己的姊妹）共同结婚，这些女子也互称为普那路亚。"[①]所谓普那路亚，即"亲密的伙伴"之意。基于此，亚血缘群婚的实质特点就是：一群姊妹有着她们的共同丈夫，但兄弟除外；一群兄弟有着他们的共同妻子，但姊妹除外。

既然亚血缘群婚制以排除兄弟姐妹间两性关系为本质特点，那么必须以通过一定的社会组织形式，把握每个人的血缘关系为前提条件。在人们只知其母、不知其父的集团群婚状态下，母系血统则成为当时认定血缘关系的唯一依据。这样，从亚血缘群

① 《马克思恩格斯选集》第4卷，人民出版社1995年版，第35-36页。

婚形态中衍生了人类第一个有规范的社会组织形式——氏族，并且一开始只能是母系氏族，即一个由出于共同的女性祖先、按照母系确定其血缘关系的后裔所组成的社会集团。恩格斯指出："氏族制度，在绝大多数情况下，都是从普那路亚家庭中直接发生的。"①氏族产生以后，又成为亚血缘群婚制普遍推行的有效保证和社会屏障。从此，婚姻双方分属于两个出自不同女性祖先的不同的母系氏族，同一氏族的男女基于共同的女系血统而禁止两性行为，因而必须实行氏族外婚制。但这种分化的氏族仍以其原始群体——部落为母体，所以又表现为部落内婚制。

亚血缘群婚制下的氏族实际上是一个女系血缘家庭，氏族反映了后世家庭的原始形式，具有家庭的一定功能。它既是一个血缘团体，又是当时的基本生活、生产单位。在这种氏族家庭中，世系按母方计算，女性受到普遍的尊敬，成为氏族社会的中心，因而是母权制或女权制社会形态。

亚血缘群婚制排除横向的兄弟姐妹间的两性关系，是人类婚姻家庭史上的又一大进步。恩格斯指出："如果说家庭组织上的第一个进步在于排除了父母和子女之间相互的性关系，那么，第二个进步就在于对姊妹和兄弟也排除了这种关系。这一进步，由于当事者的年龄比较接近，所以比第一个进步重要得多，但也困难得多。……不容置疑，凡近亲繁殖因这一进步而受到限制的部落，其发展一定要比那些依然把兄弟姊妹婚姻当作惯例和规定的部落更加迅速，更加完全。"②

（三）野蛮时期的婚姻家庭形态——对偶婚制

对偶婚制，又称偶婚家庭，是指一男一女在或长或短的时间内相对稳定的偶居生活的婚姻形态。它是群婚制向一夫一妻个体婚制的过渡形态，产生于原始社会蒙昧时期和野蛮时期的交替阶段，盛行于野蛮时代，即原始社会晚期。不过，早在群婚制时期，对偶婚现象即有萌芽并时有发生，但在当时的社会条件下并没有形成一种普遍实行的婚姻制度。所以，在原始社会的一个相当长的时期内，对偶婚和群婚是同时并存的，由自发的成对配偶相对稳定地结合发展为普遍盛行的对偶婚制，经历了一个漫长的演变过程。

对偶婚制的典型形式是成对配偶在一定时间内保持相对稳定的两性同居生活，即一个男子在许多妻子中有一个主妻，而一个女子在许多丈夫中有一个主夫。这种或长

① 《马克思恩格斯选集》第4卷，人民出版社1995年版，第38页。
② 同上，第34—35页

或短的相对稳定的成对配偶的现象，在群婚制时就已有了，但还未形成一种普遍通行的形式。随着生产的发展和婚姻禁例的严格，成对配偶越来越普遍。对偶婚制有其本身的特点，和群婚制比，配偶的范围缩小，关系相对稳定，与后来的一夫一妻制比，这种结合仍很脆弱，很容易解除。对偶婚既具有群婚的特点，又具有一夫一妻制的雏形，所以说它是从群婚制向一夫一妻（单婚）制过渡的形式。由于它是介于群婚和个体婚之间的过渡形态，因而带有双重特点。对偶婚姻所伴生的对偶家庭并不是严格意义上的家庭，它不可能脱离氏族而独立。在氏族公有制经济基础上，对偶家庭不成为一个经济单位，不能作为当时社会的一个细胞组织，此时的经济单位依然是以母权制为中心的氏族。尽管如此，我们仍应承认对偶婚制在人类历史上的重大意义：其一，对偶婚制的普遍化给血缘关系注入了新的因素，"父亲"这一角色开始为人们认知。其二，对偶婚使对偶家庭成员间的经济联系开始发生和发展，意味着削弱氏族成员之间的经济联系，母系氏族逐步为父系氏族所代替，并且为家庭取代氏族而成为经济单位奠定了基础。其三，对偶家庭的出现导致了生活资料和部分生产工具的私人占有，加剧了社会阶层的分化和财产私有制的产生。

（四）文明社会的婚姻家庭形态——一夫一妻制

一夫一妻制，又称个体婚、单婚、专偶制，是指一个人只能有一个配偶，即一男一女结为夫妻的婚姻制度。一夫一妻制，是在原始社会崩溃、阶级社会形成的过程中确立的。它的最后形成，乃是阶级社会开始、文明时代的标志。

一夫一妻制是在生产发展、私有制出现、阶级形成的情况下产生的。正如恩格斯指出的："专偶制不以自然条件为基础，而以经济条件为基础，即以私有制对原始的自然产生的公有制的胜利为基础的第一个家庭形式。丈夫在家庭中居于统治地位，以及生育只可能是他自己的并且应当能继承他的财产的子女，——这就是希腊人坦率宣布的个体婚制的唯一目的。"[①]

在一夫一妻制确立的漫长过程中，人类社会经历了一系列重大社会变革。这些社会变革为一夫一妻制婚姻家庭制度的产生创造了不可缺少的条件。恩格斯指出："要使对偶制家庭进一步发展为牢固的专偶制，需要有别的原因，这种原因与我们已经看到的一直起着作用的那些原因不同。在成对配偶制中，群已经减缩到它的最后单位，

---

① 《马克思恩格斯选集》第4卷，人民出版社1995年版，第62-63页。

仅由两个原子组成的分子，即一男和一女。自然选择已经通过日益缩小婚姻共同体的范围而完成了自己的使命；在这一方面，它再也没有事可做了。因此，如果没有新的、社会的动力发生作用，那么，从成对配偶制中就没有任何根据产生新的家庭形式了。但是，这种动力开始发生作用了。"① 这里所说的新的社会动力，就是随着原始社会末期生产力发展而出现的私有财产。一夫一妻制的产生正是私有制确立的必然结果，同时又是生产力发展、男女两性地位演变和对偶婚全面推行等共同作用的必然归宿。父权制下的私有财产继承制度则是导致一夫一妻制产生的直接诱因。

私有制下的一夫一妻制与对偶婚比较，有以下两个特点：（1）表现为男子对女子的奴役。一夫一妻制的产生，绝不是个人性爱的结果，而是两性冲突的产物。从一夫一妻制形成的原因看，丈夫要求妻子保持贞操，只有这样，才能生出无可怀疑的丈夫的后代。所以，一夫一妻从一开始就只是对妻子方面的片面要求，更确切地说，一夫一妻就是一妻一夫，而丈夫，由于他的地位高于妻子，他可以一夫多妻。所以恩格斯说："这种妻子方面的专偶制根本不妨碍丈夫的公开的或秘密的多偶制。"② 因此，一夫一妻制的产生，也就是历史上男性奴役女性的开始。（2）婚姻关系牢固。对偶婚关系松散，可以随意解除，而一夫一妻制的夫妻关系则要牢固得多，不能随意解除。婚姻的缔结是包办强迫的，当事人只能安心顺从；婚姻缔结后就不允许随意离异，最初，只有丈夫休妻和解除婚姻的特权，而妻子只能从一而终。

恩格斯指出："它③ 决不是个人性爱的结果，它同个人性爱绝对没有关系，因为婚姻和以前一样仍然是权衡利害的婚姻。专偶制是不以自然条件为基础，而以经济条件为基础，即以私有制对原始的自然产生的公有制的胜利为基础的第一个家庭形式。"④ 这就是说，一夫一妻制的产生，首先是以生产力的发展和私有制的出现为基础的。一夫一妻制的出现是人类社会一个很大的进步，是现代性爱的基础，它的最后胜利是文明时代开始的标志之一。

---

① 《马克思恩格斯选集》第4卷，人民出版社1995年版，第50页。
② 《马克思恩格斯选集》第4卷，人民出版社1995年版，第73页。
③ 它，指专偶制。
④ 《马克思恩格斯选集》第4卷，人民出版社1995年版，第62—63页。

第三节　婚姻家庭法概述

一、婚姻家庭法的概念

（一）婚姻家庭法的名称

婚姻家庭法在古今中外的法律上使用的名称各不相同，主要有四种，即婚姻法、家庭法、婚姻家庭法和亲属法。形成这种状况的原因有两个：一是因调整范围的不同而命名不同。如调整婚姻关系的称婚姻法，调整家庭关系的称家庭法，调整婚姻与家庭关系的称婚姻家庭法。二是与认识上的原因和传统习惯有关。如调整婚姻与家庭关系的法律，有的国家称婚姻法，我国即是如此；有的国家称家庭法，如罗马尼亚、前民主德国；大陆法系国家多称亲属法。调整范围与名称不一致，主要是沿袭习惯不同所致。英美法系，由于多为单行法规，故采取名实相符的命名原则。如英国的婚姻诉讼法、家庭赡养法，美国的统一结婚离婚法等。

我国古代的婚姻立法从汉朝开始以"婚律""户律""户婚律"之名将其置于诸法合体的成文法律之中，到清末仿效西方大陆法系改称"亲属法"，在1930年颁布施行的《中华民国民法典》中一直称其为亲属法。所谓亲属法，即规定亲属关系、家庭家属关系及由此等所产生的各种权利义务之法规，即规定亲属或家庭家属身份之发生、变更、消灭，以及基于此等身份产生之权利义务。在古代罗马，婚姻家庭法规范在"私法"中占有很重要的地位，但尚无专门名称；近现代大陆法系各国沿袭罗马法传统，制定系统的民法典，并以"亲属法"之名统纳婚姻家庭方面的法律规范，作为民法典的组成部分；而英美法系各国以其独到的判例和单行规范调整婚姻家庭关系，名称分解很细，如家庭法、结婚法、离婚法、夫妻财产法、亲子法、收养法等。

中华人民共和国成立后，于1950年颁布《婚姻法》，到2001年《婚姻家庭法》仍被称为"婚姻法"。许多学者指出，该法律的名称与其调整对象名不副实。因为，法律名称的界定，一般均采用法律名称涵盖其所调整的全部法律关系的命名原则。显然，名为"婚姻法"的法律不只是调整婚姻关系的法律，还是调整婚姻家庭关系的法律。从严格的法律科学意义上分析，以"婚姻法"之名来表述婚姻家庭法，不能客观概括现行法律规范的全部内容、反映立法的整体结构。因此，在法学教学和研究领域内，将其称为"婚姻家庭法"则更为科学。从法律部门的角度说，婚姻家庭法是调整婚姻家庭关系的法律规范的总和。2020年我国《民法典》将婚姻家庭法的相关章节归纳起来命名为婚姻家庭编。

（二）对我国现行婚姻家庭法的理解

对我国现行婚姻家庭法，可以从以下三个方面来理解：

（1）我国婚姻家庭法是广义的婚姻法。我国婚姻家庭法调整的对象包括婚姻关系和家庭关系。在我国婚姻家庭法中，既包括婚姻法规范，又包括家庭法规范，还包括有关亲属的法律规范。所以它既属于广义婚姻法，又属于广义家庭法，其规范的内容体系与大陆法系民法中的"亲属法"大体一致。

（2）我国婚姻家庭法是实质意义上的婚姻法。我国婚姻家庭法是我国现行法律体系中所有调整婚姻家庭关系的法律规范的总和。它构成一个相互联系的、多层次的、具有不同法律渊源的规范系统，交织在各个法律部门之中，即属于实质意义上的婚姻家庭法。《民法典》婚姻家庭编，只是婚姻家庭关系的基本准则，并非全部准则，只能属于形式意义上的婚姻家庭法。这种形式意义上的规范性文件集中而系统地表现了婚姻家庭法规范，但仍难以包罗全部规范。所以实质意义上的婚姻家庭法不但需要借助于其他法律部门，而且需要根据立法条件和社会要求，制定一些单行法规，专门调整某一类婚姻家庭关系，如妇女权益保障法、未成年人保护法、老年人合法权益保护法、反家庭暴力法，等等。即不仅指以婚姻法命名的法律，还包括一切调整婚姻家庭关系的法律、法规以及判例、司法解释。

我国婚姻家庭法的渊源主要有：①宪法和法律；②行政法规和国务院所属部门制定的有关规章；③地方性法规和民族自治地方的有关规定；④最高人民法院和最高人民检察院的司法解释；⑤我国缔结或者参加的国际条约。

（3）在法律特性上，我国现行婚姻家庭法属于私法、基本法。我国婚姻法"本身不是一个独立的法律部门，而是民法这个法律部门的组成部分"，从我国的立法体制来看，应属于广义的民事法律范畴。既然属于民法部门，那么婚姻法无论是形式意义上的，还是实质意义上的，均具有基本法的地位和效力。所谓私法，是关于一般私人间的身份生活的法。所谓普通法，是适用于在中华人民共和国境内的所有自然人，不是仅适用于部分自然人的特别法。当然，其中有特别规定的除外。

二、婚姻家庭法的调整对象

特定范围的社会关系构成各个法律部门的调整对象，也是认定和划分法律部门的基本标准。婚姻家庭法虽属于民法范畴，但与其他民事法律规范相比较，又具有相对独立的性质。

婚姻家庭法的调整对象为婚姻家庭关系，具体可从以下方面理解：

（1）从调整对象的范围来看，婚姻家庭法既调整婚姻关系，又调整家庭关系；既包括婚姻家庭关系的发生、变更和终止的动态运行的全过程，又包括横向的婚姻家庭关系中主体之间的权利和义务。如婚姻关系因结婚而成立，又因一方死亡或离婚而终止。所以关于结婚的条件和程序，夫妻间的权利和义务，关于离婚的原则、程序、条件以及离婚后有关子女抚养、财产分割和生活帮助等，都属于婚姻关系范围。家庭关系基于结婚、出生、法律拟制等原因而发生，又因离婚、家庭成员死亡、拟制血亲关系解除等原因而消灭。因此，关于确认家庭成员之间的亲属身份，规定家庭成员之间的权利义务及其产生、变更和终止等方面的内容，均属于家庭关系的范围，也由婚姻家庭法调整。

（2）从婚姻家庭法调整对象的性质来看，既有婚姻家庭方面的人身关系，又有婚姻家庭方面的财产关系。其中人身关系居主导地位，财产关系以人身关系为先决条件，居于从属依附地位。所以婚姻家庭法在性质上应认定为身份法而非财产法，它所调整的对象是基于婚姻家庭而产生的人身关系以及财产关系。

婚姻家庭中的人身关系存在于具有特定亲属身份的主体之间，本身并不直接体现经济内容，如配偶身份、亲子身份、祖孙身份、拟制血亲身份，以及人格独立权、人身自由权、姓名权等。它的存在、变更和消灭不是以物质上的考虑为出发点，而是自然形成的以共同生活为目的、以亲属间的感情和伦理关系为基础的身份关系。

婚姻家庭中的财产关系，是以人身关系为前提，直接体现一定经济内容或者以一定的财产为媒介所形成的社会关系，在法律意义上即为财产性质的权利义务关系。这种财产关系是人身关系所引起的法律后果，随人身关系的产生而产生，随人身关系的变更、消灭而变更、消灭。如亲属间的扶养、赡养和抚养关系，亲属间的继承关系，夫妻共同财产关系，家庭成员间的共同财产关系等，都是直接反映以财产为媒介的一种经济关系，但又与主体所具有的特定身份不可分割，所以它是一种附属于人身关系的财产关系。

三、婚姻家庭法的特点

（一）适用范围的广泛性

婚姻家庭关系是一种最广泛、最普通的社会关系。每个社会成员，不论性别、年龄，都不可避免地同婚姻家庭法产生联系，每个人，既是婚姻家庭关系的产物，又是婚姻家庭关系的主体，承受婚姻家庭法上的权利和义务。所以，任何人不论是否意识到，只要生活在社会中，都不可能不参与婚姻家庭领域的法律关系。因此说该法是适用于一切自然人的普通法，而不只是适用于部分自然人的特别法。当然，婚姻家庭法在适用范围上的广泛性，并不妨碍在某些问题上作特别规定，如关于现役军人配偶要求离婚的规定等。

（二）内容具有明显的伦理性

婚姻家庭法的基本条文，既是法律的规定，也是伦理道德的要求。我国封建社会的伦理道德最基本的有五种关系，称为五伦关系：君臣、父子、夫妇、兄弟、朋友。五伦关系中的父子、夫妇、兄弟，实际就是婚姻家庭关系。这种尊卑、长幼的关系被认为是不可改变的常道（又称伦常）。中国亲属法文化源远流长，博大精深，内涵丰富，其源头就是儒家的伦理思想。

在亲属关系中，夫妻、父母子女相互之间的关系，伦理的色彩特别浓厚，具有强烈的伦理性。婚姻家庭法所规定的当事人之间的权利和义务，就是以这个社会中的伦理道德为基础的。例如：父母抚养教育子女、子女赡养父母的义务，既是法定义务，也是道德要求，和其他法律比较，伦理性是婚姻家庭法的一大特点。简言之，即便法律不规定，赡养父母、抚养子女，也是伦理道德所要求的，这是做人的准则。婚姻家庭法属于身份法，其调整的婚姻家庭关系既是一种身份关系，又是一种现实的伦理关系。伦理道德与法律的一致性，在婚姻家庭领域表现尤为突出。许多调整婚姻家庭关系的原则和具体规范，既是伦理道德的要求，也是法律的规定。

（三）实施中具有强制性

为了妥善地保护自然人在婚姻家庭领域的合法权益，维持法律秩序，婚姻家庭法中的规定大多是强制性规范。当一定的法律事实如结婚、离婚、出生、死亡、收养等发生之后，其法律后果由法律预先指明，严格规定，当事人不得自行或合意改变。如有违反，则要依法受到制裁。结婚、离婚、成立收养和收养解除必须符合法定的条件与程序，不允许附加条件和期限。

四、婚姻家庭法的效力范围

（一）婚姻家庭法的时间效力

婚姻家庭法的时间效力，包括婚姻家庭法的生效、失效及有无溯及力等几个问题。婚姻家庭法公布后何时生效，一般用两种不同的办法确定：一是法律自公布之日起开始生效；二是由法律本身或由立法机关另行规定生效日期。我国2020年《民法典》第1260条规定："本法自2021年1月1日起施行，《中华人民共和国婚姻法》同时废止。"

（二）婚姻家庭法的空间效力

婚姻家庭法的空间效力，是指婚姻家庭法发生效力的地域范围，该效力范围一般由法律的性质和立法机关的权限决定。在通常情况下，全国性的婚姻家庭立法适用于国家主权领域内的一切地区，《民法典》就是具有普遍地域效力的全国性立法。各省、市的地方性法规一般只适用于本行政区域。同时，国家亦允许民族自治地方的立法机关根据其民族所在地婚姻家庭的特点及婚姻家庭变革的需要，制定执行婚姻家庭法的变通或补充规定。

（三）婚姻家庭法对人的效力

对人的效力，是指法律规范对哪些自然人适用的问题。我国婚姻家庭法是适用于一切中国境内自然人的普通法，而不是只适用于部分自然人的特别法。凡在我国领域内的自然人之间的结婚、离婚、收养以及处理婚姻家庭纠纷等问题都适用于我国婚姻家庭法的有关规定。

第四节　婚姻家庭法的历史发展

一、婚姻家庭法的历史发展

婚姻家庭法自产生以来，其发展大致经历了三个阶段。

（一）古代社会的婚姻家庭法

这一时期的婚姻家庭法包括在内容庞杂的统一法典之中。以刑法为主，对婚姻关系中的违法行为采取刑罚手段处罚。调整婚姻关系主要是通过习惯法或宗教教规。

古今中外，各国立法都经历了这一个时期。由于当时法律关系简单，立法技术落后，因此，诸法混合，有关调整婚姻家庭关系的法律规范，在法律体系中并未取得独立地位，而是散见在混杂的统一法典之中。

古代社会的婚姻家庭法有三大特点：

（1）没有形式意义上的婚姻家庭法，而是与其他法律规定相混杂，并存在于统一的法典之中。实质意义上的婚姻家庭法虽有所反映，但并不充分，也不完备，在法典中所占的比重也不大。

（2）对于违反婚姻法的行为，采用刑罚的方法来处理。在当时，法律规范的功能作用呈单一状态，普遍用刑罚方法作为处理婚姻方面的违法行为的主要手段，婚姻家庭法的刑罚色彩较浓厚，这既反映出古代立法技术的不周密，亦反映其法律手段的简单化和严酷性。如《唐律》规定："已订婚反悔者，杖六十，婚仍按约。更许他人者，杖一百，已成婚者徒一年半，女归前夫。"再如："同姓为婚者，徒二年。"订婚反悔、同姓为婚等行为，都是违反当时法律规定的，对于这些行为，都是采取"杖"（打棍子）和"徒"（判刑）的方式来处理的。不像现在，法律制裁的手段较多，有徒刑、罚金、拘役、赔偿、违约金、训诫等。

（3）婚姻家庭法对其他社会规范的依赖性较大。宗教、道德、习惯等社会规范对婚姻的影响较大，内容更丰富，成为婚姻的基本内容。在我国古代，关于婚姻家庭的社会规范，有重礼轻法的鲜明特点。维护宗法制度的礼教中有着许多要求人们必须遵守的行为规范，名为"婚礼""家礼"等。它们所起的作用比法律更大，也更为人们所熟知和严格遵守。正因为如此，在很长一个历史时期内，我国的婚姻家庭法不仅不是一个独立的法律部门，而且在内容上也不够完备，许多方面都有赖于其他社会规范加以补充。

（二）近代社会的婚姻家庭法

随着近代资本主义制度的建立和发展，资本主义法律体系开始了由诸法合体的形式向各个法律部门分支独立的演变。在分立过程中，首先划分出实体法和程序法，随后在实体法中划分出民法与刑法，以及国家法、行政法、国际法等法律部门。这种法律体系虽然改变了诸法合体的立法体例，建立起不同的法律部门和法律学科，但基于西方国家把婚姻家庭关系从属于私有财产关系，把身份法的许多行为看作民事契约的认识，婚姻家庭法仍然未能作为一个独立的法律部门，而是包括在民法之中，以亲属法或其他名称作为其中一个组成部分。附属于民法的近代婚姻家庭法，因所属法系的不同而在表现形式上也不相同。

第一，大陆法系国家以法国、德国、日本、瑞士等国为代表，颁布系统的统一成文民法典，将婚姻家庭的法律规范置于民法典之中。根据婚姻家庭法在民法典中所处位置，将其编制方法分为罗马式和德国式两种。罗马式编制方法在民法典中首设人法一编，把私权的享有、人的能力等与婚姻家庭关系规定在一起，设有专门的亲属编或亲属法之名，带有古代身份社会的遗迹，其规范内容亦显得分散、杂乱而不够集中和系统，1804年的《法国民法典》是其典型代表。德国式编制方法以1900年的《德国民法典》为代表，将私权的享有和人的能力等置于民法典的总则部分，将婚姻家庭的法律规范集中在民法分则中，作为独立的一编，并以"亲属法"或"亲属编"界定之。《德国民法典》共分五编，"亲属编"为其中第四编。

第二，英美法系国家以英国、美国、加拿大、澳大利亚等国为代表，一方面，以不成文的习惯法和判例法作为婚姻家庭法的渊源；另一方面，又通过一系列的单行法规组成婚姻家庭方面的成文法。这些单行的制定法形式上看似独立，实际上是针对婚姻家庭中的具体领域作出规定，但在法律分类和法学理论上仍被看做是民法的组成部分，与大陆法系一样处在附属于民法的地位。

（三）现代社会主义国家的婚姻家庭法

历史进入20世纪，一方面，西方资本主义社会发生了较大的变化，各国婚姻家庭法相继进行改革和完善；另一方面，诞生了以苏联为代表的一系列社会主义国家，社会主义婚姻家庭法登上了历史舞台，并从一开始即以独立的法律部门出现。婚姻法被认为是独立的法律部门，是从苏联十月革命后开始的。于1918年和1926年通过的婚姻家庭法，已摆脱对民法的依附而独立，在民法典中已不再设亲属编。苏联首开婚姻家庭法独立于其他法律部门的历史先河，受其影响，第二次世界大战以后，东欧社会主义国家如南斯拉夫、罗马尼亚、保加利亚等国大都采用了这种立法形式。我国1950年和1980年《婚姻法》，基本上是仿效苏联模式，带有独立部门法的特点。

二、中华人民共和国婚姻家庭立法演变

（一）1950年《婚姻法》

1950年5月1日，由毛泽东主席亲自签署命令公布《婚姻法》，这是中华人民共和国之后颁布的第一部重要法律，也是第一部国家大法。这部法律对于推翻旧式婚姻家庭制度，建立男女平等的新型家庭关系起到了重要作用。

1950年《婚姻法》的公布，标志着我国婚姻家庭制度的改革进入了新的阶段。其基本精神规定在第1条："废除包办强迫、男尊女卑、漠视子女利益的封建主义婚姻制度。实行男女婚姻自由、一夫一妻、男女权利平等、保护妇女和子女合法利益的新民主主义婚姻制度。"该法以废旧立新为历史使命，既意味着社会主义婚姻家庭法的创建，又表现为从新民主主义婚姻家庭法向社会主义婚姻家庭法的过渡，因而具有双重性质。此后，国家又发布了大量的规范性文件，使婚姻法的原则性规范有了具体的充实和配套性措施，从而使婚姻家庭法作为一个基本部门法的格局大致形成。

（二）1980年婚姻法

1980年《婚姻法》是中华人民共和国之后颁布的第二部婚姻法，这部婚姻法重申了1950年《婚姻法》中的基本原则和行之有效的规定，同时又根据新时期调整婚姻家庭关系的实际需要，在内容上作了必要的修改和补充。该法分5章，共37条。各章依次

是：总则、结婚、家庭关系、离婚、附则。1985年，中华人民共和国第一部继承法公布施行。1986年颁布的《中华人民共和国民法通则》明确指出婚姻自主权是重要的民事权利，婚姻、家庭、老人、母亲和儿童受法律保护，妇女享有同男子平等的权利，并规定了监护制度和涉外婚姻家庭关系的法律适用问题。这一系列立法，使我国婚姻家庭的法治建设日益丰满和充实。进入20世纪90年代，国家进一步加快了婚姻家庭方面的立法步伐，1991年颁布了《中华人民共和国收养法》（以下简称《收养法》）和《中华人民共和国未成年人保护法》（以下简称《未成年人保护法》）；1992年颁布了《中华人民共和国妇女权益保障法》（以下简称《妇女权益保障法》）；1994年颁布了《中华人民共和国母婴保健法》（以下简称《母婴保健法》）和《婚姻登记管理条例》；1996年颁布了《中华人民共和国老年人权益保障法》（以下简称《老年人权益保障法》）。

（三）2001年《婚姻法》

20世纪末，我国的政治、经济、科技、文化等领域发生了深刻的变化，人们的伦理道德、生活方式以及家庭结构、婚姻家庭观念也发生了巨大变化。1980年《婚姻法》由于时代的局限性，已远远不能适应婚姻家庭关系的客观现实。1995年10月，第八届全国人民代表大会常务委员会第十六次会议通过修改《婚姻法》的决定，经过多年的讨论，终于在2001年修订颁布。

2001年《婚姻法》共有6章51条，比1980年《婚姻法》5章37条增设了"救助措施与法律责任"一章，增加了14条，主要有以下几方面的变化：

❶ 总则部分内容的变化

（1）在总则中增加了"禁止有配偶者与他人同居"的条款，增设了夫妻忠实和禁止姘居的内容，以增强对婚姻关系保护的力度。

（2）增加了"禁止家庭暴力"的规定，明确禁止家庭暴力，进一步加强对弱势群体的保护。

（3）增设了夫妻和家庭成员间的互助义务，积极引导公民建立和睦、幸福、文明的家庭关系。

这一规定的目的是要表明法律所倡导的新型婚姻家庭的基本内涵是要突出和睦、幸福、文明的家庭的核心。

②　在结婚制度方面的变化

（1）对个别结婚条件和程序作了必要的补充和变动。例如：删除了原来条款中"患麻风病未经治愈"的规定，改为"患有医学上认为不应当结婚的疾病"，以适应时代的变化。

（2）增设了婚姻无效制度。婚姻无效是违法婚姻的法律后果之一。凡属不符合结婚实质要件和形式要件的男女两性结合，都是违法婚姻。违法婚姻一旦被依法认定为无效，就不能产生婚姻的法律后果，并会受到相应的制裁（宣告无效和其他制裁）。通过对婚姻无效的原因、认定程序、诉讼请求权、诉讼时效及法律后果等规定，构成婚姻无效制度。结合我国的实际，借鉴国外婚姻立法的经验，我国2001年《婚姻法》增设了婚姻无效制度。

（3）明确了事实婚姻的法律处理。1989年最高人民法院司法解释以形成时间为标准，对没有配偶的男女，未办理结婚登记即以夫妻名义同居生活的，作出了"事实婚姻"与"非法同居关系"的划分，这种划分缺乏科学性，受到许多学者的批评。针对此种情况，2001年《婚姻法》，恢复事实婚姻的提法，承认它的婚姻性。具体的规定是将原结婚登记一条增补为："要求结婚的男女双方必须亲自到婚姻登记机关进行结婚登记。符合本法规定的，予以登记，发给结婚证。取得结婚证，即确立夫妻关系。未办理结婚登记的，应当补办登记。"即在维持现行结婚登记制度的前提下，恢复事实婚姻的提法，但并非承认其效力。只是在无效婚姻制度中，增加规定事实婚姻为可撤销婚姻，在撤销之前当事人补办结婚登记的，即转化为有效婚姻。

③　夫妻关系方面的变化

（1）在夫妻人身关系方面除了原来已规定的家庭地位平等权、姓名权、人身自由权、计划生育权以外，2001年《婚姻法》从义务的角度实际增添了同居权、夫妻忠实请求权的内容。

（2）夫妻财产关系方面集中修改了夫妻财产制，明确规定了夫妻共同财产的范围。

我国的夫妻财产制为法定财产制与约定财产制的结合。我国的法定财产制为婚后所得共同制。夫妻财产关系方面变化最大的是夫妻婚前个人财产不再因为婚姻关系的延续自动转化为夫妻共同财产。

④ 在离婚制度方面的变化

（1）现役军人的配偶提出离婚的条件有所变动，即现役军人的配偶提出离婚仅限于军人有"重大过错"。

（2）增设了对子女探望权的规定。2001年《婚姻法》第38条第1款规定："离婚后，不直接抚养子女的父或母，有探望子女的权利，另一方有协助的义务。"这一规定能够保障子女所期望的与父母双方的接触权利，使子女得到完整的父爱和母爱，减少离婚对子女的伤害，有利于子女在身体、智力、情感等方面得到健康发展。

（3）确立了离婚损害赔偿制度。确立离婚损害赔偿制度的实际意义主要在于通过使过错方承担较多的经济赔偿，实现对婚姻家庭的保护和相对的公平。

（四）2020年《民法典》婚姻家庭编

2020年5月28日我国通过的《民法典》将婚姻家庭的法律规范纳入其中，同时废止了《婚姻法》及相关司法解释。《民法典》对2001年《婚姻法》的修改主要体现在以下几个方面：

① 结婚制度方面

（1）受胁迫婚姻撤销起算点。

2001年《婚姻法》受胁迫一方请求撤销婚姻的期间起算点为"自结婚登记之日起"。《民法典》将起算点修改为"自胁迫行为终止之日起"，如第1052条规定："因胁迫结婚的，受胁迫的一方可以向人民法院请求撤销婚姻。请求撤销婚姻的，应当自胁迫行为终止之日起一年内提出。"

（2）删除重病禁止结婚条款，改为隐瞒重病的可撤销。

2001年《婚姻法》规定："患有医学上认为不应当结婚的疾病"，属禁止结婚的情形。《民法典》删除"患有医学上认为不应当结婚的疾病"的条款，修改为患有重大疾病的，结婚前需如实告知另一方，否则另一方有权请求撤销婚姻，如第1053条规定："一方患有重大疾病的，应当在结婚登记前如实告知另一方；不如实告知的，另一方可以向人民法院请求撤销婚姻。请求撤销婚姻的，应当自知道或者应当知道撤销事由之日起一年内提出。"

（3）新增婚姻无效或被撤销时，无过错方请求损害赔偿的条款。

《民法典》第1054条规定："无效的或者被撤销的婚姻自始没有法律约束力，当事人不具有夫妻的权利和义务。同居期间所得的财产，由当事人协议处理；协议不成的，由人民法院根据照顾无过错方的原则判决。对重婚导致的无效婚姻的财产处理，不得侵害合法婚姻当事人的财产权益。当事人所生的子女，适用本法关于父母子女的规定。婚姻无效或者被撤销的，无过错方有权请求损害赔偿。"

② 新增"夫妻共同债务的范围"

《民法典》第1064条规定："夫妻双方共同签名或者夫妻一方事后追认等共同意思表示所负的债务，以及夫妻一方在婚姻关系存续期间以个人名义为家庭日常生活需要所负的债务，属于夫妻共同债务。夫妻一方在婚姻关系存续期间以个人名义超出家庭日常生活需要所负的债务，不属于夫妻共同债务；但是，债权人能够证明该债务用于夫妻共同生活、共同生产经营或者基于夫妻双方共同意思表示的除外。"

③ 离婚制度方面

（1）新增"离婚冷静期"制度。

《民法典》第1077条元宝："自婚姻登记机关收到离婚登记申请之日起三十日内，任何一方不愿意离婚的，可以向婚姻登记机关撤回离婚登记申请。前款规定期限届满后三十日内，双方应当亲自到婚姻登记机关申请发给离婚证；未申请的，视为撤回离婚登记申请。"

（2）增加了一种应当判决离婚的情形。

针对现实中法院审理离婚案件"久调不离"的现象，《民法典》第1079条第五款增加一种应当判决离婚的情形：经人民法院判决不准离婚后，双方又分居满一年，一方再次提起离婚诉讼的，应当准予离婚。

（3）离婚后子女抚养的条款，更有可操作性。

2001年《婚姻法》规定："哺乳期内的子女，以随哺乳的母亲抚养为原则。"《民法典》修改为"不满两周岁的子女，以由母亲直接抚养为原则"，增强了可操作性。第1084条第三款规定："离婚后，不满两周岁的子女，以由母亲直接抚养为原则。已满两周岁的子女，父母双方对抚养问题协议不成的，由人民法院根据双方的具体情况，按照最有利于未成年子女的原则判决。子女已满八周岁的，应当尊重其真实意愿。"

（4）将家庭负担义务纳入离婚经济补偿的范围。

我国《民法典》加强了对家庭负担较多义务一方权益的保护，如第1088条规定："夫妻一方因抚育子女、照料老年人、协助另一方工作等负担较多义务的，离婚时有权向另一方请求补偿，另一方应当给予补偿。具体办法由双方协议；协议不成的，由人民法院判决。"

④ 新增婚内财产分割条款

我国《民法典》规定在特定情形下，不离婚也可以分割共同财产，如第1066条规定："婚姻关系存续期间，有下列情形之一的，夫妻一方可以向人民法院请求分割共同财产：（一）一方有隐藏、转移、变卖、毁损、挥霍夫妻共同财产或者伪造夫妻共同债务等严重损害夫妻共同财产利益的行为；（二）一方负有法定扶养义务的人患重大疾病需要医治，另一方不同意支付相关医疗费用。"

02

第二章
亲属制度

思政目标

通过对亲等知识点的学习，
让学生了解亲等计算的中国特色、
实践意义和时代精神。

案 例

张某（男）与王某是夫妻，生有一女小红。张某在一家粮油公司上班，后来担任了该公司的法定代表人。公司因业务需要向信用社贷款500万元，张某作为担保人在贷款合同上签了字，信用社同时要求其配偶王某在一份担保人配偶承诺书上签名，配偶承诺书中只有一行字"本人同意配偶张某承担担保责任，并受贷款合同条款约束"。贷款后不久，张某和王某因感情破裂离婚。贷款合同到期后，因经营不善，张某担任法定代表人的公司无法偿还贷款本息。信用社认为配偶承诺书就是担保书，所以将王某一并告上法院。

问 题

配偶是亲属吗？配偶承诺书是担保书吗？

第一节　亲属的概念及种类

一、亲属的概念

（一）中国古代亲属

"亲属"一词在我国古籍中早有记载。《礼记·大传》中有"亲者，续也"之说；汉儒刘熙在《释名·释亲属》中称，"亲者，衬也，言相隐衬也"，"属，续也，恩相连属也"。说明亲属之间具有不同于常人的相衬相续的关系。

中国古代典籍中"亲"与"属"二字具有不同的含义，故常将其分别使用，两者各有所指，这同后世将"亲属"二字连用，使其意义合一，是不同的。古人言及亲属时是以亲为主，以属为从的。《说文》中释"亲为至也，释属为连也"，从中不难看出两者有亲疏远近之别。一般说来，较近之亲均称为"亲"，较远之亲常称为"属"（但也有例外，如称"无服亲"或"祖免亲"等）。

中国封建时代前期、中期的法律中称亲之处颇多，如期亲、大功亲、小功亲、缌麻亲等；间或也有将"亲属"二字连用的，如《唐律·户婚》中的娶所监临女为妾者条。（该条指出："诸监临之官，娶所监临女为妾者，杖一百，若为亲属娶者亦如之。"）疏议中的解释是："亲属，谓本服缌麻以上亲及大功以上婚姻之家。"及至明清，亲属二字连用常见于律例，如"妻与夫亲属相殴"条，"同姓亲属相殴"条，"娶亲属妻妾"条，"亲属相盗"条，"亲属相奸"条以及"亲属相为容隐"条等。

除"亲属"外，中国古籍中尚有"亲族""亲戚"等称谓。"以亲九族"之说，载于《尚书·尧典》。但古人对"九族"有不同解释，一说指父族四、母族三、妻族二；另一说"九族"指上自高祖下至玄孙之亲。若按前者说的，则"亲族"之义与"亲属"相通；若按后者说的，则"亲族"之义显较"亲属"为窄。在中国封建时代后期的律例中，"亲族"一词往往是作为"宗亲"的同义词使用的。"亲戚"一词，在中国古籍中有时用来贬称族内外的亲属。《礼记·曲礼》孔颖达疏载："亲指族内，戚言族外。"有时则专指族外，如外戚、姻戚等。以"亲"字冠于"戚"前，无非是指戚系因亲而生。中国古代的亲属也以宗亲为本，"亲戚"一词在律例中是极为罕见的。

（二）亲属的概念

亲属是人类社会发展到一定阶段才产生的特定概念。亲属关系及亲属概念是与婚姻禁忌同时形成的，并随着社会的发展而不断强化；到了一夫一妻制确立之后，亲属制度才走向完善，成为整个社会制度的一个非常重要的组成部分。正如恩格斯所指出的："父亲、子女、兄弟、姊妹等称呼，并不是单纯的荣誉称号，而是代表着完全确定的、异常郑重的相互义务，这些义务的总和构成这些民族的社会制度的实质部分。"①

亲属，是指以婚姻、血缘或收养为纽带建立起来的，彼此具有一定权利和义务的人际关系。根据我国《民法典》第1045条的规定，亲属包括配偶、血亲和姻亲。我们可以从以下几个方面理解亲属概念：

（1）亲属是一种以婚姻、血缘或收养为纽带的社会关系。亲属与一般的社会关系不同，它是以两性结合和血缘联系为自然条件的，只能基于血缘、婚姻或法律拟制而产生。

（2）亲属具有固定的身份和称谓，不得任意解除或变更。身份，是指人在社会关系中的地位；称谓是基于身份关系而产生的名称，即身份标志。从身份和称谓可以看出亲属关系的亲疏远近。例如，生育自己的称为父母，自己所生育的称为子女；同源于父母的称兄弟姐妹，同源于祖父母的称堂兄弟姐妹。这种固定的身份和称谓是自然形成或法律所确定的，当事人无权变更。

（3）一定范围内的亲属具有权利和义务关系，根据法律规定，父母子女、夫妻以及兄弟姊妹等亲属之间，具有权利和义务关系。如父母子女之间有相互抚养、赡养的权利和义务，夫妻之间具有相互扶养、扶助的义务等。

---

① 《马克思恩格斯选集》第4卷，人民出版社1995年版，第25页。

二、亲属与家属、家庭成员的区别

（一）亲属与家属的区别

家属是家长的对称，在古代，家庭是由家属和家长组成的。家属和家长在社会上和法律上的地位都是不平等的，家长在家庭中享有支配家庭财产和家庭成员的人身权的权利，家属是家长制的产物。一般情况下，家属多为亲属，但并非所有的家属都是亲属，例如封建家庭中的家丁、奴、婢等就不是亲属。也并非所有的亲属都是家属，比如不在一起共同生活的外祖父母、岳父母和已分家独立生活的兄弟姐妹等，则只是亲属而不是家属，两者在外延上互不包容。两者的区别是：亲属是指一切相互间具有婚姻、血缘、姻亲关系但却并不一定在一起生活的人；而家属则是指在一起共同生活却不一定具有婚姻、血缘、姻亲关系的人。如《中华民国民法典》第1123条规定："家置家长，同家之人，除家长外均为家属。虽非亲属而以永久共同生活为目的同居一家者，视为家属。"

（二）亲属不同于家庭成员

亲属是指因婚姻、血缘和收养而形成的社会关系。例如，因婚姻形成配偶，由配偶产生姻亲，因血缘产生父母子女，因收养而形成父母子女等。即亲属包括血亲（自然血亲和拟制血亲）、姻亲（血亲的配偶、配偶的血亲、配偶的血亲的配偶）和配偶。而家庭成员是指有权利和义务关系的近亲属。包括夫妻、父母子女、祖父母、外祖父母与孙子女、外孙子女、兄弟姐妹。家庭成员一般是指共同生活，彼此之间具有权利和义务关系的近亲属，但并不是所有亲属都是家庭成员，比如舅父、姑母、姨母等都是血缘关系较近的亲属，但一般来说，他们不是家庭成员。

三、亲属的种类

对亲属种类的划分，在不同的社会制度下，由于家庭立法原则的不同，也就有不同的划分标准。有的国家只规定血亲、姻亲两种，而不承认配偶为亲属，如法国、瑞士。有的国家规定为血亲、姻亲、配偶三种，如日本。我国《民法典》第1045条也规定亲属包括配偶、血亲和姻亲三种。

（一）我国古代亲属分类

在封建法律上把亲属分为三大类：宗亲、外亲和妻亲。

① 宗亲

宗亲，指同祖同宗的亲属，也称内亲。包括同一祖先的男性亲属以及嫁来之妇与未嫁之女。宗亲中有成于自然者，有成于人为者。成于自然者，是指有血统联系的同祖同宗的男系亲属。成于人为者，是指原无血统联系，因礼法之拟制使与男系室亲具有同一地位的亲属，叫做拟制的宗亲。血统上的宗亲包括同一祖先所出的男性亲属以及本室所生的女子（女子出嫁后所生子女则为外亲）。拟制的宗亲包括继子女与继父母、宗亲之妇与夫之宗亲（如伯叔母与侄子女），以及宗亲之妇相互之间（如婆媳、妯娌）。

宗亲的范围，历代皆以九族为限。就是从高祖至玄孙共为九族。如果以己身为轴心，由自己往上推父、祖父、曾祖父至高祖父为四世，往下推子、孙、曾孙、玄孙也是四世，加上自身一世共为九世，称为"九族"。九族范围内的人都算宗亲亲属。简而言之，宗亲是指以男系亲为中介而联络的亲属。在实行聚族而居、同宗不婚，男娶女嫁的古代社会，宗亲的范围通常为有血缘关系的同姓男性及其配偶，以及在室未嫁的女性亲属。

② 外亲

外亲，指女性系统的亲属，即以女系亲属为中介而联络的亲属，包括母族，即母亲的父母（外祖父母），母亲的兄弟姐妹（舅、姨）及其子女；姑之夫族，即姑母的丈夫（姑父）及其子女；姐妹之夫族，即姐妹的丈夫及其子女（外甥）；出嫁女之夫族，即女婿及外孙子女。其实依血统论，祖父母与外祖父母同样都是己身所从出的血亲，而在重男轻女的中国古代，硬把外祖父母列为外亲，因为他们是母亲系统，即女性系统的亲属。不仅母亲的血统、外祖母的血统被当作外亲，就是本室所生女子们所生的子孙也被当作外亲。例如：姑之子孙、姊妹之子孙、女儿之子孙、侄女之子孙、孙女之子孙，也都属于外亲。外亲亲属的范围极狭窄。如母亲的亲属仅推及一世，从母亲上溯至她的父母，旁推至她的兄弟姐妹，下推及她的兄弟姐妹之子，即外祖父母、舅父、姨母、舅表与姨表兄弟姊妹算是亲属，此外一概不算亲属。

❸ 妻亲

妻亲，是指以己身的妻子为中介而联络的亲属，即妻子的父母（岳父母），妻之兄弟姐妹及其配偶、子女等。其专指丈夫与妻的亲属之间的亲属关系，如翁婿、郎舅等。妻亲的亲属关系较之外亲更为疏薄。妻的生身父母与自己才是五等服亲，妻的伯叔父母和祖父母则为无服亲。严格来说，除妻之父母外，妻的其余亲属一概不算亲属。

（二）现代亲属的分类

现代多数国家按照亲属产生的原因，将亲属分为配偶、血亲和姻亲三种。

❶ 配偶

配偶，是指结为夫妻的男女双方。在婚姻关系存续期间，夫妻互为配偶。配偶是亲属关系的核心，是产生血亲和姻亲的基础，因此，它是亲属中最为重要的一种。在我国法律中，配偶是居首位的近亲属。

❷ 血亲

血亲，是指具有血缘关系的亲属。根据血缘来源的不同，血亲可分为自然血亲与拟制血亲两种。

（1）自然血亲，是指出于共同祖先，彼此之间存在天然血缘上联系的亲属，如父母子女，兄弟姐妹，祖父母与孙子女，外祖父母与外孙子女，伯、叔、姑与侄子女，舅、姨与甥、甥女等。

自然血亲又有全血缘和半血缘之分。全血缘自然血亲，是指同父同母的兄弟姐妹，即同胞兄弟姐妹；半血缘自然血亲，是指同父异母或同母异父的兄弟姐妹，即半同胞兄弟姐妹。我国婚姻家庭法关于兄弟姐妹的规定，既适用于全血缘的兄弟姐妹，也适用于半血缘的兄弟姐妹，他们的权利和义务是完全一样的。

（2）拟制血亲，是指无血缘联系，但法律确认其与自然血亲有同等的权利和义务的亲属，所以又称为"法定血亲"。例如，养父母与养子女之间，继父母与受其抚养教育的继子女之间的权利和义务，都适用于婚姻家庭法对父母子女关系的有关规定。

③ 姻亲

姻亲，是指以婚姻关系为中介而产生的亲属，但不包括配偶本身。姻亲又可分为以下三种：

（1）血亲的配偶。指自己的直系和旁系血亲的配偶，如儿子的妻子、女儿的丈夫是自己直系血亲的配偶；兄弟的妻子、姐妹的丈夫是自己旁系血亲的配偶。

（2）配偶的血亲。指自己配偶的直系和旁系血亲。从丈夫方面来说，如妻子的父母（岳父母）及其兄弟姐妹等；从妻子方面来说，如丈夫的父母（公婆）及其兄弟姐妹等。

（3）配偶的血亲的配偶。指自己配偶的血亲的丈夫或妻子，如丈夫的兄弟之妻，即妯娌；妻子的姐妹之夫，即连襟等。

（三）亲属关系的发生与终止

亲属关系的发生与终止都有赖于一定事实的出现。这种事实分为两类：一类是自然事实；另一类是自然人主体或有关权力机构依照特定程序创设或者消灭亲属关系行为。无论是哪一类都具有双重特点：一是客观性；二是规范性。

① 亲属关系的发生

引起亲属关系发生的事实主要有三种：

（1）出生。出生是形成自然血亲的唯一原因。婚内子女的出生将引起父母子女关系以及其他直系或旁系血亲关系的发生。非婚姻关系出生的子女与生母方面的自然血亲自然可以确定；其生父明确的，与生父方面的自然血亲从本质上说亦无疑问；其生父不明确的，并不意味着没有父亲血缘，只是在事实上和法律上有待确认而已。

（2）结婚。结婚即婚姻关系的成立，它将产生"婚缘亲属关系"，其中最重要的是配偶关系，同时也包括一系列姻亲关系。

（3）亲属拟制行为。这种拟制包括两种：一种是成立收养关系；另一种是继父母与继子女间形成事实上的抚养教育关系。在这两种情形下，不仅是形成直系的拟制亲属，而且是同时发生旁系的拟制亲属。

② 亲属关系的终止

亲属关系的终止亦即亲属关系的消灭。引起亲属关系终止的事实分为两大类：

（1）亲属关系中一方死亡（包括自然死亡和宣告死亡）。

（2）解除身份关系的行为。这里有三种不同情形：

①离婚。离婚一旦产生法律效力，配偶关系随之消灭。但是血亲关系，尤其是父母子女关系并不受离婚的影响。在我国，配偶双方离婚后，习惯上不再保留原有的姻亲关系，法律也不禁止当事人在离婚后与原来的姻亲结婚。

②婚姻被撤销。被撤销婚姻的效力有两种法律原则：一种是相对无效，即不溯及既往，自撤销时失去效力。在这种原则下，婚姻被撤销在亲属关系上的后果与离婚大致相同。另一种是被撤销的婚姻绝对无效，即自始无效，婚姻关系被视为从来没有成立。在这种原则下，婚姻一旦被撤销，除了自然血亲之外，一切因此而形成的亲属关系均归无效。我国现行婚姻家庭法采取的是绝对无效立场。

③解除法律拟制亲属关系。其中最重要的是解除收养关系；继父母与继子女形成的抚养教育关系即拟制的血亲关系，在以下情形下可消灭：通过协议或裁判解除抚养教育关系；未成年子女因生父母与继父母离婚，继父母终止对原继子女的抚养教育。

附：亲属关系的重复

亲属关系的重复，又称亲属关系的并存，指有亲属关系的两人之间，同时存在两种或两种以上不同的亲属关系。如在一些未禁止中表婚的国家，表兄妹结婚后可同时存在配偶和旁系血亲关系，我国1950年《婚姻法》即没有禁止中表婚。又如叔侄间收养关系成立，可同时存在养父母子女和旁系血亲关系。这些并存的亲属关系应如何对待，各国法律无明文规定。传统的亲属法理论认为在亲属关系并存时应采用"一关系不为另一关系吸收或排斥"的原则，即并存的亲属关系各自独立存在，各保有其固有的效力。如一亲属关系消灭，不影响另一亲属关系的存在。但是，同时并存的一亲属关系所产生的效力，必须停止另一亲属关系所产生的效力。必须指出，当亲属关系并存、互不吸收、各自独立时，其法律的适用，采用"从近从重"原则。即同时并存的亲属关系中，适用亲属关系近者、权利和义务重者的法律规定，产生该种亲属的效力；同时停止亲属关系远者、权利和义务轻者的亲属效力。如我国1950年《婚姻法》规定，表兄妹按当时的习惯结婚，配偶关系近于表兄妹关系，配偶的权利和义务重于表兄妹的权利和义务（我国《婚姻法》未规定表兄妹间有法律上的权利和义务），故应适用配偶关系的法律规定，产生配偶的亲属效力。同时停止表兄妹的亲属效力。又如叔侄间成立收养关系，养父母子女关系近于叔侄关系，养父母子女的权利义务重于叔侄的权利义务，故应适用养父母子女关系的法律规定，产生养父母子女的亲属效力，同时停止叔侄的亲属效力。但是，如表兄妹离婚后则仍为表兄妹，叔侄解除收养关系后则仍为叔侄，即恢复原处于停止状态的亲属效力。

（四）亲属关系的法律效力

亲属关系一经法律调整，一定范围的亲属之间就会产生一系列法律后果，这就是亲属关系的法律效力。我国亲属关系的法律效力主要表现在：

① 在婚姻家庭法上的效力

（1）一定的亲属有互相扶养的义务。

（2）夫妻之间有法定的共同财产。

（3）一定范围内的亲属有相互继承遗产的权利。

（4）一定范围内的亲属间禁止结婚。

（5）一定范围内的亲属是无民事行为能力人和限制民事行为能力人的监护人。

② 在民法上的效力

（1）一定的亲属得为无民事行为能力人和限制民事行为能力人的监护人和法定代理人。

（2）近亲属可依法对失踪的亲属向人民法院提出宣告失踪、宣告死亡的申请。

（3）按照亲属关系的远近亲疏确定继承的范围和顺序，一定范围内的亲属可以成为遗嘱继承人，晚辈直系血亲在特定情况下有代位继承权。

③ 在刑法上的效力

（1）某些犯罪以被告人与受害人之间有一定的亲属关系为构成犯罪的要件，如遗弃罪、虐待罪。

（2）近亲属在法定条件下享有告诉权，某些告诉才处理的犯罪，必须由被害人的近亲属告诉才处理。如暴力干涉婚姻自由罪、虐待罪，必须由受害者的近亲属亲自起诉，人民法院才能受理。

4 在诉讼法上的效力

（1）回避效力。一定的亲属关系为回避的原因，如我《中华人民共和国民事诉讼法》（以下简称《民事诉讼法》）第45条规定，审判人员、书记员等是本案当事人或者当事人、诉讼代理人的近亲属，必须回避，当事人有权用口头或者书面方式申请他们回避。

（2）代为辩护或代理的效力。一定的亲属关系得为刑事被告的辩护人或民事诉讼的代理人。《中华人民共和国刑事诉讼法》（以下简称《刑事诉讼法》）第227条还规定，近亲属经被告人同意，可以提出上诉。《中华人民共和国法官法》第24条规定，法官的配偶、父母、子女有下列情形之一的，法官应当实行任职回避：（一）担任该法官所任职人民法院辖区内律师事务所的合伙人或者设立人的；（二）在该法官所任职人民法院辖区内以律师身份担任诉讼代理人、辩护人，或者为诉讼案件当事人提供其他有偿法律服务的。

5 在国籍法上的效力

公民国籍的取得、丧失和恢复与亲属关系直接相关。根据《中华人民共和国国籍法》的规定，父母一方或双方为中国公民，本人出生在中国或外国，即具有中国国籍。但父母双方或一方为中国公民并定居在外国，本人出生时即具有外国国籍的，不具有中国国籍；父母无国籍或国籍不明定居在中国，本人出生在中国，具有中国国籍；外国人或无国籍人是中国人的近亲属的，经申请批准可以加入中国国籍；曾有过中国国籍的外国人具有正当理由，可以申请恢复中国国籍；中国公民是外国人的近亲属的，经申请批准可以退出中国国籍。

此外，亲属关系在劳动法、行政法等法律部门，也会产生一定的法律效力。

第二节　亲系与亲等

一、亲系

亲系，是指以血缘和婚姻联系为基础的亲属系统。通常来讲，亲系是指血亲的系统。配偶间没有血缘联系，配偶不能纳入亲系的范围。按不同的联系标准，亲系可分为以下几种：

（一）直系血亲与旁系血亲

（1）直系血亲，是指具有直接血缘联系的亲属。凡是"己身所从出"和"从己身所出"的血亲都为直系血亲。如己身上对父、祖父、曾祖、高祖是为己身所从出；下对子、孙、曾孙、玄孙，是为从己身所出，这种直上直下的系统都属于直系血亲。

（2）旁系血亲，是指具有间接血缘联系的亲属。凡是在血缘上有"同源"关系的，除了直系血亲以外，都是旁系血亲，包括辈分相同或不同的旁系血亲。如己身与伯叔父、姑母、兄弟姊妹、侄等都是旁系血亲。

（3）直系姻亲，指的是配偶的直系血亲。如儿媳、女婿、孙媳、孙女婿、继父、继母等。在很多国家有禁止直系姻亲结婚的规定。我国法律上没有规定，但习惯上是不结婚的。

（4）旁系姻亲，配偶的旁系血亲是本人的旁系姻亲。如兄嫂、弟媳、姐妹夫、伯叔母、姑父、舅母、姨父等。旁系姻亲的关系法律不予调整。

（二）尊亲属与卑亲属

（1）尊亲属，是指辈分高于自己的亲属，如父母辈的亲属和祖父母辈的亲属都是尊亲属。

（2）卑亲属，是指辈分低于自己的亲属，如子女辈的亲属和孙子女辈的亲属都是卑亲属。与自己同辈的亲属，无尊卑之分只有长幼之别，叫同等亲或平辈亲。

（三）男系亲与女系亲

以男子为中介而产生亲属关系的称男系亲，以女子为中介而产生亲属关系的称女系亲。这是封建宗教法制度下，按照重男轻女的观念划分的。我国封建法律以男系亲为宗亲，在亲系中处于主干、亲近的地位；而以女系亲为外亲和妻亲，在亲系中处于从属、疏远的地位。同样的直系亲，只因男系、女系和父系、母系的不同，把祖父母列入宗亲，而把外祖父母列入外亲，以示亲疏有别，反映了封建宗法家族制度的要求。在当代大多数国家中，这两种亲系在法律上已无差别。

二、亲等

亲等，是计算亲属关系亲疏远近的单位。由于亲属的远近直接关系到伦理关系、权利义务关系、其他的社会关系及法律关系，所以，古今中外都将亲等计算作为亲属制度的重要内容。

由于各国法律不同，使用的亲等计算制也不同。世界上主要有两种亲等计算法：一是为世界多数国家所采用的罗马法亲等计算法；二是为部分国家所采用的寺院法亲等计算法。我国婚姻法未采用亲等计算法，而是沿用世代计算法。以下分述之。

（一）罗马法亲等计算法

罗马法亲等计算法历史悠久，影响较大，开始于古罗马时代，后来成为国际上通用的亲等计算方法。

（1）直系血亲计算方法。直系血亲是从自己上下数，每经一代为一亲等，但己身是不算的。例如，父母与子女是一亲等，祖父母（外祖父母）与孙子女（外孙子女）是二亲等，余可类推。

（2）旁系血亲计算方法。旁系血亲的亲等计算法，是从自己往上数到双方同源的祖先，即共同的直系血亲，每经一代为一亲等，再从共同的直系血亲往下数到与之计算亲等的对方，也是每经一代为一亲等，世代相加就是亲等数。旁系血亲的亲等计算方法如下：

①先找到"根"，即双方同源的祖先。

②分别往上数到"根"，但己身不算。

③两边数字相加之和就是亲等数。

例如，兄弟姐妹是二亲等，伯、叔、姑与侄，舅、姨与甥都是三亲等，堂（表）兄弟姐妹是四亲等，余类推。

（二）寺院法即教会法亲等计算法

寺院法亲等计算法，起源于基督教教规，至今仍为少数国家所沿用。也分直系血亲和旁系血亲计算方法。

（1）直系血亲计算方法。直系血亲与罗马法相同，即以一代为一亲等。

（2）旁系血亲计算方法。旁系血亲则不同，需要与之计算亲等的双方都从己身这边往上数到同源的祖先，即双方共同的直系血亲，两边的世代数相同时，就以这个世代数定其亲等。例如，兄弟姐妹为一亲等，堂（表）兄弟为二亲等。如果两边的世代数不相同，就按世代数多的一方定其亲等。例如，伯、叔、姑与侄，舅、姨与甥都是二亲等。旁系血亲的亲等计算方法如下：

①先找到"根"，即双方同源的祖先。

②分别往上数到"根"，但己身不算。

③代数多的一边就是亲等数。

计算姻亲的亲等时，应当将配偶双方的位置互换，比照血亲关系来换算，即血亲的配偶与血亲相同，配偶的血亲与配偶相同。例如，岳父母为妻子的一亲等直系血亲，对丈夫来说则是一亲等直系姻亲。按罗马法计算，弟为自己的二亲等旁系血亲，弟媳就是自己的二亲等旁系姻亲，余可类推。

（三）我国婚姻法中的世代计算法

我国1950年《婚姻法》中，血亲关系的亲疏远近是用世代来表示的。例如：1950年《婚姻法》规定，关于五代以内旁系血亲间禁止结婚的问题，从习惯。2001年《婚姻法》禁止三代以内旁系血亲结婚，我国《民法典》延续了该规定。

（1）直系血亲计算方法：直系血亲计算时，以己身为一代，然后分别向上和向下数，一辈为一代。"代"与罗马法亲等计算方法不同，区别在于按罗马法计算亲等时"己身"是不算的。例如，父母是一亲等，与己身却是两代人；祖父母是二亲等，与己身却是三代人。

（2）旁系血亲计算方法：旁系血亲计算时需找到共同血源，即双方共同的"根"，比如，兄弟姐妹的共同血源是父母，是二代以内旁系血亲。堂兄弟姐妹是叔伯父母的子女，与自己同源于祖父母，是三代以内旁系血亲。旁系血亲计算方法如下：

①先找到"根"，即双方同源的祖先。

②分别往上数到"根"。

③己身为一代。

④以代数多的一边为准。

应当注意的是，我国用世代来表示血亲关系的亲疏远近时，不能与罗马法亲等计算法简单地互相换算，四亲等以内旁系血亲并不相当于三代以内旁系血亲。例如，伯叔祖父是四亲等旁系血亲，却已出了三代，属于四代以内旁系血亲。

附：中国古代丧服制度中的亲属等级

中国古代没有亲等这一名目，可将服制视为具有中国古代特色的亲等制度。丧服制度始创于礼，后入于律。服制是与宗法家族制度相适应的，不同的服制反映着亲属间不同的血缘联系和身份关系。有关服制的原理和内容早就载于《礼记》《仪礼》等古代典籍，在礼与律的体系中具有十分重要的地位。服制的效力不仅及于婚姻家庭法领域，而且及于其他民事法律领域和刑事的、行政的法律领域。晋律强调"峻礼教之防，准五服以制罪"，明、清律均将服制图置于律首。因而，不妨将服制视为中国古代法中总则性的规定。

服制五等，重轻有差，用以分别亲属的亲疏远近。亲者、近者，其服重；疏者、远者，其服轻。五服以内的为有服亲，五服以外尚有袒免亲即无服亲。

第一等，斩衰，为三年之服。丧服以最粗的麻布制作，且不缝下边。例如，子及在室女为父母，嫡孙为祖父母，妻为夫，有斩衰之服。

第二等，齐衰，丧服以稍粗的麻布制作。细分之，齐衰又有杖期（一年之服，须持丧杖）、不杖期（一年之服，不持丧杖）、五月、三月之服，例如，子为出母，嫁母，夫（父母不在时）为妻，有齐衰杖期之服；孙为祖父母，出嫁女为父母，夫（父母在时）为妻，有齐衰不杖期之服；曾孙、曾孙女（在室）为曾祖父母，有齐衰五月之服，玄孙、玄孙女（在室）为高祖父母，有齐衰三月之服。

第三等，大功，为九月之服，丧服用粗熟布制作。例如，妻为夫之祖父母，父母为众子妇，有大功之服。

第四等，小功，为五月之服，丧服以稍粗的熟布制成。例如，己身为伯叔祖父母，堂伯叔父母，妻为夫之伯叔父母，有小功之服。

第五等，缌麻，为三月之服。丧服用稍细的熟布制作。例如，己身为族伯叔父母，为妻之父母，有缌麻之服。

由于服制的差别不仅以世数为依据，而且还受着尊卑、名分、恩义、性别等影响，所以并不能科学地、准确地反映亲属关系的亲疏远近程度。随着我国社会的快速发展，它已经成为历史的遗迹。

03

第三章

我国婚姻家庭制度的基本原则

思政目标

通过讲授婚姻自由、优良家风等婚姻家庭基本原则，
让学生体会婚姻家庭制度的中国特色、
时代精神和实践品格。

案例

陈某源与陈某伟为父子关系。多年前陈某源和妻子离婚，儿子陈某伟一直跟着母亲生活。现陈某源已退休且患有多种疾病，以陈某伟没有看望、照顾自己为由，提起诉讼，要求儿子陈某伟支付赡养费。陈某伟抗辩认为，父亲陈某源每月有退休收入，且其离婚后没有对自己尽到抚养义务，父亲陈某源丧失了要求本人赡养的权利。

问题

陈某伟是否应当支付赡养费？

第一节　婚姻自由

一、婚姻自由的概念

婚姻自由，是指自然人在法律许可的范围内，按照本人意愿自主决定自己的婚姻，不受任何组织或个人干扰的权利。婚姻自由是我国宪法赋予公民的一项基本权利，也是我国婚姻家庭制度的首要原则。婚姻被认为是人伦之初，家庭之魂，社会之基。人类为了保障以婚姻这种方式构筑社会基本体系的稳定性，人为地为两性关系设置了诸多障碍，但婚姻自由作为保障婚姻当事人合法权益的重要制度在各国都已经确立起来了。由于历史、社会、文化、法律传统的差别，各个国家对婚姻自由内容的理解颇有不同。正确理解婚姻自由应把握以下几个方面：

（1）婚姻自由原则包括结婚自由和离婚自由两方面的内容。结婚自由，是指缔结婚姻关系的自由，男女双方有权根据本人的意愿决定是否结婚，自主选择配偶及婚姻时间等，任何人不得包办、强制或干涉。离婚自由，是指终止婚姻关系的自由。结婚是双方自愿生活在一起的，那么当夫妻关系破裂，无法修复，无法共同生活时，婚姻当事人也应当有权解除婚姻关系。协议离婚制度是离婚自由原则的最集中体现。结婚是普遍行为，是婚姻自由的主要内容；离婚则是部分婚姻当事人的选择，离婚自由是婚姻自由的重要补充部分。

（2）婚姻自由是法律赋予公民的一项专属性人身权利。婚姻自由权只能由自然人本人行使。这是基于社会要求公民建立起以爱情为基础的婚姻，因此，公民结婚、离婚都必须由当事人自己做主，婚姻关系的一方当事人无权对对方加以强迫，任何组织和他人都无权干涉。

（3）婚姻自由权是相对的，婚姻自由权的行使不得违背法律、公序良俗。自由在任何时候都是一个相对的概念。任何自由都是一种有限制、有条件的自由，绝对的自由是没有的。婚姻自由也不例外。《中华人民共和国宪法》（以下简称《宪法》）第

51条规定："中华人民共和国公民在行使自由和权利的时候，不得损害国家的、社会的、集体的利益和其他公民的合法的自由和权利。"基于保护婚姻家庭这一社会基本组织细胞的稳定，法律要求婚姻当事人以对本人、配偶、子女及家庭负责的态度行使婚姻自由权，不允许滥用婚姻自由权利。因此，《婚姻法》明确规定了结婚的条件和程序、离婚的条件和程序。自然人无论是结婚还是离婚都必须依照法律规定的条件和程序进行，才能受到法律保护。另外，婚姻自由权的行使不得违背我国社会的良好风俗。

（4）我国社会主义制度为婚姻自由的实现提供了有力保障。在社会主义条件下，坚持男女平等原则，男女都是国家的主人，平等地参与政治、社会、经济活动是婚姻自由实现的根本保障。

二、婚姻自由原则的发展

婚姻自由作为一项法律原则，并不是从来就有的，而是人类婚姻关系发展到一定阶段的产物。随着私有制的出现，婚姻家庭也随之产生了，但这一时期的婚姻制度是建立在丈夫的统治之上的，家庭成员对家长的人身依附关系十分强烈，婚姻明显的目的是保证父亲的亲生子女将来享有继承权，所以在这一时期确立婚姻自由的机会微乎其微。在我国古代社会，"父母之命、媒妁之言"是缔结婚姻的合法形式，虽然法律实行离婚许可主义，但只允许丈夫片面休妻，即是这一时期婚姻关系状况的典型反映。

资产阶级在反对封建主义的斗争过程中，提出"天赋人权"的主张来反对中世纪所倡导的神性。其中婚姻自由也被宣布为"天赋人权"的一种，主张结婚、离婚应当由当事人按自己的意志去行使。1804年《法国民法典》明确规定："未经合意不得成立婚姻"。这是历史上第一次以法典的形式确定了婚姻自由，从此婚姻自由的精神开始在文明社会滥觞。英美法系的亲属法在近现代化的发展过程中的立法改革是比较缓慢、保守的，一直到了第二次世界大战后才有明显变化。1957年以前，英国仍采取禁止离婚主义，1959年的离婚法不再坚持过错原则，将婚姻已经无可挽回地破裂作为诉请离婚的理由。为此，原告一方必须证明存在着法律所指明的一项或一项以上的事实，以此作为婚姻破裂的依据。这些事实包括：被告与他人通奸为原告所不能容忍，基于被告的表现无法与其共同生活；被告遗弃原告达两年以上，并依然持续；双方分居两年以上，且被告也同意判决离婚；双方分居五年以上。

我国的婚姻家庭制度，最早可追溯到1934年《中华苏维埃共和国婚姻法》，其最主要的内容是确立男女婚姻自由原则，废除封建包办婚姻、买卖婚姻，实行离婚自由。与此同时，为维护革命军队的稳定，还规定了红军战士的妻子要求离婚必须征得其丈夫的同意。从该法规定的内容来看，带有很浓的乌托邦色彩，为我国新型婚姻家庭制度奠定了基础。我国婚姻家庭制度中规定的婚姻自由原则，主要还是排除第三人对婚姻自主权和婚姻关系中一方对另一方的强迫，而对符合公共利益的公力干涉，予以认可和支持。

三、保护婚姻自由原则的限制性规定

《民法典》第1042条第1款规定："禁止包办、买卖婚姻和其他干涉婚姻自由的行为。禁止借婚姻索取财物。"包办婚姻，是指婚姻当事人以外的第三人，违背婚姻自由原则，强迫他人结婚的行为。买卖婚姻，是指婚姻当事人以外的第三人以索取大量财物为目的，强迫他人结婚的行为。包办婚姻与买卖婚姻是两个既有联系又有区别的概念。两者的联系在于：两者都是婚姻当事人以外的第三人，违反婚姻自由的强迫包办行为。两者的区别在于：是否以索取大量财物为目的。因此包办婚姻不一定是买卖婚姻，但买卖婚姻必然是他人强迫包办的。其他干涉婚姻自由的行为是指除包办、买卖婚姻以外的干涉婚姻自由的行为，主要表现为父母强行干涉子女婚姻，子女反对父母再婚，阻挠男方到女方家落户，反对丧偶妇女带子女、财产改嫁等。

包办、买卖和其他干涉婚姻自由的行为都是侵害公民民事权利的违法行为，婚姻法因此明文禁止，情节轻微的，我们以批评教育为主，情节严重，构成犯罪的，还应追究刑事责任。我国《中华人民共和国刑法》（以下简称《刑法》）第257条第1款规定："以暴力干涉他人婚姻自由的，处二年以下有期徒刑或者拘役。"

借婚姻索取财物，是指婚姻当事人一方或其近亲属向对方索取大量财物作为同意结婚的先决条件的行为。在借婚姻索取财物的行为当中，当事人对婚姻本身是自愿的，不存在强迫包办的情形，这是与买卖婚姻的根本区别点。在我国的传统习惯中，通常男方向女方家庭给付一定的彩礼作为迎娶新娘的条件，这种行为我们一般不视为借婚姻索取财物，因为这是男方的自愿行为，可视为赠与行为，即使彩礼的数额较大，也是无可非议的。如果是婚姻当事人一方的家庭在结婚之际强行索取大量财物，则是《婚姻法》明令禁止的。在具体认定时，首先要注意其与买卖婚姻的区别。两者虽然都有索取财物的共同特征，但买卖婚姻是根本违背婚姻当事人意愿的。其次还应划清借婚姻索取财物和结婚骗取财物的区别。后者是以婚骗财，骗婚者并无与对方结婚的真实意思，故应以诈骗行为处理。

第二节　一夫一妻制

一、一夫一妻制的概念

　　一夫一妻制亦称单偶制，它是指一男一女互为配偶共同生活的婚姻制度。它的基本要求是：任何公民均不能同时拥有两个或两个以上的配偶，否则就构成重婚，将受到法律的制裁。一夫一妻制是我国婚姻法的基本原则，也是目前世界上绝大多数国家的婚姻原则。实行一夫一妻制具有很重要的社会意义。

　　第一，实行一夫一妻制符合婚姻的本质。一般来说，建立在爱情基础上的婚姻才是真正的婚姻。爱情不同于友情，爱情是专一的、排他的，恩格斯就曾指出："既然性爱按其本性来说就是排他的……那么，以性爱为基础的婚姻，按其本性来说就是个体婚姻。"[①]所以只有实行一夫一妻制才能促使夫妻感情专一，真诚相对，有利于同心协力抚育子女，承担对家庭和社会的责任。第二，实行一夫一妻制是社会正常秩序的保障。在人类社会中，除战争、瘟疫、自然灾害等原因外，人口总量中两性比例保持着大体平衡，一般情况下男性略多于女性。只有实行一夫一妻制才能保证每个自然人成年后都有可能择偶婚配，如果实行一夫多妻制或一妻多夫制，必然导致一部分自然人在成年后无法婚配而被迫独身，这样就可能引起违法犯罪的发生，给社会带来混乱。第三，实行一夫一妻制是实现男女平等、保护妇女和子女合法权益的重要制度。从历史来看，一夫一妻制很长一段时间是片面的，是针对女子而言的，男子则可以公开拥有多个配偶，这其实是由男尊女卑、夫权统治的社会环境所决定的。我们实行严格的一夫一妻制主要是提高妇女的家庭地位，保护妇女合法权益，从而实现男女平等。

---

① 《马克思恩格斯全集》第21卷，第95页。

二、保护一夫一妻制的限制性规定

为保障一夫一妻制原则的实施，2001年《婚姻法》在第4条中增设了夫妻应当互相忠实、互相尊重的规定，这是我国婚姻家庭法首次明文规定夫妻的忠实义务。为了保障一夫一妻制原则的实施，我国婚姻家庭法还明确禁止重婚与姘居。

重婚，是指有配偶或明知对方有配偶再行结婚的违法行为。重婚是对一夫一妻制的严重破坏。禁止重婚是当今世界各国立法的通例。重婚有两种形式：一是登记重婚，即有配偶者又与他人登记结婚的，构成登记重婚；二是事实重婚，即有配偶者又与他人公开以夫妻名义同居生活，但并未进行结婚登记的，仍构成重婚。

重婚行为引起的法律后果主要有两个方面：一是重婚是无效婚姻。重婚是无效婚姻的一种，并且自始无效，同时重婚也是判决离婚的法定理由。二是重婚是犯罪行为，需受到刑事制裁。《刑法》第258条规定："有配偶而重婚的，或者明知他人有配偶而与之结婚的，处二年以下有期徒刑或者拘役。"有配偶而重婚的，自然要受到刑法的制裁，自己没有配偶，但明知他人有配偶而仍然与之结婚的，也构成重婚罪，但受欺骗而与有配偶者结婚的，则不需要承担刑事责任。

姘居一般是指有配偶者与他人同居。有配偶者与他人同居，违背了夫妻间的忠实义务，破坏了一夫一妻制，因此，《民法典》第1042条第2款明令禁止，"与他人同居"的情形，是指有配偶者与婚外异性，不以夫妻名义，持续、稳定地共同居住。其法律后果主要有：一是构成离婚的法定理由，《民法典》第1079条规定，有配偶者与他人同居，调解无效的，应准予离婚。二是无过错方可以请求离婚损害赔偿，《民法典》第1091条规定，有配偶者与他人同居，导致离婚的，无过错方有权请求损害赔偿。三是为保护军人的婚姻，《刑法》第259条第1款规定："明知是现役军人的配偶而与之同居或者结婚的，处三年以下有期徒刑或者拘役。"

第三节　男女平等

一、男女平等的概念

男女平等不仅是我国婚姻家庭法的基本原则，也是我国宪法的重要原则。我国《宪法》第48条第1款规定："中华人民共和国妇女在政治的、经济的、文化的、社会的和家庭的生活等各方面享有同男子平等的权利。"婚姻家庭法的男女平等原则正是以宪法的规定为立法依据的。

宪法所讲的男女平等是从一般意义上讲的，作为我国婚姻家庭法的一项基本原则，男女平等特指女性在婚姻家庭生活领域内与男子处于平等的法律地位，享有同男子平等的权利，承担平等的义务。这一原则彻底否定了男尊女卑、夫权统治的旧制度、旧传统，对解放妇女，维护和发展和睦、文明、亲密的婚姻家庭关系具有很重要的意义。

二、男女平等原则在婚姻家庭法中的体现

我国婚姻家庭法在各项具体制度、具体规定中，都鲜明地体现了男女平等的立法精神，现将一些主要的内容列举如下：

首先，在结婚和离婚制度上，男女当事人的权利和义务是完全对等的。结婚必须是男女双方完全自愿。登记结婚后，根据双方的约定，女方可以成为男方家庭的成员，男方也可以成为女方家庭的成员；男女一方要求离婚的，有依法提出离婚的权利。在离婚时的财产清算，离婚后子女的抚养和教育问题上，男女双方的权利和义务也是平等的。

其次，在夫妻关系、亲子关系中，男女两性的权利和义务是完全平等的。夫妻家庭地位平等。夫妻双方都有用自己姓名的权利，子女可以随父姓，也可以随母姓。夫

妻双方都有参加生产、工作、学习和社会活动的自由，夫妻双方有互相扶养的义务，也有相互继承遗产的权利。

最后，在祖孙、兄弟姐妹关系中，男女两性的权利和义务也是完全平等的，表现在抚养、赡养、扶养、继承等各个方面。

第四节　保护妇女、未成年人、老年人和残疾人合法权益

一、保护妇女的合法权益

由于我国目前妇女事实上仍是标准的弱势群体，所以我们在强调男女平等和家庭互助的同时，强调保护妇女的合法权益，真正实现男女平等和家庭成员间的互助。保护妇女合法权益的原则，在立法精神上同男女平等原则是完全一致的，前者是后者的必然要求和必要补充，两者是互相联系密不可分的。

结合我国的《民法典》和《妇女权益保障法》的规定，我国在婚姻家庭领域对妇女权益的保护主要表现在：

（1）在婚姻问题上，国家保护妇女的婚姻自主权，禁止干涉妇女结婚和离婚的自由；女方在怀孕期间、分娩后一年内或终止妊娠后6个月内，男方不得提出离婚。

（2）在家庭财产上，妇女依法对夫妻共同财产享有与配偶平等的处分权利，不受双方收入状况的影响；离婚时人民法院应根据财产的具体情况，照顾子女和女方权利的原则处理。妇女享有与男子平等的财产继承权。

（3）在子女问题上，妇女有按照国家有关规定生育子女的权利，也有不生育子女的自由。

二、保护未成年人的合法权益

未成年人是祖国的未来，理应受到法律的特别保护。结合《民法典》和《未成年人保护法》的有关规定，我国法律对儿童的家庭保护主要体现在：

（1）父母对子女有抚养教育的义务，父母或者其他监护人应当依法履行对未成年人的监护职责和抚养义务，不得虐待、遗弃未成年人，不得歧视女性未成年人或者有残疾的未成年人，禁止溺婴、弃婴。

（2）父母或者其他监护人应当尊重未成年人接受教育的权利，必须使适龄未成年人按照规定接受义务教育，不得使在校接受义务教育的未成年人辍学。

（3）父母或者其他监护人应当以健康的思想、品行和适当的方法教育未成年人，引导未成年人进行有益身心健康的活动。

（4）父母或者其他监护人不得允许或者迫使未成年人结婚，不得为未成年人订立婚约。

（5）父母或者其他监护人不履行职责或者侵害被监护的未成年人的合法权益的，应当依法承担责任。

三、保护老年人的合法权益

尊老爱幼是我国的传统美德，老年人为社会的发展付出过辛勤的劳动，履行了应尽的义务，当他们因年龄关系丧失了劳动能力的时候，理应受到社会和后辈的尊重。结合《民法典》和《老年人权益保障法》的有关规定，我国法律对老年人权益的保护主要体现在以下几点：

（1）在婚姻上，老年人的婚姻自由受法律保护。子女或者其他亲属不得干涉老年人的婚姻问题。

（2）在家庭生活中，家庭成员应关心和照料老年人。赡养人应当履行对老年人经济上供养、生活上照顾、精神上慰藉的义务。

（3）在财产上，老年人有权依法处分个人的财产，子女或者其他亲属不得干涉，不得强行索取老年人的财物。

（4）在赡养上，赡养人不得以放弃继承权或者其他理由，拒绝履行赡养义务。赡养人不得要求老年人承担力不能及的劳动。

四、保护残疾人的合法权益

保护残疾人的合法权益是《民法典》婚姻家庭编新增的一项保护原则。这不仅反映了现代社会实质公平的共识性要求，更是中国特色社会主义婚姻家庭法律制度的显著特征和先进性、优越性展示。

根据《中华人民共和国残疾人保障法》（以下简称《残疾人保障法》）第2条和第3条的规定，残疾人是指在心理、生理、人体结构上，某种组织、功能丧失或者不正常，全部或者部分丧失以正常方式从事某种活动能力的人。残疾人包括视力残疾、听力残疾、言语残疾、肢体残疾、智力残疾、精神残疾、多重残疾和其他残疾的人。残疾人在政治、经济、文化、社会和家庭生活等方面享有同其他公民平等的权利。残疾人的公民权利和人格尊严受法律保护。禁止基于残疾的歧视。禁止侮辱、侵害残疾人。禁止通过大众传播媒介或者其他方式贬低损害残疾人人格。

五、禁止家庭暴力、禁止家庭成员间的虐待和遗弃

"禁止家庭暴力"是2001年《婚姻法》新增的内容，这是保护妇女、未成年人、老年人和残疾人合法权益的必然要求。2005年的《妇女权益保障法》也增设了禁止对妇女实施家庭暴力的规定。2015年的《中华人民共和国反家庭暴力法》（以下简称《反家庭暴力法》），从家庭暴力的预防、家庭暴力的处置、人身安全保护令等方面较为全面地建立反家庭暴力屏障。《民法典》婚姻家庭编确认、传承了这一立法成果。

（一）禁止家庭暴力

家庭暴力是一个全球性问题，无论是在发达国家还是在发展中国家和地区都不同程度地存在。妇女、儿童和老人往往是家庭暴力的受害对象，在少数情况下，丈夫也可能成为受害对象。目前最常见的分类是以被侵犯的权益不同，将家庭暴力分为身体暴力、性暴力和精神暴力。为指导司法实践，2015年《反家庭暴力法》第2条有明确规定，家庭暴力，是指家庭成员之间以殴打、捆绑、残害、限制人身自由以及经常性谩骂、恐吓等方式实施的身体、精神等侵害行为。家庭暴力具有以下主要特征：

（1）家庭暴力的主体范围是特定的。家庭暴力的加害人与受害人都是同一家庭中的成员，否则就不属于家庭暴力而是社会暴力了。现实生活中，家庭暴力主要发生在夫妻和父母子女之间。

（2）家庭暴力在客观方面表现为对受害人使用暴力。加害人对受害人实施家庭暴力的原因和手段有很大差别，但都是故意使用暴力的行为。如殴打、捆绑、残害、强行

限制人身自由或者其他手段，给其家庭成员的身体、精神等方面造成一定伤害后果。

（3）家庭暴力在时间上有突发性。这是家庭暴力和虐待行为的主要区别。如果加害人对受害人经常性、持续性的实施暴力，则应属于虐待行为。

（4）家庭暴力的后果具有不确定性。加害人实施家庭暴力的目的、手段、动机不同，所导致的后果也有很大差异。

（二）禁止家庭成员间的虐待和遗弃

虐待，是指对家庭成员进行歧视、折磨、摧残，使其在精神上、身体上遭受损害的违法行为。在表现形式上，有打骂、恐吓、禁闭、强迫过度劳动、有病不给治疗等。它与家庭暴力有联系也有区别，一般来说，持续性、经常性的家庭暴力，构成虐待。遗弃，是指负有抚养、赡养义务的一方，对需要抚养、赡养的一方，不履行义务的违法行为。如父母不履行对未成年子女的抚养义务，子女对年老的父母不尽赡养义务等。

（三）家庭暴力或虐待的控制措施

2015年的《反家庭暴力法》第5条规定，未成年人、老年人、残疾人、孕期和哺乳期的妇女、重病患者遭受家庭暴力的，应当给予特殊保护。

首先，做好反家庭暴力预防工作，争取防患于未然。2015年的《反家庭暴力法》第6条规定，国家开展家庭美德宣传教育，普及反家庭暴力知识，增强公民反家庭暴力意识。工会、中国共产主义青年团、妇女联合会、残疾人联合会应当在各自工作范围内，组织开展家庭美德和反家庭暴力宣传教育。广播、电视、报刊、网络等应当开展家庭美德和反家庭暴力宣传。学校、幼儿园应当开展家庭美德和反家庭暴力教育。

其次，采取积极措施帮助受害人及时摆脱家庭暴力或虐待是控制家庭暴力或虐待的最直接措施。我国《反家庭暴力法》第13条规定："家庭暴力受害人及其法定代理人、近亲属可以向加害人或者受害人所在单位、居民委员会、村民委员会、妇女联合会等单位投诉、反映或者求助。有关单位接到家庭暴力投诉、反映或者求助后，应当给予帮助、处理。家庭暴力受害人及其法定代理人、近亲属也可以向公安机关报案或者依法向人民法院起诉。单位、个人发现正在发生的家庭暴力行为，有权及时劝阻。"

必要的时候，受害人可以申请人身安全保护令。我国《反家庭暴力法》第23条规定："当事人因遭受家庭暴力或者面临家庭暴力的现实危险，向人民法院申请人身安全保护令的，人民法院应当受理。当事人是无民事行为能力人、限制民事行为能力人，或者因受到强制、威吓等原因无法申请人身安全保护令的，其近亲属、公安机关、妇女联合会、居民委员会、村民委员会、救助管理机构可以代为申请。"

最后，依法追究家庭暴力和虐待实施者的法律责任。

（1）施暴者应承担民事赔偿责任。根据《民法典》的规定，家庭暴力和虐待是离婚的法定理由之一。同时一方实施家庭暴力导致离婚的，无过错方有权要求离婚损害赔偿。

（2）施暴者应承担行政责任。加害人实施家庭暴力，构成违反治安管理行为的，依法给予治安管理处罚；被申请人违反人身安全保护令，尚不构成犯罪的，人民法院应当给予训诫，可以根据情节轻重处以一千元以下罚款、十五日以下拘留。

（3）施暴者应承担刑事责任。加害人实施家庭暴力，构成犯罪的，依法追究刑事责任。被申请人违反人身安全保护令，构成犯罪的，依法追究刑事责任。

第五节　树立优良家风，弘扬家庭美德，重视家庭文明建设

这是伦理规范在婚姻家庭制度上的体现，也是我国婚姻家庭制度的倡导性原则。《民法典》第1043条规定："家庭应当树立优良家风，弘扬家庭美德，重视家庭文明建设。夫妻应当互相忠实，互相尊重，互相关爱；家庭成员应当敬老爱幼，互相帮助，维护平等、和睦、文明的婚姻家庭关系。"

2016年，习近平总书记在会见第一届全国文明家庭代表时的讲话中指出："中华民族历来重视家庭。正所谓'天下之本在家'。尊老爱幼、妻贤夫安，母慈子孝、兄友弟恭，耕读传家、勤俭持家，知书达礼、遵纪守法，家和万事兴等中华民族传统家庭美德，铭记在中国人的心灵中，融入中国人的血脉中，是支撑中华民族生生不息、薪火相传的重要精神力量，是家庭文明建设的宝贵精神财富。"习近平总书记同时提出了几点希望："希望大家注重家庭。家庭是社会的细胞。家庭和睦则社会安定，家庭幸福则社会祥和，家庭文明则社会文明。历史和现实告诉我们，家庭的前途命运同国家和民族的前途命运紧密相连。我们要认识到，千家万户都好，国家才能好，民族才能好。国家富强，民族复兴，人民幸福，不是抽象的，最终要体现在千千万万个家庭都幸福美满上，体现在亿万人民生活不断改善上。""希望大家注重家教。家庭是人生的第一个课堂，父母是孩子的第一任老师。孩子们从牙牙学语起就开始接受家教，有什么样的家教，就有什么样的人。家庭教育涉及很多方面，但最重要的是品德教育，是如何做人的教育。也就是古人说的'爱子，教之以义方''爱之不以道，适所以害之也'。""希望大家注重家风。家风是社会风气的重要组成部分。家庭不只是人们身体的住处，更是人们心灵的归宿。家风好，就能家道兴盛、和顺美满；家风差，难免殃及子孙、贻害社会，正所谓'积善之家，必有余庆；积不善之家，必有余

殃'。诸葛亮诫子格言、颜氏家训、朱子家训等，都是在倡导一种家风。毛泽东、周恩来、朱德同志等老一辈革命家都高度重视家风。"正是为贯彻落实习近平新时代中国特色社会主义思想这一重要内容，实现《民法典》扎根中国大地，立足中国国情、彰显中国精神的文化底蕴和时代特征，婚姻家庭编富有创新地作出了倡导性规定，维护和保证中国特色社会主义婚姻家庭制度的基本原则，带动全国千千万万个家庭行动起来，共同为提高全社会文明程度而努力。

同时《民法典》第1043条属性是倡导性、宣示性规范，而非禁止性规定。所以《最高人民法院关于适用〈中华人民共和国民法典〉婚姻家庭编的解释（一）》［以下简称《婚姻家庭编的解释（一）》］第4条规定："当事人仅以民法典第一千零四十三条为依据提起诉讼的，人民法院不予受理；已经受理的，裁定驳回起诉。"

04

第四章 ♡
结婚制度

思政目标

通过对我国结婚制度的解读，
引导学生理解自由这一核心价值观的确切内涵，
增强学生遵纪守法的自觉性

　　王某（男）与李某（女）是同村人，王某生于2000年8月19日，李某生于2002年9月20日。2020年2月两人隐瞒了未达法定婚龄的事实，使用假的身份证到民政部门登记结婚。婚后两人经常为一些生活琐事争吵，李某觉得无法再与王某共同生活下去，于是2022年12月李某起诉到法院，请求判决其与王某的婚姻无效。

问 题

　　李某申请婚姻无效的请求能否得到法院的支持?

第一节　结婚制度概述

一、结婚的概念

结婚，是指男女双方以共同生活为目的，依法结为夫妻的行为。结婚首先是一个把人类最美好的情感——爱情固定化、合法化的程序，结婚就像一把"法律之锁"，将夫妻双方牢牢锁住，婚后夫妻要相互扶持、不离不弃，共同走完人生之路。与其说结婚是一种权利，不如说结婚是一种责任，有人会认为婚姻是很严肃、很沉重的，因此把婚姻比作"围城"。其次，结婚是婚姻法律关系借以发生的法律事实，是婚姻制度的重要组成部分。古今中外的各个国家对结婚制度都有详尽的法律规定。结婚的概念其实是有广义和狭义之别的，广义上的结婚把订婚（婚约）也纳入结婚的范畴，我国现行《婚姻法》不承认婚约的法律效力，对结婚是持狭义说的。

结婚不仅是男女双方的终身大事，同时也是关系到国家、民族健康发展的大事。因为结婚是人类社会家庭产生的基础，结婚也是一切亲属关系的源泉，一般来说，结婚是每个人一生中必须经历的阶段，它的作用与影响也必然是全社会性的。马克思曾经说过："如果婚姻不是家庭的基础，那么它就会像友谊一样，也不是立法的对象了。"

结婚的要件是法律规定的结婚时男女双方必须具备的条件。符合法定条件的男女的结合才是合法婚姻，具有婚姻的效力，否则婚姻就是无效的或可撤销的。理论上，我们一般把结婚条件分为实质要件和形式要件。结婚的实质要件，是指结婚男女双方的本身状况及其相互关系必须符合法律的要求。如婚姻当事人须达到法定婚龄，须无禁止结婚的疾病，双方之间须无禁止结婚的亲属关系。结婚的形式要件，是指男女双方必须按法律规定的程序或方式进行结婚。现代国家结婚的形式要件主要有登记制、仪式制、登记与仪式相结合制，我国《婚姻法》以登记为结婚的形式要件。

二、结婚制度的历史发展

结婚制度是个体婚制的产物，在原始社会群婚制下，是不需要结婚制度存在的。根据有关史料记载和民俗学的研究成果，在个体婚形成时期，最初通行的结婚方式大致有掠夺婚、互易婚、劳役婚、买卖婚、赠与婚等方式。掠夺婚又称抢劫婚，是指男子以暴力手段劫夺女子为妻的婚姻形式。我国古籍《说文》记载："礼，娶妇以昏时，故曰婚。"而娶妇以昏时，当系古代劫掠妇女，必趁女家不备，而以昏时为便，后世沿用其法，遂以昏礼为名。我国《周易》也有"乘马斑如，泣血涟如""匪寇、婚媾"的记载，表明我国存在抢夺婚。罗马法的时效婚，也允许市民抢劫邻族妇女，经过1年的占有后，便确认为正式的婚姻。互易婚，是指双方父母以女儿或男子以姐妹交换为妻的婚姻制度。古籍《尔雅·释亲》中"妻之父为外舅，妻之母为外姑"的称谓在互易婚的情形下可以得到合理的解释。劳役婚，是指男方须为女家从事一定时期的劳务，方得与女方结为夫妇的婚姻。买卖婚，是指结婚一方向对方给付一定数量的财物为结婚前提条件的婚姻。赠与婚，是指家长将家中女子赠与他人为妻。在上述结婚方式中，掠夺婚、赠与婚为无偿婚，互易婚、劳役婚和买卖婚为有偿婚。

中国古代的婚礼一直以聘娶婚为主要方式。聘娶婚是一种严格按照封建礼制的要求行嫁娶之礼的仪式婚。所谓"六礼"，即"纳采""问名""纳吉""纳征""请期""亲迎"，是嫁娶婚中的具体程序。宋代，改"六礼"为"四礼"，即"纳采""纳吉""纳征""亲迎"。

在西方古代的结婚方式中，罗马法和寺院法中的规定最具有代表性。古代罗马法以订婚为结婚的先行阶段。罗马法的结婚方式有共食婚、买卖婚、略式婚等形式。

到了近现代，婚姻逐渐发展为合意婚，又称共诺婚或自由婚，是指男女双方意思表示一致而成立的婚姻。正如恩格斯所说的，在婚姻关系上，即使最进步的法律，只要当事人在形式上证明是自愿的，也就十分满足了，至于法律幕后的现实生活是怎样的，这种自愿是如何造成的，法律和法学家都可以置之不问。

第二节　结婚的实质要件

一、结婚的必备要件

结婚的必备要件，又称结婚的积极要件，是指当事人结婚时必须具备的法定条件。根据我国《婚姻法》的规定，结婚必须具备以下三个条件：

（一）结婚必须是男女的结合

婚姻的自然属性决定了结婚的主体必须是异性男女，我国《婚姻法》第5条规定，结婚必须是男女双方完全自愿。这条规定就隐含了结婚性别限制的内容，即结婚必须是异性男女的结合，同性不得成婚。虽然1992年世界卫生组织不再把同性恋视为"变态行为"，但同性结婚仍无法纳入我国的主流道德观念。中国历史上有同性恋的记载，但从来没有公开承认过同性恋婚姻。编者认为，同性婚姻违反了婚姻的根本目的（婚姻是基于性与繁衍的需要而产生的），所以同性婚姻是不合法的。但同性恋通过手术变性后或作为自然变性人结婚是符合我国《婚姻法》规定的。

（二）当事人须有结婚的合意

结婚合意，是指当事人双方自愿确立夫妻关系的意思表示真实一致。近现代资本主义国家立法，确立婚姻乃是一种民事契约，基于人格独立和意思自治原则，各国法律大多以男女双方合意作为结婚的必备要件。在我们国家婚姻并不理解为民事契约，我国《婚姻法》规定结婚必须是男女完全自愿，是基于我国婚姻家庭关系建立在爱情的基础上，一方不能把结婚要求强加于另一方。我国《民法典》第1046条规定："结婚应当男女双方完全自愿，禁止任何一方对另一方加以强迫，禁止任何组织或者个人加以干涉。"法律要求的"男女双方完全自愿"，是要求男女双方的自愿，而不是一方自愿；是男女双方本人自愿而不是父母或第三人的自愿；"禁止任何一方对另一方加以强迫，禁止任何组织或者个人加以干涉"，这是对"结婚应当男女双方完全自愿"的补充，也是婚姻自由的具体体现，这里的"强迫和干涉"包括父母等长辈，也包括其他人，如果"强迫和干涉"造成后果，则应负相应的民事或刑事责任。

结婚合意的要求是由婚姻的本质决定的。婚姻是男女两性以共同生活为目的的结合，这种结合在法律上将产生身份与财产上的效力，并由当事人承担由此而产生的法律上的权利与义务关系。是否结合，与谁结合，只能由当事人自己决定。结婚合意作为结婚的必备要件，也是保障结婚自由的前提，是婚姻自由原则在结婚制度中的具体体现。

（三）达到法定婚龄

法定婚龄，是指法律所规定的结婚必须达到的最低年龄。法定婚龄是结婚年龄的下限，除沙皇俄国的民法曾规定过男女已逾80岁者不得结婚外，其他国家未有规定结婚年龄上限的例子。我国《民法典》第1047条规定："结婚年龄，男不得早于二十二周岁，女不得早于十二周岁。"这就是说，我国的法定婚龄是男22周岁、女20周岁。法定年龄以户口簿、身份证为准。计算法定年龄应以个人的周岁计，不能以两个人的年龄合并计算。同时《民法典》删除了2001年《婚姻法》中晚婚晚育应予鼓励的规定。

鉴于我国人口出生率下降和老龄化日益严重的趋势，社会上有降低法定结婚年龄的呼声。梁建章、任泽平联合多位学术专家设立的育娲人口研究机构发布的《中国婚姻家庭报告2022版》明确建议将法定婚龄降到18周岁。

二、结婚的禁止条件

结婚的禁止条件，又称消极条件或结婚障碍，是指男女一方或双方在结婚时不得有法律规定的禁止情形。我国《婚姻登记条例》第6条规定："男女双方均已达到法定婚龄，且无他人强迫或第三人干涉，男女双方申请结婚完全是自愿的，符合婚姻法规定申请结婚的条件、要求。但是，当事人具有下列情形之一的，仍不予登记结婚：（一）一方或者双方已有配偶的；（二）直系血亲和三代以内旁系血亲的；（三）患有医学上认为不应结婚的疾病。"我国《民法典》婚姻家庭编删除了该规定，改为男女双方婚前重大疾病如实告知义务，一方如违反该义务的，另一方可以撤销婚姻。根据我国《民法典》及《婚姻登记条例》的规定，结婚的禁止条件包括以下两大方面：

（一）禁止重婚

禁止重婚是保护我国一夫一妻制的重要保障制度。我国《民法典》第1051条明确规定，禁止重婚，重婚的，婚姻无效。

（二）禁止一定范围内的血亲结婚

亲属包括血亲和法律拟制亲，我国目前所规定的禁止结婚是针对血亲的，我国《民法典》第1048条规定，直系血亲或者三代以内的旁系血亲禁止结婚。可见我国禁止结婚的血亲范围包括以下两类亲属：一是直系血亲，是指具有直接血缘关系的亲属，包括父母子女、祖父母和孙子女、外祖父母与外孙子女等。二是三代以内的旁系血亲，是指同源于祖父母、外祖父母的直系血亲以外的血亲。其范围包括：同源于父母的兄弟姐妹；同源于祖父母和外祖父母的不同辈分的伯叔与侄女，姑与侄子等；同源于祖父母和外祖父母的相同辈分的堂兄弟姐妹，姑表兄弟姐妹和姨表兄弟姐妹。

禁止一定范围内的血亲结婚的理由有两个：首先是基于遗传学、优生学的原理，直系血亲和三代以内旁系血亲的婚姻，均属近亲婚配，其结果是使后代容易具有相同的病态基因，使一些隐性遗传学疾病发病率增高，如先天性聋哑、先天性鱼鳞病、先天性高血压、精神分裂症、先天性心脏病、地中海贫血、血友病、无脑儿、脊柱裂、癫痫等，为提高全民素质，减少遗传性疾病的发病率，禁止一定范围内的血亲结婚是十分必要的。其次是社会伦理道德的要求，近亲结婚有违人类长期以来形成的家庭伦理道德观念，也容易造成亲属身份上和继承上的混乱。对于法律拟制亲之间是否能够结婚，争论早就存在，如丧偶的公公能否和丧偶的儿媳结婚，至今尚未有定论。但养父母与养子女之间，无论从立法上还是从伦理要求上，都应属于禁止结婚的范围。

第三节　结婚程序

一、结婚程序概述

结婚程序，又称婚姻的形式要件，是法律规定的男女双方缔结婚姻所必须履行的法定步骤。结婚程序是婚姻取得社会承认的公示方式，如果婚姻当事人没有经法律许可的程序结婚，那么他们的婚姻关系就可能得不到法律的保护。

从世界各国的立法来看，结婚的程序主要有三种形式：一是登记制。登记制，是指婚姻当事人必须到国家婚姻登记机关办理法定登记手续，婚姻方可成立。二是仪式制。仪式制，是指婚姻当事人通过公开举行一定的仪式为婚姻成立的形式要件。结婚仪式又可分为宗教仪式、世俗仪式、法律仪式等。三是登记与仪式结合制。它是指结婚既要进行登记又要举行仪式。我国《民法典》第1049条要求结婚的男女双方应当亲自到婚姻登记机关申请结婚登记。符合规定的，予以登记，发给婚姻证。完成婚姻登记，即确立婚姻关系。未办理结婚登记的，应当补办登记。2003年10月1日我国《婚姻登记管理条例》废止，代之以《婚姻登记条例》。在标题上《婚姻登记条例》取消了"管理"两个字，突出了婚姻登记机关的服务功能，淡化了它的行政管理职能。从内容上看，《婚姻登记条例》取消了强制婚检、结婚时要单位开证明，改革力度很大，充分体现了尊重婚姻当事人婚姻自由的权利。

同时，我们也应当注意《婚姻登记条例》所带来的负面影响。根据《中国青年报》的一篇报道，《婚姻登记条例》施行后，结婚、离婚便利了许多，但也导致了"快餐式"婚姻的增多。重庆市南岸区民政局瑞出现过这样一对小夫妻，哭泣着要马上办离婚，办完离婚不到1小时，又双双跨进登记室申请结婚。拿到新结婚证后，两人相视一笑，手挽手离开。据统计，1994年中国有2.67亿个家庭，每年约有1000万对新婚夫妇组成新家庭，当时的离婚率只有1.54‰。民政部公布的《2021年民政事业发展统计公报》显示，2021年，全国有婚姻登记机构和场所共计4372个，其中婚姻登记机构

1069个，全年依法办理结婚登记764.3万对，连续8年下降，结婚率为5.4‰，比2020年下降0.4‰。依法办理离婚手续283.9万对，离婚率为2.0‰。

二、结婚登记机关

《婚姻登记条例》第2条规定："内地居民办理婚姻登记的机关是县级人民政府民政部门或者乡（镇）人民政府，省、自治区、直辖市人民政府可以按照便民原则确定农村居民办理婚姻登记的具体机关。中国公民同外国人，内地居民同香港特别行政区居民（以下简称香港居民）、澳门特别行政区居民（以下简称澳门居民）、台湾地区居民（以下简称台湾居民）、华侨办理婚姻登记的机关是省、自治区、直辖市人民政府民政部门或者省、自治区、直辖市人民政府民政部门确定的机关。"明确了我国的婚姻登记机关，并规定结婚时男女双方应当共同到一方当事人常住户口所在地的婚姻登记机关办理结婚登记。我国《婚姻登记条例》第3条规定："婚姻登记机关的婚姻登记员应当接受婚姻登记业务培训，经考核合格，方可从事婚姻登记工作。婚姻登记机关办理婚姻登记，除按收费标准向当事人收取工本费外，不得收取其他费用或者附加其他义务。"《婚姻登记条例》第4条规定："中国公民同外国人在中国内地结婚的，内地居民同香港居民、澳门居民、台湾居民、华侨在中国内地结婚的，男女双方应当共同到内地居民常住户口所在地的婚姻登记机关办理结婚登记。"

三、婚姻登记程序

结婚登记的具体程序分为申请、审查、登记三个环节。

（一）申请

申请是当事人双方向婚姻登记机关提出结婚登记的请求。申请必须由双方亲自到一方户口所在地的婚姻登记机关提出，不能采用委托方式，不许亲属顶替，不许一方代表另一方，也不能用书面意见代替本人亲自到场。《婚姻登记条例》第5条规定："办理结婚登记的内地居民应当出具下列证件和证明材料：

"（一）本人的户口簿、身份证；

"（二）本人无配偶以及与对方当事人没有直系血亲和三代以内旁系血亲关系的签

字声明。

"办理结婚登记的香港居民、澳门居民、台湾居民应当出具下列证件和证明材料：

"（一）本人的有效通行证、身份证；

"（二）经居住地公证机构公证的本人无配偶以及与对方当事人没有直系血亲和三代以内旁系血亲关系的声明。

"办理结婚登记的华侨应当出具下列证件和证明材料：

"（一）本人的有效护照；

"（二）居住国公证机构或者有权机关出具的、经中华人民共和国驻该国使（领）馆认证的本人无配偶以及与对方当事人没有直系血亲和三代以内旁系血亲关系的证明，或者中华人民共和国驻该国使（领）馆出具的本人无配偶以及与对方当事人没有直系血亲和三代以内旁系血亲关系的证明。

"办理结婚登记的外国人应当出具下列证件和证明材料：

"（一）本人的有效护照或者其他有效的国际旅行证件；

"（二）所在国公证机构或者有权机关出具的、经中华人民共和国驻该国使（领）馆认证或者该国驻华使（领）馆认证的本人无配偶的证明，或者所在国驻华使（领）馆出具的本人无配偶的证明。"

（二）审查

婚姻登记机关应当对当事人的申请进行审核和查证。由于《婚姻登记条例》大大简化了申请结婚的程序，婚姻登记机关的审查主要还是形式审查。《婚姻登记条例》第7条主要规定了婚姻登记机关的审查义务："婚姻登记机关应当对结婚登记当事人出具的证件、证明材料进行审查并询问相关情况。对当事人符合结婚条件的，应当当场予以登记，发给结婚证；对当事人不符合结婚条件不予登记的，应当向当事人说明理由。"欠缺结婚的法定要件的当事人，将会收到婚姻登记机关的一份"不予办理结婚登记通知单"，其中将详细说明在14项条款中，哪一条或哪几条欠缺。结婚所具备的实质条件是否达到，要靠婚姻当事人如实提供。现在要求婚姻当事人填写"申请结婚登记声明书"，内容包括姓名、性别、国籍、出生日期、民族、职业、文化程度、身份证件号、常住户口所在地、婚姻状况等。宣读声明："本人与对方均无配偶，没有直系亲属和三代以内旁系血亲关系，了解对方的身体健康状况。现依照《中华人民共和国民法典》的规定，自愿结为夫妻。本人上述声明完全真实，如有虚假，愿承担相应的法律责任。"填写"结婚登记审查处理表",记录结婚登记日期、结婚证字号、承办机关名称、登记员名字。签字或按指纹,附申请人照片。如果补办结婚证,还应填写"申请补办结婚声明书"和"补发婚姻登记证审查处理表"。《婚姻登记条例》第6条规定:"办理结婚登记的当事人有下列情形之一的,婚姻登记机关不予登记:

"(一)未到法定结婚年龄的;

"(二)非双方自愿的;

"(三)一方或者双方已有配偶的;

"(四)属于直系血亲或者三代以内旁系血亲的;

"(五)患有医学上认为不应当结婚的疾病的。"

(三)登记

婚姻登记机关对符合结婚条件的婚姻当事人应当即时予以登记,发给结婚证。对离过婚的,应当注销离婚证。当事人从取得结婚证时起,确立夫妻关系。

附:申请结婚登记声明书样本

本人申请结婚登记,谨此声明:

本人姓名: 性别:

国籍:

出生日期: 年 月 日

民族: 职业:

文化程度: 身份证件号:

常住户口所在地:

婚姻状况:(未婚/离婚/丧偶)

对方姓名: 性别:

国籍:

出生日期: 年 月 日

民族: 职业:

文化程度: 身份证件号:

常住户口所在地:

婚姻状况:(未婚/离婚/丧偶)

本人与对方均无配偶,没有直系血亲和三代以内旁系血亲关系,了解对方的身体健康状况。现依照《民法典》的规定，自愿结为夫妻。

本人上述声明完全真实，如有虚假，愿承担相应的法律责任。

声明人：　　　　　　　　　监誓人：

日　期：　　年 月 日　　　日　期：　　年　月　日

第四节　婚姻的无效与撤销

一、无效婚姻

（一）无效婚姻的概念

无效婚姻，是指因不具备法定结婚要件的男女结合，在法律上不产生婚姻效力的制度。无效婚姻的婚姻关系自始无效，这种婚姻关系是不受法律保护的。当事人不具有夫妻间的权利和义务，同居期间所得财产，由当事人协商处理，协商不成，由人民法院根据照顾无过错方的原则判决。对重婚的财产处理，不得侵犯合法婚姻当事人的财产利益，所生子女，按婚生子女的规定执行。违法建立无效婚姻的婚姻关系当事人，应无条件解除婚姻关系，并承担相应的民事责任；触犯刑法的，应负刑事责任。

（二）无效婚姻的内容

我国《民法典》第1051条规定："有下列情形之一的，婚姻无效：（一）重婚；（二）有禁止结婚的亲属关系；（三）未到法定婚龄。"当事人以上述理由申请婚姻无效时，该无效的情形依然存在，否则如已达法定婚龄的，不得申请婚姻无效。《民法典》删除了2001年《婚姻法》规定的一种无效婚姻情形：婚前患有医学上认为不应当结婚的疾病，婚后尚未治愈的。

（三）关于无效婚姻的相关法律规定

♥❶ 确认无效婚姻的请求权人

当出现上述婚姻无效的情形后，由谁请求宣告婚姻无效？《婚姻家庭编的解释（一）》对此予以明确。该解释第9条规定："请求确认婚姻无效的主体，包括婚姻当事人及利害关系人。其中，利害关系人包括：（一）以重婚为由的，为当事人的近亲属及基层组织；（二）以未到法定婚龄为由的，为未到法定婚龄者的近亲属；（三）以有禁止结婚的亲属关系为由的，为当事人的近亲属。"

② 人民法院审理无效婚姻案件的有关规定

《婚姻家庭编的解释（一）》第10条规定："当事人依据民法典第一千零五十一条规定向人民法院请求确认婚姻无效，法定的无效婚姻情形在提起诉讼时已经消失的，人民法院不予支持。"

《婚姻家庭编的解释（一）》第11条的规定："人民法院受理请求确认婚姻无效案件后，原告申请撤诉的，不予准许。对婚姻效力的审理不适用调解，应当依法作出判决。涉及财产分割和子女抚养的，可以调解。调解达成协议的，另行制作调解书；未达成调解协议的，应当一并作出判决。"

二、可撤销婚姻

（一）可撤销婚姻的概念

可撤销婚姻，是指违反结婚的某些法定要件，使婚姻关系处于不确定状态，可以依法撤销的法律制度。如果行为人在除斥期间内行使撤销权，则该婚姻自始无效。但在行为人行使撤销权之前，该婚姻实际上已发生法律效力，如行为人在除斥期间内没有行使撤销权时，此类行为将取得确定的效力。

（二）可撤销婚姻的法定情形

可撤销婚姻的法定情形有两种：受胁迫婚姻和一方婚前患有重病未履行如实告知义务的，另一方可以撤销婚姻。当事人以结婚登记程序存在瑕疵为由提起民事诉讼，主张撤销结婚登记的，告知其可以依法申请行政复议或者提起行政诉讼。

① 受胁迫婚姻

我国《民法典》第1052条规定："因胁迫结婚的，受胁迫的一方可以向人民法院请求撤销婚姻"。由此可见，我国规定的可撤销婚姻仅限于因胁迫而形成的婚姻。构成胁迫的要件是：

（1）有实际存在的胁迫行为。胁迫行为，是指行为人以给婚姻另一方当事人或者其近亲属的人身、名誉、财产造成损害为要挟，迫使婚姻另一方当事人违背真实意愿与其结婚的行为。

（2）行为人主观上有故意。故意，是指行为人有使相对人产生恐惧的意思，以及有迫使相对人因恐惧而与之结婚的意思。

（3）相对人因胁迫行为而违背自己的真实意愿而结婚。

❷ 一方婚前患有重病未履行如实告知义务的

我国《民法典》第1053条规定："一方患有重大疾病的，应当在婚姻登记前如实告知另一方；不如实告知的，另一方可以向人民法院请求撤销婚姻。"

（三）受害人撤销权的行使

可撤销婚姻不会自动失效，只有受害一方在法定期限内，向人民法院提出申请，才会导致可撤销婚姻自始无效。撤销权是当事人依照自己的意思单方面变更或消灭民事行为效力的权利。撤销权一般被认为是属于可能权、形成权或变更权。

❶ 撤销权人

撤销权人，是指依法有权要求撤销胁迫婚姻权利的人。撤销权人只能是受害一方的婚姻关系当事人本人。

❷ 行使撤销权的方式

权利人行使撤销权应向人民法院依法申请，由人民法院审查后，依法决定。根据《婚姻家庭编的解释（一）》的规定，人民法院根据当事人的请求，依法确认婚姻无效或者撤销婚姻的，应当收缴双方的结婚证书并将生效的判决书寄送当地婚姻登记管理机关。被确认无效或者被撤销的婚姻，当事人同居期间所得的财产，除有证据证明为当事人一方所有的以外，按共同共有处理。

❸ 撤销权的行使期限

撤销权的行使期限在性质上属除斥期间，该期间届满，撤销权消灭。我国《民法典》第1052条规定："因胁迫结婚的，受胁迫的一方可以向人民法院请求撤销婚姻。请求撤销婚姻的，应当自胁迫行为终止之日起一年内提出。被非法限制人身自由的当事人请求撤销婚姻的，应当自恢复人身自由之日起一年内提出。"第1053条规定："一方患有重大疾病的，应当在结婚登记前如实告知另一方；不如实告知的，另一方可以向人民法院请求撤销婚姻。请求撤销婚姻的，应当自知道或者应当知道撤销事由之日起一年内提出。"除斥期间是不变期间，没有终止、中断或延长的情形。

三、婚姻无效和被撤销后的法律后果

我国《民法典》第1054条规定："无效的或被者撤销的婚姻自始没有法律约束力，当事人不具有夫妻的权利和义务。同居期间所得的财产，由当事人协议处理；协议不成的，由人民法院根据照顾无过错方的原则判决。对重婚导致的无效婚姻的财产处理，不得侵害合法婚姻当事人的财产权益。当事人所生的子女，适用本法关于父母子女的规定。"

按照上述规定，无效婚姻自始无效，这是国际亲属立法的通例；被撤销的婚姻也自始无效，发生相同的法律后果。婚姻无效和被撤销的后果可从以下两个方面加以说明：

（一）对当事人的后果

经宣告无效或被撤销的婚姻均自始无效，自违法结合之时起便不具有婚姻的法律效力。因此，当事人间不具有基于婚姻效力而发生的夫妻的权利和义务，不适用婚姻法中有关夫妻人身关系和财产关系的各项规定。

在人身关系方面，无效或被撤销婚姻的当事人并非配偶，一方与另一方的血亲及其配偶间不产生姻亲关系；在监护、代理、收养等问题上，不适用于以配偶关系为基础的法律规定。

在财产关系方面，无效或被撤销婚姻的当事人不适用于法定夫妻财产制，不具有相互扶养的义务和相互继承遗产的权利。关于当事人在同居期间就财产问题所作的约定，不适用于法律有关夫妻财产约定的规定。但是，只要这种约定符合民事法律行为的有效条件，便应承认其具有法律效力。

婚姻被宣告无效或撤销后，当事人同居期间所得财产不适用于离婚时分割共同财产的规定，应由当事人协议处理。协议不成时由人民法院根据照顾无过错方原则依法判决。这里所说的无过错方，并非指在同居期间各方面均为无过错的当事人，而是指对无效的婚姻、被撤销婚姻的形成并无过错的当事人。

因重婚导致婚姻无效的，在处理财产问题时重点保护合法婚姻当事人的财产权益。在适用于法定夫妻财产制的情形下，有配偶而重婚者的工资、奖金、生产经营的收入、知识产权的收益等，依法应归夫妻双方共同所有，不得将其作为重婚关系的双方在同居期间所得的财产。例如：有配偶的重婚者以上述收入购置一套房屋供本人和与其重婚的对方同居生活，应判定该房屋为合法婚姻的双方当事人所有，而不是重婚关系的双方当事人。

（二）对子女的法律后果

由于无效婚姻和可撤销婚姻是自始无效的，因此在无效婚姻或被撤销婚姻中出生的子女，应是非婚生子女。父母、子女之间的权利与义务是基于血缘关系而产生的，并非是婚姻关系所带来的，因此在抚养、教育、保护、赡养、继承、监护、代理等问题上，与合法婚姻中的父母、子女关系是毫无区别的。无效婚姻和被撤销的婚姻对子女产生的法律后果几乎等同于离婚的后果。

第五节　婚约

一、婚约概述

婚约，也称订婚或定婚，是男女双方当事人以结婚为目的而对婚姻关系所作的事先约定，是基于平等、自愿基础之上的对男女双方恋爱关系在一定范围内的公示行为。在我国范围内，尽管法律法规并未规定婚约，且婚约本身对男女双方当事人也不具有法律上的拘束力，但在现实生活中，各地方，特别是在广大农村，婚约还较为普遍地作为男女结婚的一道"必经程序"。

关于婚约的法律效力，我国《民法典》和《婚姻登记条例》无明文规定。1953年3月19日，中央人民政府法制委员会发布的《有关婚姻问题的若干解答》中规定："订婚不是结婚的必要手续。男女自愿订婚者，听其订婚，但别人不得强迫包办。"此后，在最高人民法院的解释以及司法实践中，都坚持了同样的原则。由此可见，我国政策、法律对婚约的态度和处理原则是：

（1）订婚不是婚姻成立的必要手续和条件。是否订立婚约由当事人自主决定，法律不予干涉。但订立婚约必须完全出于男女双方自愿，其他任何人不得强迫、干涉。

（2）婚约没有法律效力。婚约订立后，任何一方均可作出解除婚约的意思表示，无须征得对方的同意，即产生婚约解除的效力。这是因为，婚姻是男女双方基于爱情的结合，而且是双方自主自愿。如果一方要求解除婚约，说明在他们之间已不存在结婚的基础条件，因而应当允许，否则即是干涉婚姻自由。在国外，关于婚约的性质有不同的主张：一种是"契约说"，认为婚约是一种契约，无正当理由而不履行者应承担违约责任，但对婚约不得强制履行；另一种是"非契约说"，认为订婚不是法律行为，而是事实行为，无正当理由而不履行者应承担侵权责任。在我国，婚约不具有法律约束力，仅有道德约束力。

二、婚约解除引发的财物纠纷

关于因解除婚约而引起的财物纠纷，司法实践中的处理原则是：对婚约期间无条件赠与的财物，受赠人一般无返还义务，比如带有特殊数字的"1314""520"等恋人之间的微信转账金额；对于以结婚为目的所作的赠与（俗称彩礼或订婚信物），价值较高的，应酌情返还。当然，对以订婚为名诈骗钱财的，应归还受害人。《婚姻家庭编的解释（一）》第5条规定："当事人请求返还按照习俗给付的彩礼的，如果查明属于以下情形，人民法院应当予以支持：（一）双方未办理结婚登记手续；（二）双方办理结婚登记手续但确未共同生活；（三）婚前给付并导致给付人生活困难。"

阅读材料：惊人的订婚彩礼

山东是我国较为富裕的人口大省之一，订婚彩礼也令人瞠目结舌。订婚彩礼在山东从来都不便宜，早在20世纪80年代，已经是1001元起步了，寓意"千里挑一"，很快就上涨到10001元或10007元，寓意"万里挑一""万里挑妻"。据说在山东菏泽，彩礼用斤称，起步价为3斤3两，这是100元人民币的重量，大约是14.35万元。山东还有地方有"万紫千红，一动不动"的说法，"万紫千红"就是1万张5元人民币，加1000张百元人民币，这已经是15万元，至于"一动不动"，则是指房子和小汽车。面对这样的天价彩礼，生活不富裕的青年农民要结婚简直是妄想。

解析：因为支付天价彩礼使农民家庭背负巨债，确实不合适。"彩礼"这个词并非一个规范的法律用语，由于在司法实践中因彩礼引发的纠纷很多，最高人民法院才出台了相关的司法解释，明确规定返还彩礼的几种情形。

三、一方为现役军人的婚约

1984年8月30日《最高人民法院关于贯彻执行民事政策法律若干问题的意见》（以下简称《意见》）规定："现役军人的婚约关系，应予保护。凡是双方经过一定时期的了解，同意建立、保护婚约关系，家庭、群众和所在部队都认为是婚约关系的，才能确认为婚约关系。婚约基础比较好，没有解除婚约的重要原因，有恢复和好前途的，应说服教育不予解除。婚约关系不巩固，没有结婚前途的，应通过军人所在组织，对军人进行说服工作，予以解除。"由此规定可见，第一，一方为现役军人的婚约，受法律保护，并不像一般群众的婚约那样只要一方提出解除婚约便可解除。第二，非军人一方提出解除婚约的，有关部门和法院应做好说服教育工作。

但该《意见》的规定仅适用于非军人一方向现役军人一方提出解除婚约而引起的争议，若婚约双方都是现役军人，或现役军人一方向非军人一方提出解除婚约，则按一般群众的婚约争议处理。

法律之所以保护现役军人的婚约，是出于维护国家利益的需要。因为现役军人担负着保卫祖国的神圣使命，他们为祖国、为人民作出了很大的贡献，如果不保护其婚约，一方面，会影响国防事业；另一方面，对现役军人也是不公平的。

需要指出的是，现役军人的婚约也不能强制履行，如果非军人一方坚持要求解除婚约，则不能强制其与现役军人结婚，否则便是违背婚姻自由原则。应通过军人所在组织，对军人进行说服教育工作，解除婚约。

附：

《与宋庆龄婚姻誓约书》①
（一九一五年十月二十五日）

此次孙文与宋庆琳之间缔结婚约，并订立以下诸誓约：

一、尽速办理符合中国法律的正式婚姻手续。

二、将来永远保持夫妇关系，共同努力增进相互间之幸福。

三、万一发生违反本誓约之行为，即使受到法律上、社会上的任何制裁，亦不得有任何异议；而且为了保持各自之名声，即使任何一方之亲属采取何等措施，亦不得有任何怨言。

上述诸条誓约，均系在见证人和田瑞面前各自的誓言，誓约之履行亦系和田瑞从中之协助督促。

本誓约书制成三份：誓约者各持一份，另一份存于见证人手中。

誓约人孙文（章）

立约人宋庆琳

见证人和田瑞（章）

九百十五年十月二十六日

① 《孙中山全集·第三卷》，中华书局1984年版，第199页。

第六节　事实婚姻与姘居

一、事实婚姻与姘居概述

所谓事实婚姻，是指没有配偶的男女未进行结婚登记，而以夫妻关系同居生活，并为周围群众所承认的一种婚姻形式；所谓姘居，是指有配偶的男女一方或双方又与第三者同居生活。两者的主要区别是：

（1）从参与的主体来看，事实婚姻的男女双方都无配偶；姘居的男女一方或双方已有配偶。

（2）从同居目的看，事实婚姻的男女双方以共同生活为目的，彼此以夫妻相待；姘居的男女是由于不良动机如追求一时的感官刺激，一般来说并无长远共同生活的目的。

二、国外立法对事实婚姻的态度

事实婚姻在大多数国家都不同程度地存在。如罗马的时效婚、日本的内缘婚、英美的普通法婚姻等，都具有事实婚姻的性质。各国立法对事实婚姻的态度，大致可概括为以下三类：

（1）承认主义，即法律承认事实婚姻的效力。如源于日耳曼法的英美的普通法婚姻，只要求婚姻的成立符合法定实质要件，即当事人有结婚能力、结婚目的、同居事实以及夫妻身份的公示性，而不要求具备形式要件。

（2）相对承认主义，即法律为事实婚姻设定某些有效要件，一旦具备，事实婚姻便转化为合法婚姻。如罗马的时效婚承认男女连续同居一年，婚姻即告成立；《古巴家庭法典》则规定，非正式婚姻当事人具备单身和稳定的条件，在得到法院承认后产生正式婚姻的效力。

（3）不承认主义，即法律根本不承认事实婚姻的效力，不具备法定形式要件的婚姻为无效婚姻。如《日本民法典》第739条规定："婚姻，按户籍法规定所进行的申报，而产生效力。当事人不进行婚姻申报时，婚姻为无效。"

三、我国对待事实婚姻和姘居的态度

姘居是违反一夫一妻制原则，破坏正常婚姻关系的违法行为，具有一定的社会危害性，因此，对姘居者应进行严肃的批评和教育，也可根据情节，给予一定的行政处分。但事实婚姻概念是一个容易引起争论的法律范畴。随着我国民众法律意识的提高，结婚不进行登记的情况日趋减少，但不可否认的是，事实婚姻仍将长期存在。我国的立法对事实婚姻经历了从承认主义、限制承认主义到不承认主义、再回到限制承认主义的发展过程。

（一）承认主义阶段

从中华人民共和国成立初期到1989年11月21日之前，承认符合婚姻实质条件的未经登记以夫妻名义同居的两性关系为事实婚姻，并具有有效婚姻的效力。对事实婚姻引起的离婚纠纷，凡符合婚姻实质要件的，应按一般离婚纠纷处理。如经调解双方和好或撤诉的，应令其补办结婚登记手续。这一时期的规定是与我国当时法制不健全、民众法律意识淡薄分不开的。

（二）限制承认主义阶段

从1989年11月21日至1994年2月1日，为了更好地处理事实婚姻，防止事实婚姻泛滥，同时也是为了保护妇女、儿童的合法权益，稳定婚姻家庭关系，1989年11月21日《最高人民法院关于人民法院审理未办结婚登记而以夫妻名义同居生活案件的若干意见》确定了"有条件承认事实婚姻关系"的原则。即1986年3月15日《婚姻登记办法》施行之前，未办结婚登记手续即以夫妻名义同居生活，群众也认为是夫妻关系的，一方向人民法院起诉"离婚"，如起诉时双方均符合结婚的法定条件，可认定为事实婚姻关系；如起诉时一方或双方不符合结婚的法定条件，应认定为非法同居关系。1986年3月15日《婚姻登记办法》施行之后，未办结婚登记手续即以夫妻名义同居生活，群众也认为是夫妻关系的，一方向人民法院起诉"离婚"，如同居时双方均符合结婚的法定条件，可认定为事实婚姻关系；如同居时一方或双方不符合结婚的法定条件，应认定为非法同居关系。

（三）不承认主义阶段

自1994年2月1日民政部《婚姻登记管理条例》施行以后，所有未办理结婚登记手续而以夫妻名义同居生活的，一律不具有合法婚姻的效力。这一态度似乎是想一劳永逸地消灭事实婚姻，但编者认为该规则恰恰对婚姻中的弱势一方非常不利。

（四）限制承认主义

2001年全国人大法律委员会在审议修改《婚姻法》时认为，目前未办理结婚登记的原因很复杂，有些是因为收费过高或登记不便利引起的。所以对没有进行结婚登记的，应区别对待。《民法典》婚姻家庭编并未明确承认事实婚姻，但并不意味着事实婚姻违法。2001年最高人民法院的司法解释对事实婚姻的处理作了明确规定：1994年2月1日以前，男女双方已经符合结婚实质要件的，按事实婚姻处理，具有合法婚姻效力；1994年2月1日以后，男女双方符合结婚实质要件的，应补办结婚登记手续。若当事人补办了结婚登记，其婚姻转化为合法有效的婚姻，婚姻关系的效力从双方均符合婚姻法所规定的结婚实质要件时起算；若当事人未补办结婚登记，则按解除同居关系处理。《婚姻家庭编的解释（一）》第7条沿用了该规定。

第七节　关于特殊群体结婚问题探讨

一、对在校大学生结婚问题的探讨

2003年6月15日，武汉华中师范大学（以下简称"华中师大"）23岁的大四男生陈某和武汉市一家公司24岁的职员张某在酒店举办婚宴。这是武汉市第一例大学生公开举行婚礼。陈某说，他和张某是高中同学，两人已经恋爱将近6年。2003年5月，他俩回老家领取了结婚证，结婚得到双方父母的支持，但是没有让学校知道。武汉的这场大学生婚礼，格外引起了人们的关注。当时华中师大学工处副处长刘忠平闻知此事后说，教育部曾经提出，在校大学生是否能够结婚，由各个学校自己决定。但是因为华中师大从来没有学生提出此事，所以学校也没有定出最后意见。2001年底，教育部表示：大学生可否结婚应由高校自己决定。武汉多数高校认为条件还不成熟，只有武汉大学明确表示可以。当时的武汉大学党委副书记郝翔认为，大学生已到适婚年龄，只要不违背法律、法规，他们提出结婚请求，学校不必横加干涉。高校的学生们则对此消息反应平平，他们认为，即便"禁令"取消了，还是应理智地把主要精力放在学业上。2012年3月30日，教育部在发布的《普通高等学校学生管理规定》中不再禁止在校大学生结婚，并称从2012年9月开始，普通高校在校学生只要符合相关法律规定即可登记结婚。"在校大学生是否可以结婚？"这个争执许久的问题终于尘埃落定，但围绕该问题的争论恐怕还要延续。

到底应不应该允许在校大学生结婚呢？当然这里仅指的是全日制普通班学生，而不包括高校中的业余班学生。从目前来看主要有两方面意见：一方面，是反对大学生结婚，理由是：（1）学生心理、生理都不成熟；（2）没有经济来源；（3）影响学业和个人前途。另一方面，是肯定大学生可以结婚，但不宜提倡。编者同意第二种观点。首先，大学生结婚是不值得大惊小怪的。像本例中的大学生已经23岁，生理和心理均已成熟，已是有自我意识和自主能力的社会主体，结婚是他们步入社会的一个渠道，也是他们的权利，同时是他们生理和心理的需要，大学生正在接受高等教育，他们理应比一般的社会公民更具有理性，他们选择了在校结婚，应该是一种理性的选择，而非一时的冲动。更何况历史上许多名人结婚的时间比他们更早。其次，对大学生结婚也不必担心"没有经济来源"。有生活经验的人都知道，两个人一起生活的费用，甚至比两个单身的生活费用还会低一些。而且现在大学生勤工俭学的机会也很多，经济来源不应该是担心的问题。最后，不必担心会影响到学业或"新人从此不早读"。实际上结婚成家，更多的时候不是一种享乐，而是一种责任。如果单纯为了享乐，为了花前月下，完全没有必要结婚，现在人们也普遍地宽容婚前同居，未婚生子也为制度所允许。结婚将促使他们更多地考虑到未来的生活安排，考虑到双方的前途所系，所以结婚在某种意义上说，成为他们发奋读书的动力也未可知。

但对大学生结婚是不宜提倡的。大学阶段毕竟是人生的一个极为特殊的准备阶段，人生的基础要在这里夯实，知识在此时积累，所以大学时期是人生的黄金阶段。过一段"嚼得菜根"的日子，也是人生的必要一课。而婚后的一些日常事务，往往会过早地冲淡这个必要的过程。结婚也会带来很多社会性问题，如结婚后住所就是一个很大的问题。综上所述可以得出结论，大学生结婚虽未必完全合适，为师为长者也不宜拿自己的主观意愿或所谓"过来人"的经验来横加阻止，但高校应该对大学生结婚问题进行正确引导。

二、同企业员工结婚问题的探讨

前段时间的一个热门话题是某企业规定本企业的员工之间不能结婚，如果结婚必须解除劳动合同。这个问题关系到公民的基本人权——婚姻自主权的问题，所以格外引人瞩目。有调查表明，许多企业都不希望员工之间结婚，所以这样的规定不是个别现象。有的学者认为，只要当初签订合同时，员工承诺不与企业的其他员工结婚，违反约定就应该承担责任，企业依照合同作出除名的决定是正确的。也有学者认为，双方的约定不能违反国家法律的规定，而国家的法律是提倡婚姻自由的，所以，企业不得滥用自己的优势地位作出开除员工的决定。

编者是赞同后一种观点的：企业不应限制员工的婚姻自由。因为关于企业的员工之间是否可以结婚的问题，从表面上看是一个市场主体与另一个市场主体私下谈判商定的事情。在完全充分的市场经济条件下，双方的合同条款想怎样谈就怎样谈，他人和国家的法律无需干涉。但是，其前提条件是合同的双方必须处于完全平等的地位，如果一方处于弱势，这种谈判就很可能出现稀奇古怪的内容，比如不允许员工谈恋爱，不允许员工生孩子，等等。在这时，劳动合同法的存在就很有必要了。如果劳动合同法不对当事人的权利义务进行法律上的硬性规定，劳动者的权利就得不到保障。现在，人力资源相对过剩，大学生在求职时不得不接受不平等的条款，如果国家的法律制度无所作为的话，劳动者的基本权利将会得不到尊重。所以，在劳动合同谈判中，必须有劳动法为人力资源的提供者先行争取最基本的权利，这是社会文明的起码要求。事实上，世界各国在劳动合同法中都有关于禁止条款的规定，我国也不例外。同时我们也要注意到：处在转型时期，中国的人力资源与非人力资源相比，非人力资源相对缺乏，这就促使政府和立法机关在制定规则时必须充分考虑非人力资源拥有者的感受，防止他们撤离资本，关闭企业。这种非人力资源至上的观念与社会主义的本质显然是不相容的。所以，我们必须通过法律重新确立人力资源的地位，将生产要素中最活跃、最重要的人力资源摆在首位。例如，必须改变长期的低工资制度，让员工的工资与其劳动价值大体相当，签订劳动合同时必须尊重员工的基本权利，防止企业以契约自由的名义增加员工的义务。解决企业与员工之间合同的问题必须依靠法律，而不能仅仅依赖个别员工与企业的谈判。在编者看来，私权利的处置是完全个人化的，国家的法律不应做过多的干涉。企业处置自己的私权利就是如此。国家的法律应该着重打造当事人竞争的平台，为当事人通过谈判达成协议提供保障。在此基础上，适当考虑相对弱者一方的利益，防止市场主体私权利的滥用。这就意味着转型时期的中国法律面临双重的任务：一是建立公平竞争的规则；二是注意保护弱小者的利益。在现实生活中，两重任务之间会发生矛盾，制度的设定会时常陷入困境中。这就需要立法者对我们所处的时代有清醒的认识，并在此基础上理清我们的立法思路。

三、正在监狱服刑的犯人申请结婚问题的探讨

正在监狱服刑的犯人，由于其人身自由受限制，他们要求结婚的申请就显得十分特殊。

1. 1982年公安部颁布的《监狱、劳改队管教工作细则》（试行）第85条规定："犯人在关押或保外就医、监外执行期间，不准结婚。"

2. 《刑法》第72条和第81条宣告缓刑、假释的犯罪分子，依照1963年8月31日最

高人民法院、最高人民检察院、公安部《关于徒刑缓刑、假释、监外执行等罪犯的恋爱与结婚问题的联合批复》第2条规定："在缓刑或假释期间，他们的恋爱与结婚问题，只要合于婚姻法规定的条件，是可以允许的，不必经过公安机关或人民法院审查批准。"

四、老年人再婚问题的探讨

案例一：陈老汉是位退休干部。自2012年老伴去世后，子女们都忙于自己的事业，陈老汉成了"空巢老人"。参加同事的追悼会后，让陈老汉更感孤寂和恐慌。2018年，陈老汉经人介绍认识了同样丧偶的张阿姨，两人兴趣相同、身份相同，都对对方产生了好感。接触半年后，陈老汉在朋友们的劝说下，决定向子女，表明心意，没想到却遭到了子女们的极力反对，认为父亲"对母亲不忠""担心别人笑话"等，理由很多。但陈老汉认为，子女反对的理由就一条，都是退休金和手里的存款"惹的祸"。

案例二：年近60岁的黄大妈走进法院起诉离婚，请求法院判令分割自己和张大叔共同居住的房产。张大叔今年80多岁，妻子多年前去世。2014年，张大叔子女雇佣黄大妈作为保姆照顾张大叔，两人日久生情，准备登记结婚，但遭到张大叔子女的反对。之后，两人开始同居生活。这几年，张大叔的身体每况愈下，脾气也越来越大，两人因各种琐事矛盾不断。黄大妈于是起诉离婚，因为自己照顾张大叔多年，她要求分割房产。

现实中这两类情况是相当多的。案例一中公民有结婚和离婚的自由，任何人不得阻拦、包办、胁迫、阻止公民行使此项权利。子女应当尊重父母的婚姻权利，不得干涉父母再婚以及婚后的生活。不论父母的婚姻关系如何变化，子女都必须履行其应尽的赡养义务。从法律上讲陈老汉和张阿姨结婚，作为子女是没有任何理由进行阻拦的。

案例二中法院开庭审理本案后，判决驳回黄大妈的诉讼请求。因为结婚必须到民政部门依法办理登记手续，而黄大妈和张大叔没有领取结婚证，也就不存在"离婚"的问题，双方属于同居关系。另外"搭伙"过日子的老人要留心自己的财务支出明细，保留证据，或者让子女代为处理和保管相关票据，如果产生纠纷就可以提供相应证据维护权利。

关于老年人再婚问题有几个需要注意的要点：

（1）婚姻自由。《宪法》第49条规定了"禁止破坏婚姻自由"，《民法典》规定了婚姻自由的原则，特别是《老年人权益保障法》第21条也指出老年人的婚姻自由受法律保护，子女或者其他亲属不得干涉老年人离婚、再婚或者婚后的生活。《老年人权益保障法》第76条规定：干涉老年人婚姻自由，对老年人负有赡养义务、扶养义务而拒绝赡养、扶养，虐待老年人或者对老年人实施家庭暴力的，由有关单位给予批评教育；构成违反治安管理行为的，依法给予治安管理处罚；构成犯罪的，依法追究刑事责任。

（2）赡养义务。《老年人权益保障法》规定：赡养人的赡养义务不因老年人的婚姻关系变化而消除。

（3）财产。①婚前财产约定："黄昏恋"的信任度减弱。还有很多再婚老人离世后，其儿女因为财产纠纷对簿公堂，再婚老年人对婚前个人财产以及婚姻关系存续期间所得财产进行书面约定或者公证。男女双方可以约定婚姻关系存续期间所得的财产以及婚前财产归各自所有、共同所有或者部分各自所有、部分共同所有。约定应当采用书面形式。②共同财产的范围、个人财产、婚内赠与等按照《民法典》的相关规定进行处理。③老年人可以通过遗嘱、公证等形式，对自己身故后的财产权属进行确认，降低纠纷发生的概率。

（4）继承。只有办理了结婚登记手续，才能成为合法有效的夫妻，彼此享有对方财产的继承权，日后无论哪一方去世，另一方都能作为其第一顺序继承人继承其合法的遗产。另外，形成抚养关系的继子女也是第一顺位继承人，享有继承权。

05

第五章

夫妻关系

思政目标

将夫妻人身关系和财产关系讲解和法律实践结合起来，
让学生了解我国婚姻家庭制度的民族性、
时代性、人民性、实用性等基本特点

案 例

2023年2月13日《新京报》报讯：李某和王女士为夫妻，李某不顾家人反对，投入大额资金炒股，投资失败后，李某在王女士不知情的情况下多次借高利贷，数额较大，无力偿还。李某为还债，希望出售婚后购买的房屋，为此，夫妻双方签订了《房产分配协议》，明确房屋出卖后由王女士享有三分之二房款，李某享有三分之一房款。房屋以228万元出售后，李某不但不兑现承诺，还将144万元房款用于股票投资并亏损70余万元。因此，王女士起诉至法院，要求按照《房产分配协议》依法分割财产。

问 题

丈夫长期炒股亏损，妻子主张婚内分割财产能否获得法院支持？

第一节 夫妻关系概述

一、夫妻关系的内容

一般认为，夫妻关系的内容可分为两方面：一方面，婚姻在身份法上的效力，也可称夫妻人身关系；另一方面，婚姻在财产法上的效力，也可称夫妻财产关系。夫妻人身关系，是指与配偶身份密不可分而不具有直接经济内容的权利和义务关系，如姓氏权、人身自由权、日常家事代理权等。夫妻财产关系，是指夫妻之间具有直接经济内容的权利和义务关系，如夫妻财产制、配偶继承权等。

二、夫妻关系立法的演变

夫妻关系立法的演变是围绕着夫妻双方在家庭中的地位展开的。婚姻法作为一种上层建筑，必然受制于一定的社会经济基础。随着生产力的发展，经济的进步，夫妻在家庭中的地位也发生了质的变化。根据西方法学家的观点，大致可以把夫妻关系立法分为以下两大时期：

（一）夫妻一体主义时期

夫妻一体主义亦称夫妻同体主义，它是指男女结婚后合为一体，夫妻的人格相互吸收，即妻的人格为夫所吸收或夫的人格为妻所吸收，形成一个独立人格。从表面来看，夫妻在家庭中的地位应是平等的，但从历史来看，夫妻一体主义其实是夫权统治的反映。因为实行夫妻一体主义的普遍情况是妻子的人格为丈夫所吸收，妻子无论是在人身权还是在财产权方面都丧失了自主权，妻子变成了丈夫的附属物，丈夫是夫妻对外的唯一代表；而丈夫的人格为妻子所吸收仅存在一些例外的情形中。这在东西方都无二致。如我国自古就有"妇者，服也。服于家事，事人也"。在古罗马的"正式婚"中，已婚妇女通常成为夫家成员，在此之前必须明示归顺夫权。

（二）夫妻别体主义时期

夫妻别体主义又称夫妻分立主义，它是指男女婚后各自保持独立的人格，在婚姻生活中享有各自的权利，承担各自的义务，尤其是财产方面的权利和义务。文艺复兴以后，人性逐渐战胜了神性，取消了神性在社会中的神圣地位，个人主义和女权运动的随之兴起，传统的夫妻一体主义立法思想已完全无法适应时代的发展和家庭生活的需要，婚姻家庭立法相继采用以个人为本位。夫妻别体主义的确立也经历了一个漫长的演变过程，如1900年的《德国民法典》仍然规定"夫有权决定有关共同婚姻生活的一切事务"，未经丈夫的同意，妻子单独处分个人婚姻财产的行为无效。

三、我国处理夫妻关系的基本原则

我国《民法典》第1055条规定："夫妻在婚姻家庭中地位平等。"这是对夫妻法律地位的原则性规定，也是我国处理夫妻关系的基本原则，婚姻家庭法律制度对夫妻关系的具体规定都体现了这一原则精神。夫妻家庭地位平等的主要含义是夫妻在家庭中人格的独立以及权利义务的平等，不允许一方剥夺另一方所应享有的权利；当然夫妻家庭地位平等不是家庭事务的平均，在具体的家庭事务中，双方应进行协商，合理分工。

第二节 夫妻人身关系

一、夫妻姓名权

姓名权是一项重要的人格权利。所谓姓名，是姓与名的合称。姓主要反映了家族血脉，是家族的符号，名是一个人的语言符号，是一个人区别于他人的常见标志。姓名虽然仅是代表一个人的语言符号，但没有姓名权却是有无独立人格的标志。《民法典》第1056条明确规定："夫妻双方都有各自使用自己姓名的权利。"夫妻双方不会因婚姻关系而被强迫改变自己的姓氏，婚后夫妻双方有使用自己姓名的权利。

二、夫妻人身自由权

我国历史上，家庭关系中强调要求妇女恪守"三从四德"，女子只能在家相夫教子、服侍公婆，这极大地束缚了妇女的人身自由。中华人民共和国成立后，实行男女平等的原则。我国《民法典》第1057条规定："夫妻双方都有参加生产、工作、学习和社会活动的自由，一方不得对另一方加以限制或者干涉。"更是明确了我国夫妻所享有的人身自由。

三、互为家庭成员的权利

我国《民法典》第1050条规定："登记结婚后，按照男女双方约定，女方可以成为男方家庭的成员，男方可以成为女方家庭的成员。"中国传统婚姻制度一般是男娶女嫁，女到男家。男到女家称为入赘，在旧社会上门赘婿多被人看不起，往往还立有"小子无能，自愿入赘，改名换姓，一切听从"的字据。

《民法典》第1050条体现了男女平等的原则，是对旧的婚姻习俗的改革。其含义包括两方面：一是登记结婚后，婚姻住所由夫妻双方自愿约定；二是夫妻双方享有互为对方家庭成员的约定权。

四、家事代理权

家事代理权，是指夫妻婚后日常家务活动的对外代理权。我国《民法典》第1060条规定："夫妻一方因家庭日常生活需要而实施的民事法律行为，对夫妻双方发生效力，但是夫妻一方与相对人另有约定的除外。夫妻之间对一方可以实施的民事法律行为范围的限制，不得对抗善意相对人。"即任何一方对日常生活所需范围内对夫妻共同财产的处分行为，都产生对内对外的效力。

五、同居、忠实的权利和义务

同居，是指男女双方以配偶身份共同居住、共同生活。其内容包括物质生活、精神生活和性生活等方面。同居是婚姻必然派生的权利。婚姻乃是两性的结合，同居是夫妻共同生活不可缺少的内容。法律规定夫妻有同居的权利和义务是十分有必要的。当然同居的权利和义务也是相对的、有限的，有些情形下应当停止或免除同居的义务。如夫妻一方提起离婚诉讼，夫妻同居的义务理当免除。

夫妻间的忠实，是指夫妻在情感和性爱方面互爱和睦，保持专一。忠实义务是一夫一妻制婚姻的本质要求。《民法典》第1043条第2款明确规定："夫妻应当互相忠实，互相尊重，互相关爱。"该条款是夫妻忠实义务的法律依据。

第三节　夫妻财产关系

一、夫妻财产制

我国夫妻财产制分为婚后所得共同财产制、个人特有财产制和夫妻约定财产制三种形式，婚后所得共同财产制、个人特有财产制组成了我国夫妻法定财产制的两大部分。

（一）婚后所得共同财产制

婚后所得共同财产制，是指在婚姻关系存续期间夫妻一方或双方所得，均归夫妻双方共同所有的夫妻财产制度。我国《民法典》第1062条规定，夫妻在婚姻关系存续期间所得的下列财产，为夫妻共同财产，归夫妻共同所有：工资、奖金、劳务报酬；生产、经营、投资的收益；知识产权的收益；继承或受赠的财产，但遗嘱或赠与合同中确定只归夫或妻一方的财产除外；其他应当归共同所有的财产。夫妻对共同财产，有平等的处理权。

（1）劳动报酬。劳动报酬是劳动者以自己的劳动换得的金钱或实物。其形式有工资、奖金、津贴、福利、劳务报酬等。

（2）从事生产、经营、投资所得的收益。这一项规定是和劳动报酬相对应的，对于那些从事工商业或个体经营的人来说，从事生产、经营的收益是他们的主要收入。

（3）知识产权的收益。知识产权是人们对自己智力成果所享有的专有权利。知识产权本身具有强烈的专有性，只能是创造它的人所有，但知识产权产生的财产收益应当属于夫妻共同财产。这是因为夫妻一方的发明创造是与另一方料理家事、养育子女、提供支持分不开的。这其实也是对家事劳动价值的承认。《婚姻家庭编的解释（一）》第24条规定的"知识产权的收益"，是指婚姻关系存续期间，实际取得或者已经明确可以取得的财产性收益。

（4）因继承得到的财产，但遗嘱确定归一方所有的除外。我国《民法典》第1062

条规定，夫妻在婚姻关系存续期间所得继承或者受赠的财产，为夫妻共同财产，但是本法第1063条第三项规定的除外。第1063条第三项规定是指在遗嘱或者赠与合同中确定只归一方的财产，属于夫妻一方的个人财产。

（5）其他应当归共同所有的财产。《婚姻家庭编的解释（一）》第25条规定："婚姻关系存续期间，下列财产属于民法典第一千零六十二条规定的'其他应当归共同所有的财产'：（一）一方以个人财产投资取得的收益；（二）男女双方实际取得或者应当取得的住房补贴、住房公积金；（三）男女双方实际取得或者应当取得的基本养老金、破产安置补偿费。"第26条规定："夫妻一方个人财产在婚后产生的收益，除孳息和自然增值外，应认定为夫妻共同财产。"

《婚姻家庭编的解释（一）》第27条规定："由一方婚前承租、婚后用共同财产购买的房屋，登记在一方名下的，应当认定为夫妻共同财产。"夫妻对共同财产有平等的处理权，但第28条规定："一方未经另一方同意出售夫妻共同所有的房屋，第三人善意购买、支付合理对价并已办理不动产登记，另一方主张追回该房屋的，人民法院不予支持。夫妻一方擅自处分共同所有的房屋造成另一方损失，离婚时另一方请求赔偿损失的，人民法院应予支持。"

我国《民法典》第1066条规定："婚姻关系存续期间，有下列情形之一的，夫妻一方可以向人民法院请求分割共同财产：（一）一方有隐藏、转移、变卖、毁损、挥霍夫妻共同财产或者伪造夫妻共同债务等严重损害夫妻共同财产利益的行为；（二）一方负有法定扶养义务的人患重大疾病需要医治，另一方不同意支付相关医疗费用。"

（二）个人特有财产制

个人特有财产制也称夫妻保留财产，是指专属于配偶一方所有并排斥夫妻共有的财产。个人特有财产制是与婚后所得共同财产制相对应的，是对夫妻法定共同财产的限制。依据我国《民法典》第1063条的规定，个人特有财产包括：

（1）一方的婚前财产。夫妻一方的婚前财产属于个人所有，并不再随着婚姻关系的延续而发生转化。1993年11月3日的《最高人民法院关于人民法院审理离婚案件处理财产分割问题的若干具体意见》第6条规定："一方婚前个人所有的财产，婚后由双方共同使用、经营、管理的，房屋和其他价值较大的生产资料经过八年，贵重的生活资料经过四年，可视为夫妻共同财产。"这种财产转化缺乏法理根据，2001年《婚姻法》和2020年《民法典》舍弃了这种提法，个人婚前财产不再发生转化，使现行的夫妻财产制更加完善。但编者认为如此"一刀切"的方式未必十分妥当，建议规定在特殊情况下，婚前个人财产可以转化，如拥有巨大财富的夫妻一方有家庭暴力、重婚情形时，允许转化，从而保护婚姻弱势的一方。《婚姻家庭编的解释（一）》第31条规定："民法典第一千零六十三条规定为夫妻一方的个人财产，不因婚姻关系的延续而转化为夫妻共同财产。但当事人另有约定的除外。"

（2）一方因受到人身损害获得的赔偿或者补偿。因为这类费用都带有强烈的人身专属性，且与保护特定当事人的生命健康权有莫大的关系，故而不能列入夫妻共同财产范围。其中因身体受到伤害而获得的医疗费，是由加害人支付，专门用于受害人身体恢复的费用，当然应归受害人本人所有。残疾人生活补助费是国家或者集体为了保障残疾人的基本生活需要所发给的费用，也不应与对方分享。《婚姻家庭编的解释（一）》第30条规定："军人的伤亡保险金、伤残补助金、医药生活补助费属于个人财产。"

（3）遗嘱或赠与合同中确定只归夫或妻一方的财产。《婚姻家庭编的解释（一）》第29条规定："当事人结婚前，父母为双方购置房屋出资的，该出资应当认定为对自己子女个人的赠与，但父母明确表示赠与双方的除外。当事人结婚后，父母为双方购置房屋出资的，依照约定处理；没有约定或者约定不明确的，按照民法典第一千零六十二条第一款第四项规定的原则处理。"

（4）一方专用的生活用品。将一方专用的物品设定为个人特有财产也是一项国际惯例。但为了防止有人滥用此规则，我国《民法典》将其限定为"生活用品"。所谓生活用品，是指个人专用的衣物、化妆品、药品等。有些物品虽然是一方经常使用，但是服务于家庭生活，如摄像、摄影器材等，不能视为个人财产。

（5）其他应当归一方的财产。这是一项兜底条款，是对一方特有财产的保护性补充规定，以防止遗漏一些重要情形，出现法律真空。

（三）夫妻约定财产制

夫妻约定财产制，是指夫妻以契约的方式约定婚前或婚后财产的归属，并排斥法定夫妻财产制适用的制度。我国《民法典》第1065条规定："男女双方可以约定婚姻关系存续期间所得的财产以及婚前财产归各自所有、共同所有或者部分各自所有、部分共同所有。约定应当采用书面形式。没有约定或者约定不明确的，适用本法第一千零六十二条、第一千零六十三条的规定。夫妻对婚姻关系存续期间所得的财产以及婚前财产的约定，对双方具有法律约束力。夫妻对婚姻关系存续期间所得的财产约定归各自所有，夫或者妻一方对外所负的债务，相对人知道该约定的，以夫或者妻一方的个人财产清偿。"夫妻约定财产制包括：

（1）约定的条件。第一，当事人具有完全民事行为能力；第二，当事人意思表示真实；第三，不违反法律或社会公共利益；第四，夫妻财产约定必须采用书面形式。

（2）约定的时间。我国并未对夫妻财产约定作出时间限制。婚姻当事人可以选择婚前公证，也可以在婚后订立。婚前订立的约定，依法从婚姻成立时生效；婚后订立的，只能自订立之日起生效，约束以后的夫妻财产关系。

（3）夫妻财产约定对第三人的效力。一般来说，各国的婚姻立法都要求夫妻财产约定具备公示性，始得对抗第三人，我国《民法典》只是规定，夫妻对婚姻关系存续期间所得的财产约定归各自所有，夫或者妻一方对外所负的债务，相对人知道该约定的，以夫或者妻一方的个人财产清偿。

（四）夫妻共同债务

我国《民法典》第1064条规定："夫妻双方共同签名或者夫妻一方事后追认等共同意思表示所负的债务，以及夫妻一方在婚姻关系存续期间以个人名义为家庭日常生活需要所负的债务，属于夫妻共同债务。夫妻一方在婚姻关系存续期间以个人名义超出家庭日常生活需要所负的债务，不属于夫妻共同债务；但是，债权人能够证明该债务用于夫妻共同生活、共同生产经营或者基于夫妻双方共同意思表示的除外。"

该条文新增了夫妻共同债务的范围，明确了夫妻共同债务的认定标准，夫妻一方以个人名义超出家庭日常生活需要所负的债务原则上推定为夫妻一方个人债务。在平衡保护债权人利益的同时，对于未举债一方利益进行了立法保护，对维护家庭和谐稳定、规范社会秩序有着积极作用。

《婚姻家庭编的解释（一）》规定，下列债务不属于夫妻共同债务：夫妻一方在从事赌博、吸毒等违法犯罪活动中所负债务；夫妻一方与第三人串通，虚构的债务；债权人就一方婚前所负个人债务，但债权人能够证明所负债务用于婚后家庭共同生活的除外。

阅读材料：被认定为夫妻一方的个人债务

李某与侯某婚后感情破裂，李某向法院起诉离婚。侯某同意离婚，但主张李某与其共同承担48万元债务，法院查明此债务系侯某以个人名义向银行贷款，只有侯某的签名。法院认为，夫妻一方在婚姻关系存续期间以个人名义超出家庭日常生活需要所负的债务，不属于夫妻共同债务。

解析：一方婚内举债数额巨大，超出家庭日常生活需要，且无证据证明款项用于夫妻共同生活、共同生产经营或出于夫妻共同意思表示，因此该债务不属于夫妻共同债务，应由一方予以偿还。

二、夫妻遗产继承权

我国1950年《婚姻法》、1980年《婚姻法》、2001年《婚姻法》、2020年《民法典》第1061条均规定夫妻有相互继承遗产的权利。这不仅是作为继承关系的一种规定，也是作为夫妻关系的一种规定。在现阶段，应特别注意保护妻子享有继承丈夫遗产的合法权利。

三、夫妻扶养义务

我国《民法典》第1059条规定："夫妻有互相扶养的义务。需要扶养的一方，在另一方不履行扶养义务时，有要求其给付扶养费的权利。"但如果双方都有困难或者双方都有独立生活能力，自然不能要求一方对另一方进行扶养。自愿给付的，法律并不禁止。

06

第六章
其他家庭成员关系

思政目标

通过对父母与子女之间所负的抚养和赡养义务的讲解,
引导学生在尊重中国婚姻家庭传统文化精华的基础上,
重视人伦本质与人文关怀

案 例

陈某因病去世，留下一栋房子。陈某生前没有结婚，因此没有配偶，也无儿无女。陈某的父母早年间都已去世，其唯一的哥哥和嫂嫂前两年也因交通意外身亡，只留下一个儿子，即陈某的侄子。陈某生前的生活起居也多由其侄子照料。

问 题

侄子可以继承叔叔的遗产吗？

第一节 父母子女关系

一、父母子女关系概述

父母子女关系，亦称亲子关系，是家庭关系的重要组成部分。它明确规定父母子女法律地位与相互间权利和义务关系。根据父母子女关系产生的原因，我国婚姻法将父母子女关系分为两类：

❶ 自然血亲的父母子女关系

这是基于子女出生的法律事实而发生的，父母与婚生子女，父母与非婚生子女。由于自然血亲的父母子女关系是因血缘联系而存在的，因此，除因一方死亡而自然终止外，不能人为地解除。而法律上的权利和义务，在通常情况下，也只能因父母将子女送养而消除。

❷ 拟制血亲的父母子女关系

这是基于收养或再婚的法律行径及事实上的抚养关系而发生的，包括养父母子女和形成抚养关系的继父母子女。依拟制的父母子女关系，是人为设定而由法律加以确认的，与自然血亲的父母子女关系在法律上有同等的权利和义务。这种拟制血亲的父母子女关系，既可依法设立，也可因死亡、收养的解除或继父母离婚以及抚养关系的变化而终止。

二、婚生子女

婚生子女，是指在婚姻关系存续期间受胎或出生的子女。人类社会进入一夫一妻的婚姻制度后，生育行为就开始由法律来调整。早期法律区分婚生子女和非婚生子女的目的：一是为了传宗接代，避免血缘上的混乱；二是为了家庭财产继承时确认继承人的需要。近现代以来，立法更多的是为了保障婚姻当事人的合法权益以及未成年人的利益。

从各国来看，婚生子女的确认大多宽松，即凡在婚姻关系存续期间受胎或出生的子女均为婚生子女。如在英国，子女在婚姻关系存续中出生，不问其是否婚前受胎，只要在出生时父母之间有合法的婚姻关系，子女就取得婚生子女的身份；如果在婚姻关系存续中受胎，则无论子女出生前婚姻关系是否已经解除，子女均可取得婚生子女的身份，但英国普通法不承认婚后的准正。《德国民法典》也规定，妻于婚前或婚姻关系存续中受胎，而夫于妻之受胎期间内有同居的事实，其结婚后所生育的子女为婚生子女，即使婚姻宣告无效，亦同。相对而言，也有一些国家对婚生子女的规定较为严格，即仅限于婚姻关系存续期间受胎的子女为婚生子女。如《日本民法典》规定，妻于婚姻中怀胎的子女，推定为夫的子女。自婚姻成立之日起二百日内或自婚姻解除或撤销之日起三百日以内所生子女，推定为婚姻中怀胎的子女。从大多数国家的立法上看，婚生子女应当具有三个条件：（1）该子女应为具有合法配偶身份的男女所生；（2）该子女的血缘来自具有合法配偶身份的男女双方；（3）该子女出生于合法的婚姻关系存续期间或婚姻关系消灭后的法定期限内。由此可见，其生父母之间是否存在婚姻关系，是婚生子女和非婚生子女的根本区别。

（一）婚生子女的推定

婚生子女的推定，是指妻子在婚姻关系存续期间受胎或所生子女推定为夫的婚生子女的制度。婚生子女的推定制度，是对子女婚生性和合法性的法律认定，目的是保护子女的合法权益，以及善意当事人的合法权益，维护家庭的和睦与稳定。

婚生子女的父母之间须有婚姻关系，子女须为生父之妻所生，同时受胎须在婚姻关系存续期间或有同居事实期间，凡此种种，都是为了推定婚生子女为其生母之夫所出，母之夫即为其父。作为一项法律制度，应当如何认定这一事实，目前在世界各国设立的婚生子女推定制度中，大致有三种推定方法：一是子女在婚姻关系存续期间受胎的，推定为婚生子女；二是子女在婚姻关系存续期间出生的，推定为婚生子女；三是子女在婚姻关系解除后300天以内出生的，推定为婚生子女。如《法国民法典》规定：子女系在婚姻关系存续期间受胎者，夫即为父。受胎期为子女出生前的300天至180天，其间的121天为受胎期。结婚满180天以上出生的子女，为婚生子女。《德国民法典》规定：从子女出生之日起，回溯至第181日起至第302日止，为受胎期。瑞士民法典则不以受胎为限，而是规定在婚姻关系存续期间或婚姻解除后的300天内出生的子女，推定夫为父。在英国普通法上，婚姻关系存续期间受胎或出生的子女，皆推定为婚生子女。

我国《婚姻家庭编的解释（一）》第39条规定："父或者母向人民法院起诉请求否认亲子关系，并已提供必要证据予以证明，另一方没有相反证据又拒绝做亲子鉴定的，人民法院可以认定否认亲子关系一方的主张成立。父或者母以及成年子女起诉请求确认亲子关系，并提供必要证据予以证明，另一方没有相反证据又拒绝做亲子鉴定的，人民法院可以认定确认亲子关系一方的主张成立。"

（二）婚生子女的否认

婚生子女的否认，是指当事人享有否认婚生子女为自己亲生子女的诉讼请求权制度。婚生子女的否认，是对婚生子女推定的一种合理限制，目的是避免应承担义务的当事人逃避抚养责任，体现了法律的公正性。

由于确认婚生子女是依据法律推定的，因此，婚生推定的结果应当允许当事人依据一定事实予以否认。否认婚生子女的事实依据，大多数国家法律采取概括主义，即凡提供的证据能够推翻子女为婚生的即可。否认的基本原因，主要是能够证明在其妻受胎期间未与之同居，或者能够证明妻受胎与夫无关，即所生子女与夫没有血缘上的联系。一般可分为两种情况：一是在妻受胎期间没有夫妻同居的事实；二是夫有生理缺陷或没有生育能力，包括时间不能、空间不能、肤色不能以及生理上的不能，等等。英国普通法规定，证据证明夫有"不接近"的事实，即可否认子女婚生性。如仅能证明妻有与人通奸的事实，则不能发生否认的效力。除夫有生理缺陷或丧失生育能力外，在妻受胎期间，如夫妻有过一次同居的事实，夫就丧失了否认权。《德国民法典》规定，婚生推定的否认，只有在证明夫妻于受胎期间无同居的事实，才能否认；或者有明确的证据如通过血型或遗传生物学的检查获得的证据，才可否认婚生推定。

在我国丈夫如否认子女为婚生子女，可向人民法院提起确认之诉。诉讼中丈夫负有举证责任，必须证明在其妻受胎期间，双方没有同居的事实，或能够证明其没有生育能力等。必要时人民法院也可委托有关机构进行亲子鉴定。如果婚生子女否认成立，丈夫可免除对该子女的抚养义务。

三、非婚生子女

（一）非婚生子女的概念

非婚生子女，是指合法婚姻外所生的子女。生育子女的男女，是非婚生子女的生父母。非婚生子女包括未婚男女所生子女、已婚男女与第三人所生子女、无效婚姻和被撤销婚姻当事人所生子女等。

从生育的自然属性上讲，非婚生子女与婚生子女并无区别。但是，从生育的社会属性上讲，非婚生子女是婚生子女的对称，是没有合法婚姻关系的父母所生的子女。由于传统习俗对婚姻关系以外的性行为和生育行为的排斥，非婚生子女历来都受到歧视。英国普通法最初称非婚生子女为"无亲之子"，非婚生子女与其生父、生母不产生法律上的亲子关系。1804年的《法国民法典》规定：非婚生子女不得请求其父认领，只许其母认领。乱伦子、奸生子的父母均不许认领，即使父母结婚，也不得取得婚生子女的资格。由于没有法律的保护，非婚生子女的死亡率和被遗弃率一直很高。直到20世纪，社会对非婚生子女的态度开始转变，非婚生子女产生的原因是其生父母的过错造成的，非婚生子女本身是无辜的，不应受到歧视和不公平待遇。因此，各国开始采取措施，改善非婚生子女的法律地位。但目前仍有一些国家保留了非婚生子女与婚生子女的区别待遇，如《日本民法典》规定，非婚生子女继承时的应继份为婚生子女应继份的二分之一。

（二）非婚生子女的法律地位

我国《民法典》第1071条规定："非婚生子女享有与婚生子女同等的权利，任何组织或者个人不得加以危害和歧视。不直接抚养非婚生子女的生父或者生母，应当负担未成年子女或者不能独立生活的成年子女的抚养费。"在此，我国的非婚生子女与婚生子女的法律地位是完全相同的，法律有关父母子女间的权利和义务，同样适用于父母与非婚生子女。

实践中，非婚生子女一般因生父母结婚而视为婚生子女。除此之外，非婚生子女与其生父的关系，则须由生父自己确认或通过生母提出证据加以确认。需要注意的是：（1）非婚生子女的生父母负有抚养教育非婚生子女的义务，对于不履行抚养义务的生父母，非婚生子女有要求付给抚养费的权利。非婚生子女的生母与他人结婚的，其夫愿意负担该子女的生活费和教育费的一部分或全部的，则生父的费用负担可酌情减少或免除。如生父要求领回该子女自行抚养，可由生父母双方协商决定，协商不成的可请求法院作出判决。（2）非婚生子女对生父母有赡养扶助的义务，与婚生子女对父母的赡养扶助并无不同之处。（3）非婚生子女与生父母有相互继承遗产的权利。非婚生子女继承父母遗产的应继份与婚生子女的应继份完全相同。

对非婚生子女，法律要求不得危害和歧视。如有遗弃、虐待非婚生子女或有溺婴等危害婴儿生命的行为而构成犯罪的，应依法追究其刑事责任。

四、继父母、继子女

（一）继父母、继子女的概念

继父母，是指母之后夫或父之后妻。继子女，是指夫与前妻或妻与前夫所生的子女。继父母与继子女关系产生的原因：一是由于父母一方死亡，他方再行结婚；二是由于父母离婚，父或母再行结婚。子女对父母的再婚配偶称为继父或继母。夫或妻对其再婚配偶的子女称为继子女。继父母与继子女关系是由于父或母再婚而形成的姻亲关系。

继父母子女关系可分为三种情形：（1）父或母再婚时，继子女已成年并已独立生活；（2）父或母再婚后，未成年的或未独立生活的继子女未与继父母共同生活且未受其抚养教育；（3）父或母再婚后，未成年的或未独立生活的继子女与继父母长期共同生活，继父或继母对其进行了抚养教育。在我国，只有在一起共同生活形成了抚养教育关系的继父母子女间，才具有法律上的拟制血亲关系，发生生父母子女间的权利和义务。没有形成抚养教育关系的继父母子女间仅为姻亲关系，不发生亲子间的权利和义务。

（二）继父母与继子女的法律地位

我国《民法典》第1072条规定："继父母与继子女间，不得虐待或者歧视。继父或者继母和受其抚养教育的继子女间的权利义务关系，适用本法关于父母子女关系的规定。"这一规定说明，形成了抚养教育关系的继父母子女间的权利和义务，与亲生父母子女间的权利和义务是相同的。

基于血缘的原因，父母子女关系不因父母的离婚而消除。离婚后的子女仍是父母双方的子女，与不与其共同生活的父母间仍存在权利义务关系，生父母仍对子女有抚养教育的权利和务。因此，继子女和与其有抚养关系的继父母间、与其生父母间是双重的权利义务关系。这种情形类似某些国家中的不完全收养。依据有关法律和最高人民法院司法解释的精神，在处理继父母子女关系时，应当注意以下几个问题：

（1）如果继子女与继父或继母由于长期共同生活而形成了抚养关系，那么，继父继母与生母或生父的婚姻因一方死亡或离婚而终止后，继父或继母与继子女间已经形成的抚养关系也并不完全消灭。有负担能力的继子女，对曾经长期抚育过他们的年老体弱、生活困难的继父或继母应履行赡养扶助的义务。

（2）有抚养关系的继父母子女，在继父母死亡后，继子女有继承继父母遗产的权利，享有与婚生子女相同的应继份；在继子女死亡后，继父母有继承继子女遗产的权利，享有与生父母相同的应继份。继子女继承了继父母遗产的，不影响其继承生父母的遗产。继父母继承了继子女遗产的，不影响其继承生子女的遗产。

（3）依据收养法的规定，继父或者继母经继子女的生父母同意，可以收养继子女。经收养后，便变继父母子女关系为养父母子女关系，变双重的权利义务关系为单一的权利义务关系。这种变化有利于家庭的稳定，故收养法对继父或继母收养继子女作了放宽收养条件的规定。

（三）继父母子女关系的解除

继父母子女关系可基于一定的原因解除，解除时应注意遵循以下原则：（1）对于无抚养关系的继父母子女，在生父与继母或生母与继父离婚时，继父母子女间的姻亲关系也随之解除。（2）对于有抚养关系的继父母子女，在生父与继母或生母与继父离婚时，对曾受其抚养教育的继子女，继父或继母不同意继续抚养的，仍应由生父母抚养。双方已形成的拟制血亲关系也随之消除。（3）继子女的生父或生母死亡，与继子女共同生活的继母或继父仍应继续抚养教育继子女，除了继子女的生父或生母要求领回的以外，继父母子女关系不自然解除。（4）在通常的情况下，由继父母抚养成人并已独立生活的继子女，应当承担赡养继父母的义务，双方的拟制血亲关系原则上不能自然终止。但是，如果双方关系恶化，可以通过协议解除其拟制关系，或经当事人的请求，由人民法院解除其拟制关系。（5）对于继子女成年后虐待、遗弃继父母而解除拟制关系的，继父母有权要求继子女补偿共同生活期间为其支出的抚养费。补偿费可由双方协商，也可请求人民法院予以判决。

五、人工生育子女

人工生育子女，是指利用人工生育技术受胎而出生的子女。人工生育不同于人类传统的自然生育，是采用生物遗传工程技术人工方法取出精子或卵子，再将精子或受精卵注入妇女子宫，使其受孕的一种新的生育手段。

几千年来，人类以男女两性结合的自然生殖方式进行自身繁衍。进入20世纪后，人工辅助生殖技术开始应用于临床医学领域，出现了不通过自然的性行为而受孕生育的人工生育方式。这种现代医学技术不仅切断了生育与性行为之间的联系，而且也打破了生育关系与遗传关系合为一体的生育规律。如何协调由此引发的伦理道德、婚姻家庭、血统以及法律等领域的冲突，开始成为世人所关注的问题。

人工生育分为母体内受孕（人工授精）和母体外受精（试管婴儿）两类。人类人工授精又分为同质授精和异质授精两种。同质授精（AIH，Artificial Insemination by Husband），是指将夫妻双方精、卵细胞，用人工方法授精生育子女，夫妻与所生子女间具有血缘关系，与自然血亲的父母子女关系完全相同。异质授精（AID，Artificial Insemination by Donor），是指用第三人提供的精子对妻子进行人工授精的方法。由于异质人工授精出生的子女，与生母之夫之间无任何血缘关系，因此须法律确认双方是否具有法律上的亲子关系。体外受精（IVF，In Vit-ro Fertilization），是指用人工方法取卵，将卵子和精子在试管中形成胚胎后再植入子宫妊娠的生殖技术。因精子和卵子供体不同又可分为：（1）采用丈夫的精子和妻子的卵子在体外受精，再植入妻子的子宫内妊娠，这与同质授精一样，子女均与父母双方有自然血亲关系。（2）采用妻子的卵子与第三人提供的精子在体外受精，再植入妻子的子宫妊娠，这与异质授精相同。子女有生物学上即供精者和法律上即养育者两个父亲。（3）采用第三人的卵子与夫的精子在体外受精，再植入妻子的子宫内妊娠，这时子女则有一个生物学上的母亲和一个孕育自己的生身母亲。（4）采用第三人提供的精子和卵子在体外受精，在试管内形成胚胎后植入子宫提供者的子宫内妊娠生育。这时子女则会有一个生物学上的父亲和一个法律上养育自己的父亲，以及一个生物学上的母亲即卵子提供者和一个代孕母亲即子宫提供者的一个法律上的养育母亲。

目前，世界上对在婚姻关系存续期间，因夫妻双方同意而进行人工生育的子女与该夫妻形成亲子关系，由接受人工生育的夫妇承担法律责任的规定，已基本成为共识。如美国《统一亲子法》规定，在AID情况下，夫必须书面承诺，并要求经夫妻双方签字，法律对夫和胎儿的自然父亲同样对待。AID的提供者在法律上不视为胎儿的父亲。1991年德国颁布的《胚胎保护法》规定：只允许在婚姻关系内进行人工授精。如果夫不育，可以用另一男子的精子进行体外受精。我国《婚姻家庭编的解释（一）》第40条规定："婚姻关系存续期间，夫妻双方一致同意进行人工授精，所生子女应视为婚生子女，父母子女间的权利义务关系适用民法典的有关规定。"只要夫妻双方协议一致同意进行人工授精的，不论所生子女是否与父母具有血缘关系，均应视为夫妻双方的婚生子女。

六、父母子女间的权利和义务

我国《民法典》第1058条规定："夫妻双方平等享有对未成年子女抚养、教育和保护的权利，共同承担对未成年子女抚养、教育和保护的义务。" 本条强调抚养、教育和保护未成年子女是夫妻双方的共同责任。《民法典》关于父母子女间权利和义务的规定，不仅适用于父母与婚生子女之间，同时也适用于父母与非婚生子女之间、养父母与养子女之间以及有抚养关系的继父母与继子女之间。

（一）父母对子女有抚养的义务

抚养，是指父母在经济上对子女的供养和在生活上对子女的照料。包括负担子女的生活费、教育费、医疗费，等等。抚养义务是父母对子女所负的最主要义务，目的是保障子女的生存和健康成长。

父母对未成年子女的抚养是无条件的。离婚后的父母，无论子女由哪方抚养，另一方都不因此而免除其对子女的抚养义务。在一般情况下，父母的抚养义务到子女成年为止。但如果子女具有以下情形之一，而父母又有负担能力的，则仍需对成年子女负担必要的抚养费：（1）子女丧失劳动能力或丧失部分劳动能力，其收入不足以维持生活的；（2）子女尚在校就读的；（3）子女确无独立生活能力和条件的。父母对成年子女的抚养是有条件的，即仅对不能独立生活的成年子女根据需要和可能承担必要的抚养义务。

《民法典》第1067条第1款规定："父母不履行抚养义务的，未成年子女或者不能独立生活的成年子女，有要求父母给付抚养费的权利。"未成年子女或不能独立生活的成年子女的受抚养权利受到侵害时，有向父母追索抚养费的权利。追索抚养费的要求，可向抚养义务人的所在单位或有关部门提出，也可直接向人民法院提起诉讼。人民法院应当根据子女的需要和父母的抚养能力，通过调解或判决的方式，确定抚养费的数额、给付期限及方法。对拒不履行抚养义务、恶意遗弃未成年子女、情节严重构成犯罪的，应当依法追究其刑事责任。

（二）父母对子女有保护和教育的权利和义务

我国《民法典》第1068条规定：“父母有教育、保护未成年子女的权利和义务。未成年子女造成他人损害的，父母应当依法承担民事责任。”

保护，是指父母应保护未成年子女的人身安全和合法权益，防止和排除来自自然界的损害以及他人的非法侵害。教育，是指父母按照法律和道德规范的要求采用适当的方法对未成年子女进行教育。未成年子女是无民事行为能力人或限制民事行为能力人，他们缺乏对事物的理解能力和处理的能力。法律要求父母对未成年子女进行保护和教育，一方面，是为了保障子女的健康和安全；另一方面，则是为了防止子女损害他人和社会的利益。

该条规定是有效地保障子女身心健康和财产安全的法律依据。父母是未成年子女的法定监护人和法定代理人，当未成年子女的人身或财产权益遭受他人侵害时，父母有以法定代理人的身份提起诉讼，请求停止侵害、排除妨碍、赔偿损失等权利。当未成年子女脱离家庭或监护人时，父母有要求归还子女的权利。发生子女被拐骗行为时，父母有请求司法机关追究拐骗者刑事责任的权利。

教育，是指父母在思想品德上对子女的关怀和培养。教育子女是父母一项重要的职责，其中包括两个方面的内容：一是父母应当尊重未成年人受教育的权利，必须使适龄的未成年人按照规定接受义务教育，不得使在校接受义务教育的未成年子女辍学。二是父母应当以健康的思想、品行和适当的方法教育未成年人，引导未成年人开展有益身心健康的活动，预防和制止未成年人沾染恶习，从事违法犯罪行为，如吸烟、酗酒、流浪以及聚赌、吸毒、卖淫等。

父母对未成年子女的保护和教育，既是权利又是义务。父母对未成年子女保护和教育的权利是不能抛弃的。当子女的言行有错误时，父母有责任进行批评和纠正；当未成年子女的人身安全和财产权益受到侵害时，父母应依法采取行动保护其权益。同时，法律要求教育子女的方式要适当，禁止虐待和残害子女；虐待子女情节严重构成犯罪的，应依法追究刑事责任。依据《未成年人保护法》的规定，保护未成年人的工作，应当遵循下列原则：（1）保障未成年人的合法权益；（2）尊重未成年人的人格尊严；（3）适应未成年人身心发展的特点；（4）教育与保护相结合。

（三）子女对父母有赡养扶助的义务

《民法典》第1067条第2款规定："成年子女不履行赡养义务的，缺乏劳动能力或者生活困难的父母，有要求成年子女给付赡养费的权利。"《老年人权益保障法》明确规定：赡养人是指老年人的子女以及其他依法负有赡养义务的人。老年人养老主要依靠家庭，家庭成员应当关心和照料老年人。

赡养，是指子女对父母的供养，即在物质上和经济上为父母提供必要的生活条件。扶助，是指子女对父母在精神上和生活上的关心、帮助和照料。老年人在其一生对社会和家庭都作出了贡献，尽到了责任，他们理应得到社会和家庭的尊敬和照顾。我国现阶段赡养老人仍然主要依靠家庭。父母抚养了子女，当父母年老体弱时，子女理应对父母尽赡养扶助的义务，这是子女对家庭和社会应当承担的责任。现代的养老育幼是建立在亲子关系平等基础上的，尊老、敬老也历来是中华民族的传统美德，现在更应当发扬光大。

赡养扶助义务的主体是有独立生活能力的成年子女。未成年子女不是父母的赡养义务人。赡养和扶助义务的具体内容是，子女应对无劳动能力或生活困难的父母提供必要的生活保障。《老年人权益保障法》规定：（1）赡养人应当履行对老年人经济上供养、生活上照顾和精神上慰藉的义务，照顾老年人的特殊需要。（2）赡养人应当使患病的老年人及时得到治疗和护理；对经济困难的老年人，应当提供医疗费用。（3）赡养人应当妥善安排老年人的住房，不得强迫老年人居住或者迁居条件低劣的房屋。老年人自有的或者承租的住房，子女或者其他亲属不得侵占，不得擅自改变产权关系或者租赁关系。老年人自有的住房，赡养人有维修的义务。（4）赡养人有义务耕种或者委托他人耕种老年人承包的田地，照管或者委托他人照管老年人的林木和牲畜等，收益归老年人所有。

子女对父母的赡养是法定的义务，赡养人不得以放弃继承或者其他理由拒绝履行赡养义务。无论子女是否与父母居住在一起，都应根据父母的实际需要履行赡养义务。赡养的方式既可以是与父母共同生活直接履行赡养义务，也可采用提供生活费用的方式承担经济责任。如有多个子女，则应根据每个子女的经济状况，共同承担对父母的经济责任。赡养人之间可以就履行义务签订协议，并征得老年人的同意。这种协议，可由居民委员会、村民委员会或者赡养人所在组织监督其履行。赡养费的数额，既要根据赡养人的经济负担能力，又要满足父母的实际生活需要。一般而言，应不低于子女本人或当地的平均生活水平。

关于追索赡养费的纠纷，可以请求家庭成员所在组织或者居民委员会、村民委员会调解，也可直接向人民法院提起诉讼。调解纠纷时，对有过错的家庭成员，应当给予批评教育，责令改正。人民法院在处理赡养纠纷时，应坚持保障老年人合法权益的原则，通过调解或判决的方式，确定赡养费的数额和给付方式。对追索赡养费的请求，可以依法裁定先予执行。义务人有能力赡养而拒绝赡养，情节严重，构成遗弃罪的，应依法追究其刑事责任。

（四）父母子女之间有相互继承遗产的权利

我国《民法典》第1070条规定："父母和子女有相互继承遗产的权利。"子女和父母均为第一顺序的法定继承人，相互享有继承权。

继承权，是指继承人依法享有的继承被继承人遗产的权利。父母和子女是最近的直系亲属，因此，父母子女间的继承权是基于双方的特殊身份而产生的。法律所指的父母包括生父母、养父母和有抚养关系的继父母；子女包括婚生子女、非婚生子女、养子女和有抚养关系的继子女。父与母对子女遗产的继承权是平等的。子与女对父母遗产的继承权也是平等的，不受性别、年龄、已婚或未婚影响。需要指出的是：（1）父母与非婚生子女有相互继承遗产的权利。（2）养父母与养子女有相互继承遗产的权利，但养子女无权继承生父母的遗产。（3）有抚养关系的继父母与继子女有相互继承遗产的权利，继父母继承了继子女遗产的，不影响其继承生子女的遗产；继子女继承了继父母遗产的，不影响其继承生父母的遗产。父母和子女的继承权是平等的，父母子女都是独立的继承主体，享有独立的继承份额。与此相关，《民法典》还规定：（1）遗产分割时，应当保留胎儿的继承份额。胎儿娩出时是死体的，保留的份额按照法定继承办理。胎儿出生后死亡的，则由其继承人继承。（2）被继承人的子女先于被继承人死亡的，由被继承人的子女的直系晚辈血亲代位继承。（3）丧偶儿媳对公婆、丧偶女婿对岳父母，尽了主要赡养义务的，作为第一顺序继承人。

（五）子女应当尊重父母的婚姻权利，不得干涉父母的婚姻自由

婚姻自由是我国婚姻家庭法的基本原则。父母应当尊重子女的婚姻权利，不得干

涉子女的婚姻自由。子女也应当尊重父母的婚姻权利，不得干涉父母的再婚自由。

在我国的现实生活中，随着平均预期寿命的延长，物质和文化生活水平的提高，人们婚姻观念的改变，老年人在丧偶、离婚后再婚的情况越来越多，这是社会文明进步的表现。对于父母的婚姻权利，为人子女者绝大多数都是尊重的；对于父母再婚，也是赞同、支持的，或玉成其事，或乐观其成。但是，也有一些为人子女者漠视父母的婚姻权利，对父母再婚横加干涉。为此，我国法律上应当制定必要的对策。

我国《民法典》第1069条规定："子女应当尊重父母的婚姻权利，不得干涉父母离婚、再婚以及婚后的生活。子女对父母的赡养义务，不因父母的婚姻关系变化而终止。"

这一规定具有强烈的针对性，为老年人的再婚自由和再婚后的生活提供了有效的法律保障。子女干涉父母的再婚自由，究其原因主要有二：一是出于对财产、继承等问题的考虑，生怕父母再婚影响自己的权益；二是出于陈腐的婚姻观念，不能理解父母的正当要求。对于干涉父母再婚的子女，应当晓之以理，导之以德，约之以法，使其自觉地纠正错误观念。干涉父母再婚自由情节恶劣、后果严重的，应当按照有关规定追究其法律责任。有的子女在干涉父母的再婚自由时，往往以不予赡养相要挟。《民法典》有关赡养义务的规定，其性质属于强行性规范。是否履行赡养父母的义务，并不取决于子女的意愿。子女对父母的赡养义务不因父母的婚姻关系变化而终止，即使子女与父母达成免除赡养义务的协议，也是自始无效的。

第二节　其他近亲属关系

一、祖孙关系

（一）祖孙关系概述

祖孙关系是一种隔代亲属关系，包括祖父母与孙子女、外祖父母与外孙子女之间的关系，其密切程度往往仅次于父母子女关系。由于我国传统文化的影响，祖孙关系主要是指祖父母与孙子女之间的抚养、赡养关系。从其产生的原因来看，又分为基于血缘的祖孙关系和基于法律规定的养祖孙关系。

随着社会的变迁、时代的发展，作为社会基本细胞的家庭结构日益由直系家庭制向夫妻家庭制过渡。目前以夫妻关系和父母子女关系为中心的核心家庭已成为主要的家庭模式，但婚姻法将祖孙关系纳入其调整范围仍有很强的现实意义。原因在于：

（1）我国有尊老爱幼的良好传统。长期以来受儒家学说的影响，中华民族非常讲究礼仪道德，养老育幼，特别对长辈亲属能够尽到赡养义务，一直被认为是人的一种美德。婚姻法将祖孙关系纳入其调整范围，实质上是以法律的形式对我国善良风俗的确认。

（2）我国的社会保障体系不健全决定了我们必须发挥家庭养老育幼的功能。我国进入社会主义市场经济后，社会保障体系正在发生巨大变革，但受财力等多方因素所限，社会保障体系尚未完善，尤其在广大的农村，当父母或夫妻之间由于客观原因不能或无力履行抚育责任时，就需要由祖孙、兄弟姐妹等关系密切的近亲属承担抚养义务。

（3）现代社会的工作模式和生育率的下降提高了祖孙关系在家庭中所起的作用。生育率下降减少了家庭、亲属关系中的横向关系，如兄弟姐妹的关系，祖孙关系作为家庭中的纵向关系就相对而言提高了它的重要性。现代社会中大多数的父母要出去工作，女性已没有太多时间待在家里照顾子女，很多时候（外）祖父母是实际上抚育义务的承担者。

因此，我们将祖孙关系纳入婚姻家庭法律关系之中是很有必要的。

（二）祖孙之间的抚养、赡养义务

祖孙之间的抚养、赡养义务从相对的角度来看又是他们所享有的权利，一般情况下，祖孙之间不发生抚养关系。但是父母子女之间因生病、死亡、拒绝履行义务等主客观原因导致他们之间的抚养、赡养的权利和义务无法实现时，祖孙之间就有可能产生抚养、赡养义务。相对父母子女之间的抚养义务而言，祖孙间的抚养义务有补位性质。

我国《民法典》第1074条规定："有负担能力的祖父母、外祖父母，对于父母已经死亡或者父母无力抚养的未成年孙子女、外孙子女，有抚养的义务。有负担能力的孙子女、外孙子女，对于子女已经死亡或者子女无力赡养的祖父母、外祖父母，有赡养的义务。"根据上述规定，祖孙之间互负抚养、赡养义务是有条件的，而并非无条件的和无限的。

1　（外）祖父母抚养（外）孙子女的条件

（1）（外）祖父母有负担能力。有负担能力的祖父母和外祖父母，是指以自己的劳动收入和其他收入满足需要抚养的配偶、未成年的亲生子女、未成年的养子女、有抚养关系的继子女、不能独立生活的成年子女、需要赡养的父母等人的合理生活、教育、医疗等需要后仍有剩余或降低生活水平后仍有剩余的祖父母或外祖父母。（外）祖父母除了具备以上经济条件外，还须有监护能力，能够履行监护义务，保证（外）孙子女的健康成长。如果（外）祖父母有经济能力，但由于身体条件无力抚养（外）孙子女的，无须承担抚养义务。

（2）（外）孙子女的父母已经死亡或（外）孙子女的父母无力抚养子女。死亡包括宣告死亡和生理死亡。根据我国《民法典》的规定，（外）孙子女的父母已经死亡后，有负担能力的（外）祖父母可以担任（外）孙子女的监护人，承担抚养（外）孙子女的义务。对于被宣告死亡的父母重新出现时并不能免除其抚养义务。父母无力抚养子女，是指父母不具备抚养子女的经济条件与监护能力。这里的父母应包括有血缘关系的父母和有抚养关系的继父母、养父母。

（3）（外）孙子女是未成年人。（外）孙子女未满18周岁，没有收入，不能独立生活，有负担能力的（外）祖父母才对他们有抚养的义务。但按照我国《民法典》的规定，已满16周岁、未满18周岁的未成年人，能以自己的劳动收入维持自己生活的视为完全民事行为能力人，（外）祖父母对其也没有抚养义务。

② （外）孙子女赡养（外）祖父母的条件

（1）（外）孙子女有负担能力。有负担能力，是指（外）孙子女同时具备赡养（外）祖父母的经济条件和监护能力。经济条件，是指以自己的合法收入减去满足自己及其子女的合理需求的开支后仍有剩余，该剩余尚能维持（外）祖父母的基本生活需求；监护能力，是指（外）孙子女的身体状况可以履行监护义务。如果（外）孙子女中数人均有负担能力，则应根据他们的具体情况共同负担。

（2）（外）孙子女的父母已经死亡或（外）孙子女的父母无力赡养自己的父母。死亡包括宣告死亡和生理死亡。对于被宣告死亡的父母重新出现时不能免除其赡养义务。根据婚姻法和收养法的有关规定，这里所指的父母应包括与（外）孙子女有血缘关系的父母、有抚养关系的养父母，而不包括继父母。

（3）（外）祖父母是需要赡养的人。关于这个问题是有不同意见的，如有的观点认为，（外）祖父母是否需要赡养的人不构成（外）孙子女赡养（外）祖父母的条件。而有的则认为，（外）祖父母是否需要赡养的人是（外）孙子女是否有赡养义务的必备条件，理由是：第一，婚姻法规定（外）孙子女的赡养义务并非是对以前（外）祖父母对后辈所付出的回报，而是对（外）祖父母生存权的保障。如果（外）祖父母依靠自己的收入可以维持社会的中等生活水平，甚至生活得更好，就没有必要通过法律强制（外）孙子女必须履行赡养义务。第二，（外）孙子女对（外）祖父母的义务具有代位的性质，（外）孙子女并非第一义务人，故不宜将其赡养义务过于扩张。因此，只有（外）祖父母是需要赡养的人时，（外）孙子女才需要承担赡养义务。

二、兄弟姐妹关系

（一）兄弟姐妹关系概述

兄弟姐妹是家庭关系的一个重要分支，是最亲近的旁系亲属。兄弟姐妹包括同父同母的亲生兄弟姐妹、同父异母或同母异父的兄弟姐妹、养兄弟姐妹、形成事实抚养关系的继兄弟姐妹。

（二）兄弟姐妹之间的扶养义务

一般情况下，兄弟姐妹之间不产生扶养关系，但当父母由于主客观的原因不能或不愿履行抚养义务时，兄弟姐妹之间就可能产生扶养关系。《民法典》第1075条规定："有负担能力的兄、姐，对于父母已经死亡或者父母无力抚养的未成年弟、妹，有扶养的义务。由兄、姐扶养长大的有负担能力的弟、妹，对于缺乏劳动能力又缺乏生活来源的兄、姐，有扶养的义务。"兄弟姐妹之间的扶养义务从相对的角度来看又是他们之间的权利。

❶ 兄、姐对弟、妹负担扶养义务的条件

（1）兄、姐有负担能力。兄、姐必须同时具备经济条件和监护能力，才能尽到扶养义务，保证弟、妹的健康成长，这是兄、姐负担扶养义务的前提条件。

（2）父母已经死亡或父母无力抚养未成年的弟、妹。父母是未成年子女的第一抚养义务人，兄、姐则是对父母与子女间抚养义务的有益补充。只有在父母均已死亡或双方均丧失抚养能力时，有负担能力的兄、姐才承担对未成年弟、妹的扶养义务。我国只是规定了在父母由于客观原因不能履行抚养义务时才产生兄、姐对弟、妹的扶养义务，但现实中，父母也可能因主观原因，如离异，而不愿承担抚养义务，从有利于未成年人的健康成长的角度出发，可以考虑让有负担能力的兄、姐担负起扶养教育未成年弟、妹的义务。当然在此情形下，也不应免除其父母应负担的抚养义务。

（3）弟、妹是未成年人。弟、妹尚未成年，缺乏生存能力，必须依靠社会或成年亲属的支持才能生存。在社会保障体系尚未健全的情况下，作为该未成年人最亲密亲属的兄、姐当然应负有扶养教育的义务。但按照我国《民法典》的规定，已满16周岁、未满18周岁的未成年人，能以自己的劳动收入维持自己生活的视为完全民事行为能力人，兄、姐对其则没有扶养义务。

❷ 弟、妹对兄、姐负担扶养义务的条件

（1）弟、妹是由兄、姐扶养长大。如果弟、妹是由父母或其他人抚养成人的，则兄、姐无权要求弟、妹对其承担扶养义务。这样的规定符合了权利和义务相一致的法律原则。只有兄、姐对弟、妹曾经尽过扶养教育的职责，兄、姐才能享受被弟、妹扶

养的权利。编者认为该规定有一定的问题，比如兄弟两人，大哥从小就是智力障碍者，在兄弟两人成年后，父母先后去世，难道弟弟就可以对其大哥置之不理，不承担扶养义务了吗？

（2）兄、姐必须是需要扶养的人。所谓需要扶养，是指兄、姐缺乏劳动能力又缺乏生活来源。缺乏劳动能力，可以理解为因劳动能力部分或全部丧失使其无法从自己的劳动中获取维持自己生活所必需的收入。缺乏生活来源，是指维持自己生活所必需的物品供应不足。维持自己生活，编者认为应作限制性理解，即以接近社会中等生活水平为宜，而不应以当地最低保障收入为标准。

（3）弟、妹有负担能力。负担能力包括经济条件和监护能力。不过需要特别指出的是，祖孙之间、兄弟姐妹之间的扶养、抚养、赡养义务是补充性义务，履行义务是以不严重降低自己的生活水平为前提。

07

第七章

我国收养制度

思政目标

通过对我国收养制度核心精神的解读，
让学生知道党和政府对少年儿童的关心和爱护，
引导学生厚植家国情怀，树立友善、互爱的家庭理念。

案 例

　　韩某夫妇婚后无子女，收养了一个11岁的小女孩，并办理了收养登记手续，改名为韩云。3年后，韩某夫妇因意外事故双双身亡。办完丧事后，韩某的父母认为韩云与韩家没有血缘关系，于是让其回到生父母身边，但韩云不愿回去。韩云向法院提起诉讼，要求养祖父母承担抚养责任。

问 题

法院会支持韩云的诉求吗?

第一节　收养制度概述

一、收养的概念

收养是指自然人依照法定的条件和程序，将他人的子女作为自己的子女领养，并在领养人与被领养人之间产生法律拟制的父母子女关系的民事法律行为。因该领养行为成立的法律关系被称为收养关系，所以在该关系中，收养人为养父母，被收养人为养子女。

根据民政部公布的数据，内地居民的收养数量从2005年的3.8万人下降到2020年的1.1万人。鉴于目前较为严苛的送养收养法律条文，导致现实中没有办理民政登记的"民间收养"大量存在。编者建议进一步放宽送养收养的条件。

二、收养的法律特征

收养具有如下法律特征：

（一）收养的条件和程序由法律加以规定

在现代社会中，收养被纳入法律调整的范畴。这是因为收养不仅关系着收养人、被收养人和送养人的切身利益，而且还涉及社会的整体利益。因此，各国法律都要求，收养关系的成立必须符合法定条件和法定程序。不符合法定条件和程序进行收养的，法律不承认该行为产生收养的效力。这是收养行为与不法收养行为的根本区别。

（二）收养属于民事法律行为

自然人依照民事法律规范进行收养行为，从而在收养人和被收养人之间确立与父母子女关系等同的民事权利和义务关系，该行为在性质上应属于民事法律行为。这是收养行为与国家设立的社会福利机构对孤儿、遗弃儿的收容和抚育行为的本质区别。首先，社会福利机构对孤儿、遗弃儿的收容和抚育是国家采取的一种社会救济措施，而收养行为是一种民事法律行为。其次，对孤儿、遗弃儿的收容和抚育是由社会福利机构自行决定的，而收养是由有关当事人协议而成立的。最后，社会福利机构与被收容和抚育的孤儿、遗弃儿之间并不产生父母子女间的权利和义务关系，而收养行为成立后收养人与被收养人之间即产生父母子女的权利和义务关系。

（三）收养行为导致亲属身份与权利和义务关系的变更

收养关系一经成立，一方面，使收养人与被收养人之间具有法律拟制的父母子女身份，进而产生了等同于生父母与生子女间的权利和义务；另一方面，又使被收养人同生父母之间原有的权利和义务关系消除。这是收养行为同寄养行为的根本区别。寄养，是指父母在某种特殊情况下不能直接抚养子女时，委托他人代为抚养子女的行为。在寄养关系中，被寄养的儿童与受托人之间并不产生父母子女的身份关系以及父母子女的权利和义务。

（四）收养只能发生在非直系血亲之间

法律上设立收养制度的目的，是使原本没有父母子女关系的当事人产生法律拟制的父母子女关系，由此决定了收养只能发生在非直系血亲之间。如果允许在具有直系血亲关系的亲属之间成立以父母子女的权利和义务为内容的收养关系，则必然会使亲属身份发生重叠，甚至发生相互排斥和冲突。

第二节 我国收养立法基本原则

一、我国的收养立法

中国收养制度的主要法律渊源是《民法典》婚姻家庭编第5章，它吸收了我国收养法的基本规则。国务院所属有关部门针对收养问题所制定的规范性文件，如《中华人民共和国民政部关于中国公民办理收养登记的若干规定》《中华人民共和国民政部关于外国人在中华人民共和国办理收养登记若干问题的通告》等，以及关于适用收养法的民族自治地方的变通的或者补充的规定，最高人民法院的相关司法解释和中华人民共和国缔结或参加的有关解决收养关系法律冲突的国际条约，都是中国收养制度的法律渊源。

二、我国收养法的基本原则

我国收养法的基本原则可以概括为四项，即有利于被收养的未成年人的抚养和成长的原则、保障被收养人和收养人合法权益的原则、遵循平等自愿的原则、不得违背社会公德的原则。

收养应当有利于被收养的未成年人的抚养、成长，保障被收养人和收养人的合法权益，遵循平等自愿的原则，并不得违背社会公德。这些原则性的规定，体现了我国收养法的指导思想，是立法和执法的基本依据。

（一）有利于被收养的未成年人的抚养和成长的原则

保障未成年人的健康成长是实行收养制度的首要目的。由于未成年人的身心发育尚不成熟，缺乏独立的生活能力和辨认自己行为的社会后果的能力，属于无民事行为能力人或限制民事行为能力人，他们需要家庭和社会的悉心抚养、关怀爱护、培养教育和监督保护。尤其是对那些丧失父母的孤儿、查找不到生父母的弃婴和儿童，以及生父母有特殊困难而无力抚养的未成年人，通过成立收养关系，可以使他们在温暖的家庭中生活，得到养父母的抚养教育，健康成长。收养法中有关收养条件特别是被收养人的条件和收养人的能力的规定，以及有关解除收养关系的某些规定等，都是以这一原则为依据的。

（二）保障被收养人和收养人合法权益的原则

收养关系涉及收养人和被收养人双方的利益，因此，收养法必须同时保障被收养人和收养人双方合法权益的平等实现。我国收养法中的各种具体制度，如收养的成立、收养的效力、收养的解除及违反收养法的法律责任等，都反映了这一原则的要求。收养是对常态的亲子关系的必要补充，在立法上应当兼顾养父母和养子女双方的权益。

（三）遵循平等自愿的原则

民事法律关系的基本准则之一是当事人在民事活动中地位平等，自由表达其真实意思，即平等自愿原则。收养关系属于民事法律关系的范畴，收养关系必须遵循平等自愿原则。我国收养法中关于成立收养关系须经当事人各方同意的规定，有配偶者共同送养、共同收养的规定，以及关于协议解除收养关系的规定等，都是以这一原则为依据的。

（四）不得违背社会公德的原则

因为收养行为不仅关系着当事人的切身利益，而且还直接涉及社会公共利益，所以，有必要从维护社会公德的立场，对收养子女的行为加以必要的约束，其目的在于维护公序良俗。我国收养法中有关无配偶的男性收养女性须有法定年龄差的规定，以虐待、遗弃为解除收养关系的法定理由的规定等，都是以这一原则为依据的。

第三节　收养关系成立的法定条件

一、普通收养关系成立的条件

普通收养关系成立的条件，是指法律所规定的对一般情形下成立收养关系必须具备的实质性法律要求。

普通收养关系的成立必须符合以下四个方面的条件：

① 被收养人应当为得不到生父母抚养的不满14周岁的未成年人

我国《民法典》第1093条规定："下列未成年人，可以被收养：（一）丧失父母的孤儿；（二）查找不到生父母的未成年人；（一）生父母有特殊困难无力抚养的子女。"

② 送养人必须为法律所认可的特定自然人或社会福利机构

法律所认可的合格的送养人是孤儿的监护人、儿童福利机构、有特殊困难无力抚养子女的生父母。生父母送养子女，应当双方共同送养。生父母一方不明或者查找不到的可以单方送养。

③ 收养人必须具有抚养教育被收养人的条件

收养人应当同时具备的条件为：无子女或者只有一名子女；有抚养、教育和保护被收养人的能力；未患有在医学上认为不应当收养子女的疾病无不利于被收养人健康成长的违法犯罪记录；年满三十周岁。

④ 必须有成立收养关系的合意

收养人收养与送养人送养，应当双方自愿；收养八周岁以上未成年人的，应当征得被收养人的同意。

二、特殊收养关系成立的条件

我国收养法针对某些特殊收养关系，作了适当放宽收养条件的规定。这里所说的特殊，主要与收养关系主体的身份状况有关。适当放宽的原因是多方面的，或出于对近亲收养的历史传统的考虑，或出于对侨胞利益的关切和照顾，或出于鼓励收养孤儿、残疾儿童、弃婴和儿童的需要，或出于稳定家庭关系的要求。

根据《民法典》婚姻家庭编的有关规定，特殊收养主要有以下5种，其成立的条件各不相同。

① 亲属间收养三代以内旁系同辈血亲的子女

这种收养关系的当事人之间本来就是近亲属，相互比较了解，而且存在一定的血缘关系。亲属间的收养，感情基础相对牢固，并可进一步稳定双方的家庭关系。所以，我国收养制度放宽了这类收养的条件。其放宽之处在于：

（1）被收养人可以是成年人。

（2）作为送养人的生父母即使没有抚养子女的困难，也可以将子女送养；即使被收养人不属于生父母没有能力抚养的子女，也可以被送养。

（3）无配偶的男性收养三代以内同辈旁系血亲的女儿时，可以不受年龄相差40周岁以上的限制。

（4）华侨收养三代以内旁系同辈血亲的子女，可以不受收养人无子女或者只有一名子女的限制。

② 收养孤儿或残疾儿童

出于高尚的人道主义精神和爱心，收养父母双亡的孤儿或身心有某种缺陷的残疾儿童，承担抚养教育和监护他们的责任，社会各方面应当鼓励这种利国利民的行为，收养法对这类收养的条件相应地予以放宽。除了保护被收养人基本生活条件的要求外，法律对这种收养几乎未加任何限制。首先，这种收养人可以不受一般收养人必须无子女的限制。即使收养人已有子女，也无论收养人有几个子女，只要收养人还有抚养能力，仍可以收养孤儿或残疾儿童。其次，这种收养人可以收养两名以上的孤儿或残疾儿童，不受只能收养一名子女的限制。但收养几个子女，要受抚养能力的限制，要能保障被收养人健康成长。

③ **收养继子女**

在现实生活中，继子女和继父母存在因生父母再婚而形成的姻亲关系，在一般情况下并无法律上的权利和义务关系。我国收养法从维护再婚家庭的稳定出发，鼓励继父或继母经继子女的生父母同意而收养继子女，使他们之间形成完全等同于生父母子女的权利义务关系，这样既有利于对未成年继子女的抚养教育，也可以减少再婚家庭的矛盾。我国《民法典》婚姻家庭编规定的具体放宽条件如下：

（1）继父母经继子女的生父母同意，可以收养以上的继子女。

（2）由于未与子女共同生活的生父（母）履行抚养义务的方式事实上已经改变，所以，生父（母）即使没有抚养子女的经济困难，也可以将子女送养。

（3）收养人可以不受无子女及夫妻年满30周岁的限制。

（4）收养人可以不受收养一名的限制。

④ **无配偶者收养异性子女**

我国收养法允许无配偶者收养子女，但特别对无配偶的男性收养女性的，做了较为严格的限制。《民法典》第1102条规定："无配偶者收养异性子女的，收养人与被收养人的年龄应当相差四十周岁以上。"这样规定的目的，在于维护收养关系的伦理性，保护被收养人的合法权益，避免借收养名义而产生违背社会公德的不良行为。在现实生活中，可以作为收养人的无配偶者是指因未婚、再婚或丧偶等原因单身而有抚养能力的成年人。

⑤ **隔代收养**

《最高人民法院关于贯彻执行民事政策法律若干问题的意见》指出：收养人收养他人为孙子女，确已形成养祖父母与养孙子女关系的，应予承认。解决收养纠纷或有关权益纠纷时，可依照婚姻法关于养父母与养子女的有关规定，合情合理地处理。司法实践中，通常把这种收养养孙子女的行为称为隔代收养。

三、收养登记程序

我国《民法典》第1105条规定："收养应当向县级以上人民政府民政部门登记。收养关系自登记之日起成立。收养查找不到生父母的未成年人的，办理登记的民政部门应当在登记前予以公告。收养关系当事人愿意签订收养协议的，可以签订收养协议。收养关系当事人各方或者一方要求办理收养公证的，应当办理收养公证。县级以上人民政府民政部门应当依法进行收养评估。"

1 提交收养材料

收养关系当事人应当亲自到县级以上人民政府民政部门办理成立收养关系的登记手续，并提交相应的收养材料。夫妻共同收养子女的，应当共同到收养登记机关办理登记手续；一方因故不能亲自前往的，应当书面委托另一方办理登记手续，委托书应当经过村民委员会或者居民委员会证明或者经过公证。

2 审查

收养登记机关收到收养登记申请书及有关材料后，应当自次日起30日内进行审查。审查时，收养登记机关可以进行有关的调查、对当事人进行必要的询问，调查应当制作调查记录，询问应当制作询问笔录。同时县级以上人民政府民政部门应当依法进行收养评估，收养评估能够更加准确、客观地确定收养人所具备的抚养教育能力，从而体现最有利于被收养人的收养原则。

3 发证

经审查，对符合收养法规定条件的，为当事人办理收养登记，发给收养登记证，收养关系自登记之日起成立；对不符合收养法规定条件的，不予登记，并对当事人说明理由。

收养关系成立后，需要为被收养人办理户口登记或者迁移手续的，由收养人持收养登记证到户口登记机关按照国家有关规定办理。

四、涉外收养登记程序

广义的涉外收养，应当包括中国公民在外国收养子女和外国人在中国收养子女。我国收养法对涉外收养是在狭义上使用和规定的，即仅规定了外国人在中国收养子女。

我国《民法典》第1109条规定："外国人依法可以在中华人民共和国收养子女。外国人在中华人民共和国收养子女，应当经其所在国主管机关依照该国法律审查同意。

收养人应当提供由其所在国有权机构出具的有关其年龄、婚姻、职业、财产、健康、有无受过刑事处罚等状况的证明材料，并与送养人签订书面协议，亲自向省、自治区、直辖市人民政府民政部门登记。前款规定的证明材料应当经收养人所在国外交机关或者外交机关授权的机构认证，并经中华人民共和国驻该国使领馆认证，但是国家另有规定的除外。"

办理外国人在中华人民共和国收养子女的事宜，目前是遵循中华人民共和国民政部于1999年5月25日发布的《外国人在中华人民共和国收养子女登记办法》，亲自到被收养人户籍所在地的省级人民政府的民政部门办理收养登记。

我国《民法典》第1110条规定："收养人、送养人要求保守收养秘密的，其他人应当尊重其意愿，不得泄露。"这一规定是基于保护自然人隐私权的要求而提出的，有利于稳定收养关系，保持收养人与被收养人家庭生活的和睦。按照这一规定，收养人、送养人有权要求保守收养秘密，其他任何人都负有不得泄露该收养秘密的义务。

第四节　收养关系的法律效力

一、收养的拟制效力

收养的拟制效力，是指收养关系的成立导致收养人与被收养人之间产生父母子女的权利义务关系，以及被收养人与收养人的近亲属产生相应的亲属关系等法律后果。

收养关系一经成立，便在收养人与被收养人之间确立起养父母和养子女的身份关系，收养人是养父母，被收养人是养子女，他们彼此产生了与自然血亲的父母子女关系相同的法定的权利与义务。我国《民法典》第1111条规定："自收养关系成立之日起，养父母与养子女间的权利义务关系，适用本法关于父母子女关系的规定；养子女与养父母的近亲属间的权利义务关系，适用本法关于子女与父母的近亲属关系的规定。养子女与生父母以及其他近亲属间的权利义务关系，因收养关系的成立而消除。"

收养关系成立的拟制效力主要包括如下几个方面的内容：

❶ 养子女的姓名权

我国《民法典》第1112条规定："养子女可以随养父或者养母的姓氏，经当事人协商一致，也可以保留原姓氏。"对该条法律规定的正确理解应当是：收养关系成立后，养子女既可以随养父的姓氏，也可以随养母的姓氏。如果收养人与送养人或者被收养人协商，也可保留被收养人原来的姓氏。

❷ 养父母对养子女的抚养教育义务

根据我国《民法典》关于父母子女关系的有关规定，养父母对养子女负有抚养教育的义务。这种义务体现为：首先，养父母既要从物质和生活上对养子女给予抚育和照料，又要从品德和知识上对养子女进行全面培育和正确引导，以保证养子女身心健康地成长。其次，养父母对养子女的抚养教育义务，应当履行至养子女独立生活为止。再次，养父母双方均须承担对养子女的抚养教育义务，即使在养父母离婚的情况下，双方仍不得推卸对养子女应负的该项法定义务。最后，养父母不履行抚养义务时，未成年的或不能独立生活的养子女，有权通过包括诉讼程序在内的合法方式要求养父母给付抚养费和教育费。

③ 养父母对未成年养子女保护和教育的权利和义务

依照我国《民法典》的规定，养父母是养子女的法定监护人，对未成年养子女有保护和教育的权利与义务。这种权利和义务主要体现在：第一，养父母应当按照法律和道德的准则，采用正确的方法对未成年的养子女进行保护和教育，并对其行为施以必要的约束，一方面保证其健康成长，另一方面也防止未成年的养子女因实施不法行为给他人和社会的利益造成损害。第二，养父母负有对未成年的养子女的人身和财产加以保护的责任。当未成年的养子女的人身和财产权利受到不法侵害时，养父母应以法定代理人的身份直接向侵权行为人主张权利或者向人民法院提起针对侵权行为人的诉讼，以维护养子女的合法权益。第三，当未成年的养子女实施侵权行为造成他人损害时，养父母应依法承担民事责任。

④ 养子女对养父母的赡养扶助义务

养子女对养父母的赡养扶助义务主要体现为：第一，成年的有负担能力的养子女应当为无劳动能力的或生活困难的养父母提供必要的物质资料和生活帮助，至养父母死亡。第二，当养子女不履行赡养扶助义务时，无劳动能力的或者生活困难的养父母有权要求养子女给付赡养费。

⑤ 养父母与养子女之间的遗产继承权

按照我国《民法典》的规定，养父母与养子女互为第一顺序的法定继承人。在继承开始后，养父母或养子女有权首先参加遗产的继承分割。如果养子女和养父母生前立遗嘱处分其遗产时，不得取消缺乏劳动能力又无生活来源的养父母或养子女应当继承的遗产份额。

⑥ 养子女与养父母的近亲属之间产生法定的权利和义务关系

基于亲属法的一般原理，父母与子女的关系及于父母的其他近亲属。因此，我国收养法规定，收养关系成立后，养子女与养父母的近亲属之间的权利义务关系，适用于法律关于子女与父母的近亲属的规定，即养子女与养父母的近亲属如父母、子女等相应地产生祖孙关系、养兄弟姐妹关系，彼此产生法律上的权利和义务。

二、收养的解消效力

收养的解消效力，是指收养关系的成立导致被收养人与其生父母之间的父母子女权利义务关系消除，以及被收养人与其生父母的其他近亲属间的权利义务关系也随之消除等法律后果。在收养关系成立后，原有的父母子女关系被改变，而新的父母子女关系形成。由此产生的必然后果之一，便是消除了被收养人与其生父母之间的权利义务。

收养的解消效力表现在如下两个方面：

① 被收养人与其生父母的关系

收养关系成立之后，被收养人与其生父母之间彼此已不再是法律意义上的父母与子女，他们原有的权利和义务如抚养教育、保护教育、赡养扶助、相互继承等一律终止。但是，收养关系的成立并不能改变被收养人与其生父母之间的自然血亲关系，故婚姻法中关于直系血亲间禁止结婚的限制性规定，仍然适用于被收养人与其生父母。

② 被收养人与其生父母的其他近亲属的关系

被收养人与其生父母的其他近亲属之间的权利和义务，因收养关系的成立而不复存在。但基于收养关系的成立并不能消除自然血亲关系的原理，被收养人与其生父母的其他近亲属之间仍受婚姻法中关于直系血亲和三代以内旁系血亲间禁止结婚的限制。

三、收养的无效

（一）收养的无效，是指已发生的收养行为因违反法律关于收养关系成立的条件和程序而不产生收养的法律效力

在现代社会里，收养行为只有符合法律规定的条件和程序，收养关系才能有效成立，得到法律的认可和保护，达到收养当事人预期的目的。为了使收养行为纳入合法

有效的轨道，避免和制裁违法收养行为，保护收养关系当事人的合法权益，我国《民法典》第1113条规定："有本法第一编关于民事法律行为无效规定情形或者违反本编规定的收养行为无效。无效的收养行为自始没有法律约束力。"

依照《民法典》及有关规定，导致收养行为无效的原因主要为：送养人和收养人不具有相应的民事行为能力；成立收养的意思表示不真实；收养行为违反法律（包括有关收养条件和收养程序的规定）或者社会公共利益。

（二）收养无效的确认及其法律后果

根据我国《民法典》及有关规定，收养无效的确认有两种程序：第一，由人民法院通过诉讼程序确认某一收养行为无效。第二，由收养登记机关通过行政程序确认某一收养行为无效。

收养行为被人民法院确认无效的，从该行为开始时起就没有法律效力。收养行为被收养登记机关确认无效的，收养登记机关应宣布该项收养登记自始无效，收回收养证。对以收养为名买卖儿童的犯罪人，由人民法院追究其相应的刑事责任。对以欺骗手段骗取收养证的行为人，可由收养登记机关予以必要的行政处罚。

第五节 收养关系的解除

一、协议解除收养关系

（一）协议解除收养关系的条件

在养子女成年前，收养人和送养人可以协议解除收养关系。养父母和成年养子女也可以协议解除收养关系。协议解除收养关系必须符合下列要求：

第一，在养子女成年前，协议解除收养关系须征得收养人、送养人同意。养子女八周岁以上的，应当征得本人同意。

第二，在养子女成年后，协议解除收养关系须征得收养人、被收养人同意，送养人的同意不是必要的条件。此外，当事人还应根据具体情况就与解除收养关系有关的财产和生活等问题达成协议。

（二）协议解除收养关系的程序

《民法典》第1116条规定："当事人协议解除收养关系的，应当到民政部门办理解除收养关系登记。"适用这一规定办理解除收养关系的登记时，当事人应当到收养人户籍所在地县级以上人民政府民政部门提出解除收养关系的申请。申请人必须向收养登记机关提交收养人和被收养人的居民身份证和户籍证明、收养证、解除收养关系协议书。当事人对收养登记机关必须了解的情况应当如实提供。收养登记机关经过审查，对符合收养法规定的解除收养关系条件的，准予其解除，收回收养证，发给当事人解除收养证，解除收养关系。

二、诉讼解除收养关系

（一）诉讼解除收养关系的条件

（1）收养人不履行抚养义务，有虐待、遗弃等侵害未成年养子女合法权益行为的，送养人要求解除养父母与养子女的收养关系，但送养人与收养人不能达成解除收养关系协议的，送养人可以向人民法院提起诉讼。

（2）养父母与成年养子女关系恶化，无法共同生活的，养父母与成年养子女不能达成解除收养关系协议的，双方均可以向人民法院起诉解除收养关系。

（二）诉讼解除收养关系的程序

收养关系当事人应当依照我国《民事诉讼法》的有关规定，向有管辖权的人民法院提起解除收养关系的民事诉讼。人民法院审理解除收养关系的案件，应当查明要求解除收养关系的事实和理由，保护合法的收养关系，保障收养人和被收养人的合法权益。对收养人不履行抚养义务，有虐待、遗弃等侵害未成年养子女合法权益行为的，送养人有权要求解除收养关系；对养父母与成年养子女关系恶化，无法共同生活，一方要求解除收养关系的，人民法院应当进行调解。调解无效的，人民法院依法判决准予解除或不准予解除。

三、解除收养关系的法律后果

（一）解除收养关系后的人身关系和财产关系

根据《民法典》第1117条的规定，收养关系解除后，养子女与养父母之间的身份和权利义务即行消除，彼此不再具有抚养教育、保护、赡养扶助和互相继承遗产等权利义务。与此同时，养子女与养父母的其他近亲属间的权利义务关系也随之消除。

收养关系解除后，未成年的养子女与生父母及其他近亲属间的权利义务关系自行恢复。但成年养子女与生父母及其他近亲属间的权利义务关系是否恢复，可以由成年养子女与生父母协商确定。

（二）解除收养关系后养父母的补偿请求权

依照《民法典》第1118条规定，收养关系解除后，在不同的情况下养父母享有一定的补偿请求权。第一，收养关系解除后，经养父母抚养的成年养子女，对缺乏劳动能力又缺乏生活来源的养父母，应当给付生活费。该生活费的数额，应不低于当地居民的一般生活费用标准。第二，因养子女成年后虐待、遗弃养父母而解除收养关系的，养父母可以要求养子女补偿收养期间支出的抚养费（生活费和教育费）。第三，生父母要求解除收养关系的，养父母有权要求生父母适当补偿收养期间支出的抚养费，但因养父母虐待、遗弃养子女而导致收养关系解除的，养父母无权要求生父母补偿收养期间养子女的抚养费。

08

第八章

家庭关系处理

某小区居民楼一共33层，一梯四户，只有两台电梯，每天早晚高峰点，居民都要等很久电梯。小区业主发现近来连续四五天每天早晚高峰点只有一台电梯是正常运作的，另外一台电梯一直停在25楼的位置，一动不动。起初，业主们都以为是电梯坏了，都在抱怨并投诉物业。后来才知道是25楼有个"熊孩子"，经常在居民坐电梯高峰期拿张小板凳，放在自家楼层的电梯门口上，让电梯一直关不上门，为的就是方便自家大人出行，不用等电梯。

忍无可忍的业主们敲开了"熊孩子"家的门，希望家长能管一管孩子。可是万万没想到，"熊家长"护短，让"熊孩子"更加肆无忌惮，直接拿着小板凳把楼里的两部电梯都挡住了，此举惹怒了所有业主。业主找到"熊孩子"的学校，还闹到熊家长的单位。结果，"熊孩子"的小队长职位被老师撤了。"熊孩子"气不过，回家后在电梯里又砸又撞。这一回，小区物业管理公司终于不再和稀泥了，拿着监控录像，直接找到"熊家长"，索赔维修费将近2000元。"熊爸爸"愤怒了，在一楼大厅处，当着几十户邻居的面直接把"熊孩子"的胳膊打到骨折。

问题

"熊孩子"的身后，都有不懂事的父母，你同意吗？

第一节　夫妻关系处理

　　家庭关系的核心是夫妻关系。从个人的层面出发，需要对夫妻关系的重要性有足够的认识，明确夫妻关系是家庭关系的核心，也是夫妻个体生活和社会关系的根基；从孩子的层面出发，处理好夫妻关系是为人父母的责任和义务，给孩子创建温馨和谐的家庭关系，是孩子身心健康成长的根本保障，当夫妻关系出现问题时，首先伤及的便是亲子关系；从社会的层面出发，处理好夫妻关系是夫妻个体事业发展的重要保障，也是社会和谐、稳定的重要因素。

　　夫妻关系问题不是单纯的家庭内部问题，其具有复杂的人身关系属性，矛盾纠纷的解决具有一定难度，对孩子和整个家庭以致对社会都具有相当的影响。因此，夫妻双方应该对婚姻和家庭的相关知识有所了解，提高自我认知，提升沟通能力，学习主动调适夫妻关系的技能，尽量把矛盾和问题消灭在萌芽状态，善于不断总结解决夫妻矛盾的经验教训，从而高效地处理夫妻关系，维护婚姻和家庭的稳定。

一、提供恰当夫妻关系模式的建议

　　夫妻关系是得到社会认可和受到法律保护的两性关系，就本质而言，是基于爱情和两性关系而成立的，是家庭关系的基础。没有婚姻，就不会产生现代的家庭关系。而夫妻关系的好坏，不仅决定着两人婚姻的质量，而且对于整个家庭关系都会产生本质性的影响。许多家庭在孩子出生后，把焦点和重心都放在孩子或亲子关系上，夫妻关系则退居二线。从此，夫妻之间的所有话题都围绕着孩子，情感间也隔着一个孩子，二人独处的时间越来越少。家庭是社会的基本单位，夫妻则是组成家庭的基本元素，夫妻关系才是家庭的第一关系。如果没有健全的夫妻关系，亲子关系将失去有效的支撑。

人类学者雷蒙德·弗思曾说：社会结构中真正的三角是有共同情操所结合的儿女和他们的父母。尽管父母及子女分别占据了家庭三角形的一角，但夫妻关系是先于亲子关系存在的，它是三角形的底边，是整个家庭关系的基础。孩子则位于三角形的顶角，他的出现就是起着固定作用的"第三点"。如何才能让家庭这个三角形稳定呢？唯有不断增加底边的"厚度"和"密度"。夫妻关系越紧密、越亲近，家庭的基础就会越牢靠、越敦实。

（一）夫妻关系的基本特征

夫妻关系是指男女两人通过合法的结婚手续在性生活、社会生活及经济等方面过着共同生活的关系。

❶ 男女双方以公认的形式结合为两性关系

从人的一般关系看，性生活是最亲密的肉体接触。男女双方的性生活是夫妻关系的一部分，通过其亲密性而构成特别的关系，从而产生对彼此的信任感。这种信任感的产生能超越性的相互需求，从而促进夫妻彼此间在生活上的亲密关系和相互依赖性。即便这种最亲密的肉体接触是缺乏或缺少人格的或精神上的爱，但至少能产生生物个体的亲密感。因此，性的结合是夫妻关系的最大特征。

❷ 在社会、经济和生活中夫妻一体

夫妻一体，又称为夫妻同体主义，即主张夫妻结为一体，人格互相吸收。夫妻一体在中国社会的传统婚姻家庭观里尤为明显，"夫妻一体，一荣俱荣，一损俱损"。在社会、经济和生活的大多数方面，习惯把夫妻看成是一体的。值得注意，一体化是夫妻的重要属性，但一体化与一体感是有区别的。虽然男女双方从恋人成为夫妻，有了一体化的属性，但是并没有获得一体感。获得一体感是需要一个过程的，不同夫妻之间获得一体感过程的长短又各有不同。

3 养育后代，生儿育女

养育子女是夫妻共同的任务，是夫妻关系的第三个特征。从普遍的社会现象来看，夫妻之间生育子女是家庭生活的常态。生养子女在夫妻婚姻生活中起着非常重要的作用，是家庭生活的润滑剂。子女能促使夫妻之间的关系纽带更加坚韧，能促使夫妻之间的感情更加深厚，能促使家庭生活更加和睦。子女让夫妻对婚姻家庭生活充满更多的希望，夫妻也因子女而具有更强的责任感。

·家庭场景·

国家全面放开"三孩"，唐先生想接着追生，唐太太却拒绝再生。

生还是不生，这是个影响日后婚姻生活和家庭关系的重大问题。

于是，唐先生和唐太太展开了家庭大辩论，焦点问题是——生育权。

·家庭场景—分析·

生育权包括生育的权利和不生育的权利。在夫妻双方就是否生育问题产生冲突时，特别是在已经怀孕之后的"生还是不生"，这事关"人命"的问题，常常会造成夫妻发生剧烈冲突。通常，要么是男方想要孩子但女方不想要，要么是男方不想要孩子但女方坚持要生下来。这时候，法律到底应当保护谁的生育权呢？生与不生最终应该由谁来做主呢？

通常情况下，我国的司法实践更多的是保护女性的人身权益，因为怀孕生产最终是落实在女方的身体，女性作为胎儿的载体，具有最终是否生育的决定权。因此，在生育权的博弈中，法律是优先保护女方对自己身体的处置权而使得女方略占优势。在男方想要生育时，女方自主决定流产的，并不构成对丈夫生育权的侵犯；男方不想生育时，女方坚持要生下来的，男方也不能以"没有经过我同意"而拒绝抚养子女。

但这并不意味着男方的生育权就得不到保护。男方的生育权，主要体现在事后选择离婚的权利上。例如，男方要生育时，女方执意终止妊娠，则男方以感情破裂坚决要离婚的，经法院调解无效可以判决离婚。

（二）建立恰当的夫妻关系

在婚姻家庭关系里，性关系的调适、经济问题、姻亲关系、育儿问题和沟通问题最为重要，若能理性对待、妥善处理这些问题，将会促进婚姻家庭生活在各个阶段顺利进展。在实践婚姻家庭发展各个阶段性任务过程中，建立恰当的夫妻关系，通过各种互动形成适合自身的特定的特殊相处模式和生活状态，形成共有的性格、共有的价值观以及良性的互动模式，会有利于接受将来婚姻家庭生活带来的任务和挑战，也更有利于拥有婚姻的幸福感。

① 恰当的夫妻关系的特点

（1）尊重、宠爱和友谊。

夫妻关系中，相互尊重是感情的基础和保障。他们尊重对方的兴趣、习惯和隐私，敬仰、欣赏和鼓励彼此，他们享受有对方陪伴的时光并且愿意花时间与精力和对方一起，他们积极地参与到彼此的工作、生活和学习当中。恰当健康的夫妻关系，更像是一种相互理解的友情状态。

（2）紧密的情感联结。

所谓的情感联结，是指夫妻两人的情绪、情感的互动过程，两个人内心真实的情感体验和情感上的彼此依存。正是这种情感联结在夫妻相处中起到了决定性作用。夫妻双方允许对方参与到自己的生活和工作中，会主动听取对方的建议、主动寻求对方的帮助，一同讨论和决策，一同分享和担责。

（3）高质量的沟通。

夫妻间的沟通要以相互尊重的正向言论为导向，通常是伴有妥协和幽默。高质量的沟通是夫妻互动的基础和手段，是夫妻关系调适的保障，也是夫妻关系改善的有效切入点。

（4）共同、有效的冲突处理方式。

夫妻矛盾和冲突，是现代婚姻家庭中普遍存在的问题。遇到矛盾冲突，提前约定好处理的方法和过程，学会在冲突里相互支撑、相互学习、相互滋养，最终彼此成长。例如，约定吵架归吵架，不能说离婚；有矛盾必须在24小时内沟通解决；等等。

（5）接纳、包容的心态。

婚姻当中，夫妻双方应了解彼此的差异，允许并接纳差异的存在，也要懂得如何尊重彼此之间的差异，特别是那些不被轻易改变的差异。夫妻在相处的过程中，最容不得的是"挑剔"的想法，最了不起的是"包容"的观念。没有人经得起挑剔，一旦挑剔了，毛病就一定存在，只有多包容，缺点也就会随之淡化消失。

（6）明确、长期的承诺。

婚姻关系中的承诺，是夫妻之间对现状关系长期的共同认知，并且有意识地维护夫妻之间的关系。婚姻中的相互承诺与尊重包容同等重要，是能让夫妻二人融合成一个情绪的共同体。

（7）一致的价值观和目标。

夫妻两人相处，坦诚相待，提醒和鼓励对方开诚布公地表达自己的观点和信条，有着共同的爱好，有着共同的理想；面对各种各样的问题和境遇时，也正因为有着相同或者相似的价值观，为人处世的原则也就近乎相同了。

· 家庭场景 ·

唐先生希望唐太太不要经常唠唠叨叨，唐太太希望唐先生多陪她说说话；

唐太太责怪唐先生婚后一点都不浪漫，唐先生希望唐太太现实一点；

唐先生希望唐太太别大手大脚乱花钱，唐太太希望唐先生多赚点钱。

· 家庭场景—分析 ·

夫妻关系的长久持续，并非将对方变成自己想象的那样，而是源于双方心甘情愿地为对方改变。夫妻双方在婚姻家庭生活中不断地磨合，首先要努力地接受对方的缺点；其次要懂得体会和感谢对方为彼此做出的哪怕是一丁点儿的改变，只有这样才能达到夫妻相处"和"的境界。

要构建恰当的夫妻关系，夫妻双方在相处沟通的过程中，不妨巧用心理学中的小技巧"强迫选择"。比如，你想让你的孩子喝牛奶，他可能会拒绝。但如果你问他是用彩色的杯子喝牛奶还是用透明天色的杯子喝牛奶，他恐怕会选择彩色的杯子。

② 有效的沟通是构建恰当夫妻关系的有力保障

（1）沟通的意义。

沟通是指成功地把信息传递给沟通对象，使之能够做出预期中回应的整个过程。有效沟通的关键在于共情、愿意分享权利，并运用恰当的沟通礼仪，如有意识地努力传递清晰、直接的信息，认真倾听，即使出现争执仍保持礼貌和克制等。有效沟通在家庭关系、亲密关系中尤为重要。

正面、积极的有效沟通能促进夫妻彼此了解，增进夫妻感情；反之，负面、消极的沟通会给夫妻带来负面的、破坏性的影响。大多数存在冲突的夫妻关系中，主要原因很可能是夫妻双方或其中一方没有把感受到的爱和所怀有的善意用恰当的方式表达出来，甚至是让对方误解自己的心意，造成矛盾，日积月累，从而导致夫妻关系的不和谐。

（2）沟通的原则。

沟通是调适夫妻关系冲突的关键。沟通行为可以通过语言，也可以通过非语言，如姿态、神情、行为等，只要传达了意识表示，就算是沟通。沟通可以是有心进行的，也可以是无意作出的；传达的可能是真实想法，也可能是违背真实意愿的，只要意思被对方知晓到，就算进行了沟通。

建立恰当夫妻关系，在沟通过程中的原则包括：

第一，明确表达自己的意愿。

表达，是人与人相处最本质的东西，而语言是有温度的，是表达最基本的环节。要想明确地表达意愿，先要做到彼此互相尊重，尽可能表达好的语言和感觉，杜绝对立的甚至贬损人的反应；表达的内容要清楚、具体，对于自身的决定要解释原因，在出现问题时要把自己的责任说清楚；言辞要切合实际，要合理而不夸张，尤其是在相互批评时。在表达过程中可以多用"我"，而不是以"你"开头，例如：可以说"这些家务都是我干的，好累呀！"而不是说"你真懒！从来都不干家务"；也可以说"我觉得我被忽视了"，而不是"你从来不关心我"。

第二，做到及时有效。

夫妻无法进行沟通或者不能很好地沟通源于沟通被延误。问题不断堆积，误会不断加深，矛盾不断激化，最终把沟通演变成了争吵。夫妻在日常生活中，就应多沟通，增进对彼此的了解，更多地走进彼此的内心。可以分享自己遇到的人和事或者自己的看法观点，也可以表达自己对对方的关心。

第三，学会控制情绪。

在婚姻家庭关系中，面对着生活的种种烦琐事情，每个人心里都有一种无法言说的负面情绪。控制好自己的情绪，就可以成为婚姻的操作者。不再受情绪的影响，从而让婚姻感情更加稳定，学会在婚姻中把负面情绪扼杀在摇篮中，让其无法爆发，要是带着负面情绪与对方交流，那么对方也很难产生正面的情绪。

第四，共情与换位思考。

共情即同感、同理心、投情，是指一种能设身处地来体验他人处境，从而达到感受和理解他人心情的能力。无法做到和另一半共情是夫妻产生矛盾的一大原因。如果两个人不能彼此理解对方的情绪、心态，那他们也很难知道对方的真实诉求。要学会换位思考，站在对方的角度去理解问题，这样才可以更多地感受到对方的真实情绪，自然会更加明白彼此的真实诉求，矛盾也会随之淡化。

（三）恰当的夫妻关系模式的建议

婚姻属于上层建筑的范围，物质能够促进婚姻的稳定，精神上的交流更是人们所追求的。夫妻间感情是婚姻和家庭成立的基础，如果无法建立良好的夫妻感情并有效地加以维持，那么不仅平等、互爱、平权的夫妻权利模式将不复存在，而且婚姻和家庭也会丧失最为基础的前提条件。夫妻感情作为人类的一种最为基本的感情，决定着婚姻和家庭的存在与否、稳固与否，但是就本质而言，夫妻感情和所有的人类感情一样，都会在不同时期受到不同社会现实和客观条件的影响。

彼此的忠诚，可靠的承诺，有效的婚姻调适技能，发自内心的关怀、尊重和感激以及全身心的努力是营造健康、和谐夫妻关系的根本所在。

二、对夫妻关系状况进行评估

夫妻关系是社会关系的发源地，是其他社会关系发展的基础。夫妻共同生活、组成家庭，是现实的需要、生理的满足，也是心理上的相互依靠。因此，婚姻质量越来越被人们关注。婚姻质量的影响因素很多，主要源于三个方面：一是个体因素，包括文化背景、价值观、对婚姻的期望、在婚姻中承担的义务、个性等因素；二是婚际因素，包括夫妻间权利与角色的分配、夫妻间的交流、夫妻间解决冲突的方式与能力、夫妻间的性生活等；三是外界因素，包括经济状态、与子女及父母的关系、与亲友的关系等。

（一）夫妻关系中常见的问题

婚后的夫妻常常会由于文化背景、价值观、经济收入、沟通方式等，在婚姻的各个阶段，夫妻间权利的分配、所承担的义务、工作生活压力、养育子女、姻亲家庭关系、性关系等方面不断产生分歧和矛盾，最为常见的主要集中在这六大类。

1 门不当户不对

门当户对曾被当作封建思想的余毒，但一些现实情况却证明了其在婚姻中的重要性。在婚姻中，门当户对寻求的只是一种对等和平衡，夫妻关系相处时间越长，阅历、见识、教育程度、生活习惯、兴趣爱好和核心价值观都会产生巨大的碰撞，都会成为婚姻中的暗礁。婚姻里两个极度"契合"的人，绝不是能和谐地"求异"，而是能更多地"求同"，面对门不当户不对的困扰，需要及时沟通，对于冲突较大的问题，应尽量找到双方都能接受的方法，学会妥协。

2 生活中的压力

柴米油盐、酸甜苦辣，婚姻生活并不总是浪漫美好的。夫妻之间总会有压力的问题，工作上、生活上、经济上的压力都会增大，尤其是在有了孩子之后。压力是一种极具感染力的情绪，在与压力对抗过程中，不仅会把自己本性中的弱点暴露出来，还会影响夫妻和谐，破坏婚姻生活。婚姻中面对压力，夫妻要首先学会良性发泄，正确引导，以不伤害他人为原则；其次在面对压力出现分歧时，夫妻之间要学会在批评中表现出善意、理解和支持，从而坚定信念，平衡心态，积极应对压力和挫折。

3 姻亲关系

姻亲关系是以婚姻为中介而形成的亲属关系，我们国家的姻亲关系是世界上极复杂的人际关系之一。在婚姻关系中，造成姻亲关系矛盾主要是经济上的纷争、计较家务活谁做多、父母对一方的偏爱、在供养老人方面彼此推卸责任、不同的角色定位与角色期望的矛盾、个体存在戒备及攀比心理等。处置姻亲间的矛盾，要做到互利互惠，和平相处，双方应充分了解、沟通、体谅、宽容。

4 养育子女

在我国传统的文化中，养育子女是婚姻的重大社会功能之一，对婚姻的稳定起到了保障作用。但在养育子女的过程中，夫妻双方就是否生育、育儿观念的差异、家庭情感的分配、生活方式改变、家庭重心等问题，容易产生摩擦和冲突，而使婚姻质量降低。夫妻双方应在心理上做好生育教养孩子的准备，理解体贴为孩子付出更多的一方，一旦出现养育观念不一致，要积极沟通，在行使对孩子教育权利的同时，也要让夫妻彼此感受到对方的重要性。

⑤ 婚外情

婚外情是夫妻关系、家庭矛盾最常见的问题，也是对婚姻伤害最为严重的问题。造成婚外情的原因和心理因素有很多，除了道德和品行问题外，也可能是因为夫妻间在相处和感情上出现了问题。婚外情会像一根刺扎在婚姻关系中，夫妻双方会感到痛不欲生，也有很多夫妻因为处理不好婚外情的问题，而陷入既离不了婚但是又过不好日子的窘境。婚后夫妻不再像婚前恋人时沟通的机会多，这就更需要夫妻双方积极去探索对方的未知领域，多感受对方的想法和情绪。要维持长久的婚姻，增加夫妻精神生活中的交集是必不可少的途径。

⑥ 性生活

拥有健康的性生活是提高婚姻质量的重要因素。通常可以从五个方面考察性生活：性生活的频率、性高潮的次数、性行为的体位方式、爱抚的情况以及情感交流。然而，夫妻在性方面有不同的需求、偏好和欲望是很常见的现象，性功能障碍也可能造成夫妻性生活的不协调。长期不和谐的性生活聚积的不满会在平时的生活中爆发，在不知不觉地得罪了配偶。生活需要磨合，而性生活也是生活的一部分，因此，交流、沟通和积累经验就显得尤为必要。夫妻应该选择较为安全的环境和方式对性方面的需求进行讨论，学会以此取悦自己和配偶是很必要的。

· 家庭场景 ·

唐先生和唐太太于2020年登记结婚，婚后因性格不合，观点不一，感情一直不太好。从2021年8月起，唐先生常常以各种理由夜不归宿。夫妻双方多次因此事争吵，感情越发淡薄。后经双方协商达成一致，签订了"空床费"的协议，即如果唐先生在凌晨0时至早上7时不在家里住，就要按每小时200元的标准支付"空床费"给唐太太。

2022年3月，唐太太实在无法忍受，于是拿着一沓唐先生夜不归宿写下的"空床费"白条，遂向当地法院提出诉讼，请求判决离婚并要求唐先生按照协议支付2021年8月至2022年3月间的"空床费"，共计21.56万元。

·家庭场景—分析·

在婚姻存续期间，夫妻双方有相互陪伴的义务，若未能尽此义务，夫妻双方协议给予对方一定的补偿费，"空床费"实为一种精神损害赔偿。只要该约定是双方真实意思表示，且不违背法律的规定，应当属于有效的约定，应予以支持。

我国《民法典》婚姻家庭编规定了因有非法同居、家庭暴力、虐待遗弃等情形导致离婚的，可以提出赔偿，包括了物质损害赔偿和精神损害赔偿。本案中"空床费"的实质是唐先生在未能履行同居义务的情形下，对妻子唐太太做出赔偿的承诺，其性质与法律规定的性质基本一致，应当属于精神损害赔偿的范围。

"空床费"的初衷是限制和禁止夫妻双方在婚姻存续期间不履行夫妻的相关义务。但婚姻关系不是合同关系，夫妻之间相互忠实等义务不能合同化，否则会出现婚姻商品化的趋势，这势必影响婚姻的价值取向。婚后有很多人因为各种原因夜不归宿，如果人人都效仿，婚姻生活就乱套了。如果夫妻一方不回家而用金钱来为另一方的寂寞"买单"，那维系婚姻的感情纽带也很容易断裂。如果用金钱来代替感情，也违背了婚姻家庭法律立法的本意。

正如法学者杨晨光所言，"别以为有了一纸'忠诚协议'婚姻就有了保险，婚姻毕竟还是以爱情为基础，法律只能止步于卧室以外"。把法律的事，交给法律，把道德的事，交给道德，各司其职，共筑和谐社会。

（二）婚姻状况测量工具

婚姻家庭辅导的研究与发展，已逐渐成为当今社会关注的焦点。如何对婚姻家庭关系进行更准确的衡量和评价，是在婚姻家庭咨询治疗中必须探索和解决的一个重要问题。在这一领域，国内外已进行了大量的测量研究，其中最常见的测量工具有：婚姻满意量表、家庭系统测验、关系互动量表等。但是，婚姻家庭模式的产生与其所处的文化环境、人文情境有着密切的联系，而简单地引入国外的婚姻家庭调查问卷，其变量很难适应中国人的文化环境。

我国目前普遍采用的婚姻评估诊断制度大多是从国外引进的，其应用与推广有其固有的局限性。由北京师范大学开发的"婚恋诊断与评价体系"在国内已经扎根，实践证明了它的有效性。该体系将婚姻中产生的矛盾划分为表层问题和深层问题。

表层问题包括三个方面：亲密关系、生活琐事、交友网络。亲密关系包含脾气习惯、娱乐休闲、相互扶持、爱情和性问题；生活琐事包括处理冲突、日常交流、家务协调、工作家庭平衡、财务管理和抚养孩子；交友网络体系包含了朋友之间的紧密度、广度、获得朋友的支持和对朋友的开放度。

深层问题可以划分为两个层面：爱的资源和危机的处置。爱的资源包括安全感、成熟度、正面解释；危机的处置包括坚忍、共情和应变。该评价体系通过对婚姻关系资源、危机应对能力等因素的影响，得出了四种关系类型：基础牢固型、关系脆弱型、风雨同舟型和依赖磨合型。

（三）夫妻关系状况测评要点

第一，积极主动聆听，积极参与共情，为求助者提供必要的心理精神支援。

第二，在咨询期间，必须了解下列事项：

（1）择偶模式：自由恋爱、经人介绍或通过网上认识。

（2）家长对于婚姻的观点和态度。

（3）教育背景差异。

（4）经济收入和财产状况。

（5）对结婚角色的期望。

（6）对子女教养的观念。

（7）家长在教育态度和方式上的一致性程度，婚姻冲突产生的原因，性生活状况，交流互动等。

第三，在与咨询者探讨问题的原因时，应帮助他们正确地理解科学的婚姻观念，特别是让其明白自己在婚姻中的责任和问题，而不是把责任和错误都推到对方身上，防止矛盾的扩大。

第四，建立"改变从自己开始"的观念。恢复职业工作、获得经济独立、进行继续教育从而提升个人素质、有属于自己的兴趣和爱好、重拾家庭亲情、建立朋友关系、关注子女的成长、学习、重视子女与家长的互动状态、关心彼此的生活、彼此照顾父母和爱人的状况。

第五，在咨询关系中，求助人是弱势群体，关注其心理需求是解决其矛盾冲突的重要途径。

三、夫妻沟通技巧

夫妻之间的交流，不仅仅是为了交流，也是为了达成共识，更重要的是，让两个人都能感受到对方的需求，从而维持一段幸福的婚姻家庭生活，增进夫妻对婚姻的亲切感和满足感。虽然从彼此眼神、语气、态度等方面，可以看彼此对待事物的态度；但有些问题还是要讲清楚，要表达自己的想法，要聆听别人的心声，要了解是否可以达成妥协，是否达成共识，这些都需要交流。幸福婚姻的特点是，夫妻可以在开放、安全的环境中，自由地表达自己的想法和情感。

（一）夫妻间沟通的作用

（1）将消息传达给另一方，让另一方知晓。当两个人一起面对发生的一切时，他们会觉得彼此是一个整体。

（2）征求意见，讨论解决处理事情的办法。

（3）让夫妻时刻了解彼此的心意，表达自己的欣赏、爱慕、专情，以此来维系和巩固夫妻间的关系。

（二）选择合适的时间、地点和气氛进行沟通

（1）与父母同住的夫妻，要设法找到一个可以单独谈话的地方和机会，如果有需要，可以创造一些机会。

（2）生了小孩的夫妻，也要考虑当着孩子的面和私下里谈话的不同，如果需要的话，可以等到小孩睡觉或者外出时再说。

（3）尽量避免在压力大、身心疲倦、情绪低落的时候谈及不愉快的话题。

（4）晚上睡觉之前，尽量避免谈论严肃的事情，否则会影响到夫妻间的和谐气氛，也会影响到性生活。

（三）夫妻沟通的条件

❤ 在家中进行交流的前提条件是平等的

双方相互尊重、相互独立、不可替代，是良好交流的基础。如果以为对方是自己的人，将自己的地位压在对方之上，那就无法交流了。

❷ 不能忽略夫妻双方的性格

夫妻之间交流沟通少，也许是因为双方不爱说话、不爱表达，也可能是没有足够的自信去表达、坚持自己的想法，尤其是当夫妻两人的性格，一个比较强势，一个比较软弱，或者一方或双方脾气不好，很容易被拒绝时，长此以往，会导致夫妻间不愿意表达自己的想法和情绪。

❸ 沟通需要交互

沟通就是交换信息，希望得到反馈。如果仔细观察的话，可以发现夫妻之间在相处过程中常会出现这样的"沟通"，比如：今天天气真好，地板有点脏。如果人们对这样的说法只是"嗯"一声，或者点点头，甚至置之不理，那么说话的人就会觉得自己被冷落了，不被尊重，久而久之，就会形成沟通障碍和感情障碍。哪怕是一个否定的答案，都比什么都不说要好。因为夫妻之间，总会有不同的认识，沟通的目的，就是要把自己的真情实感告诉对方，即便是拒绝的答复或者否定的意见。

（四）夫妻沟通的技巧

❶ 沟通要明确、具体

首先，夫妻双方要清晰、直接地表达自己内心的真实想法、真实感受和需求。只有当夫妻能够表达出彼此需要的时候，才会明白对方真正在乎的东西。如果夫妻双方都不能表达他们的感情，也不了解对方的需要，那么沟通就会出现问题。只有重视自身的感受，才能用恰当的语言把这些感受清楚地表达出来，才能给配偶更多了解自己的机会。

其次，要避免暗中的期待和怀疑，避免对方的猜疑和误解。在婚姻中，如果经常猜测对方的想法和感受，是一件非常痛苦的事情，不但会让双方感到疲惫，还会引起很多误会。与其这样，还不如直截了当地说出自己的疑惑，顺便问一问对方的想法和感受。

最后，要以"积极请求"代替"负面抱怨"进行沟通。"抱怨"仅仅是把注意力集中在"过去的""负面的"和"你不要的"事情上面，而不能改变现状。而"请求"，则是在尊重对方的情况下，说出自己的期望，让对方有机会改进，得到鼓励和感激。抱怨则是一种攻击、质问、命令、强迫的交流方式。为了维护自己的尊严，对方往往会找借口为自己辩解，或者反击。"请求"是一种很重要的东西，对方可以选择"拒绝""接受""协商"三个选项。在尊重和选择自由的情况下，大多数人都会按照你的意愿去做。

② 语言和行为上的沟通一致

夫妻之间的沟通，除了语言的表达，同时还伴随着感受、表情、身体姿态、语音语调以及呼吸频率等在内的多种非语言信息，这些非语言信息的表达，更能反映双方内心的真实状态。

③ 善于用第一人称"我"的方式来表达

善于用第一人称的方式表达自己的情感和感受。小心使用像"你让我感觉到……""我觉得你……"这一类的语言，避免带有指责、责怪或惩罚的意味，引起对方的"防卫心理"和"反击"。

④ 相互读懂非言语信息

非言语信息可以通过面部表情、身体运动、声音变换和一些自发的生理反应（如出汗、脸红等）进行传播和表达，是沟通中不可取代的方式。以身体为例，点头表示同意，摇头表示反对，低头表示屈服，垂头表示丧气。声音的变化也能表现感情状态，声音的提高表明了对所谈事物的看法（如强调、重视）和情绪（如激动、兴奋等）；音调的降低也许是主观上意识到所谈的内容与对方的看法不一致，或正是说到了使之痛苦忧郁的部分。说话节奏的变快可能表明情绪的激昂与兴奋，而节奏变慢可能说明对方正在进行某种思考，或要说出某事心理上尚有阻力。

⑤ 不要攻击对方的弱点，学会欣赏和感激

爱是彼此珍视，没有人是十全十美的，应该多欣赏对方的优点，少挑剔对方的不足，了解对方、感激对方的所作所为，恰当地表达自己的感激之情，这些都能让夫妻关系升温。

⑥ 增加夫妻间的感情联系，提高性生活质量

夫妻间的理解和包容可以增进彼此间的信任和感情；建立良好的情感沟通机制，

可以有效帮助彼此更好地理解对方的需求和欲望，从而提高夫妻之家的生活质量。夫妻在相处时，应多尊重对方的意见和想法，体会对方的情感好感受，并开放地讨论性生活中的任何问题，共同探讨，积极协作解决。

⑦ 避免语言暴力

说话尖酸刻薄、言辞犀利会严重影响沟通。说话的语气和方式决定了信息是善意的、中性的，还是恶意的。夫妻相处过程中，语言施暴的一方可能从没有意识到，这些话会给被训斥的一方造成多大的伤害。事实上，它常常给自己和他人带来无形的痛苦，越是亲近的人越容易感到痛苦。有意识地使用语言进行沟通，不带批评性地表达自己的感受，避免语言暴力，这样才是对自己的言行负责。

第二节 亲子关系处理

一、亲子关系与家庭教育

亲子关系的概念源于遗传学，是指亲代与子代之间的生物血缘关系。法律上是指父母与子女间权利义务的总和，又称为父母子女关系。亲子关系引申到心理学，指的是父母和子女的交往，是父母与子女之间交换信息、意见、态度和情感，达到相互了解、信任及合作的过程，具有不可替代性、持久性、不可选择性、不平等性、变化性等特点。

（一）亲子关系的发展阶段

亲子关系是人出生后形成的第一个人际关系，是家庭教育实施的个人成长的起点，从婴幼儿时期就开始影响着孩子各方面的发展，比如性格养成、行为模式、人际交往等。亲子关系的发展历程大致分为儿童亲子关系和青少年亲子关系。儿童亲子关系是从早期的亲子依恋发展起来的，它是婴幼儿与父母（早期主要是母亲）之间建立起来的、双方互有的亲密感受以及相互给予温暖和支持的关系。随着青春期的到来，青少年亲子关系会表现为一定程度的疏离，亲子之间的冲突也会增多。这种冲突可能是言语的方式，也可能是非言语的方式，如观念或情绪的对立、沉默、退缩或逃避。在青少年亲子关系阶段，青少年与父母的关系往往是亲和与冲突并存的。

（二）影响亲子关系的因素

影响亲子关系的因素有很多，本文仅从家庭、父母、子女三个方面进行说明。

❤ 家庭

家庭事务、择友选择、参与家庭活动等日常生活事件往往对亲子关系产生直接而重要的影响。从家庭结构和婚姻状况来看，单亲家庭和再婚家庭更容易产生紧张的亲子关系。青少年比儿童更容易接受父母离婚，但是父母再婚对他们来说更难适应，尤其是女孩。另一项研究显示，离异或领养家庭的孩子比同龄人更难沟通，特别是孩子与父亲之间的沟通。

② 父母

父母受教育程度和文化程度对父母教养方式有重要影响。教育程度越高者，对子女的尊重、理解越多，与子女沟通越顺畅；反之，则多表现为专制、溺爱、简单粗暴、强迫、高压、封闭等传统家长制。父母与不同性别子女之间的关系差异较大，而且可能会有不同的转变。一般说来，母女关系具有较高的亲密性和非融洽性，母子关系同样具有高度冲突和高度和谐性，但是很少共同参与活动。而父亲与子女之间的关系则更为平等，但与女儿一起参与活动的机会较少。

③ 子女

总体而言，儿童不同年龄阶段的亲子冲突频率和情感强度不同。两者均出现于儿童青春期，前者在青春期逐渐下降，后者则在青春期初期至中期呈现上升趋势。

· 家庭场景 ·

唐先生和唐太太在婚后第二年生下一子，夫妻感情和睦。2015年，在国家全面开放二孩政策后，夫妻二人便决定再生育一个孩子。备孕两年后，唐太太终于如愿怀孕。唐太太考虑到自己是独生女，而且第一个孩子已经随了丈夫的姓氏，因此想第二个孩子出生后随自己姓。唐太太原本想这不是什么大事，即便公婆不愿意，唐先生也应该能理解自己。可在其提出自己想法后却遭到了丈夫和公婆的强烈反对，夫妻二人因此发生激烈的争执。

子女可以跟随母姓吗？

· 家庭场景—分析 ·

其实，子女可以跟随母姓。

在我国，孩子随父姓是延续了几千年的传统社会制度，但近年来，孩子的姓氏问题却成了很多家庭争论的矛盾所在，这跟国家发展得越来越好，人们的思想观念越来越开放，社会对女性越来越尊重有很大的关系，这是社会进步的一种表现。现实生活中，夫妻因为孩子跟父姓还是跟母姓而反目的事情时有发生，正如本案中的唐先生和唐太太。其实根据我国法律的相关规定，孩子完全可以随其母亲的姓。

（三）家庭教育的性质和重要性

家庭教育属于非正式教育。不同于正规的教育机构，家庭教育的实施者——父母，大多没有接受过专门的教育培训，也没有资格的认定，家长素质参差不齐，教育内容和方式具有很大的随意性。非正规性的家庭教育效果决定了受教育者素质的显著影响。

家庭教育属于终身教育。从出生起，家庭教育就处于日常生活、亲子互动之中，父母潜移默化地影响着孩子，不仅体现在父母的话语上，也体现在父母的行为上。因此，在家庭教育中，身教重于言教，决定了教育中家长素质的重要性。

家庭教育属于私人教育。不同于学校教育，家庭教育是建立在亲子关系和情感基础上的，教育的目的、内容、方法都是由教育者的意志所决定的。在教育子女方面，父母容易感情用事，表现为教育态度、行为方式上的不理性，如溺爱、纵容、简单粗暴等。社会与他人无法直接干预家庭教育，因此，家长素质在家庭教育中的作用就更为突出。

父母在家庭生活和家庭教育中承担着各种任务和职责，既要负责主持家庭事务，又要协调家庭关系，还要抚养、保护、教育家庭中的孩子。从家庭教育的角度来看，家长在其中具有重要作用。

① 父母是子女的第一任老师

孩子出生后，父母自然而然地成为孩子的第一任老师。父母在孩子出生之前，就已经开始影响和教育孩子。

② 父母是子女长期的、全方位的老师

父母是孩子一生的老师，而且是不可替代的。即使是在离异家庭，父母也不能因离婚而放弃教育、抚养子女的义务。作为孩子一生的老师，父母在孩子成长过程中扮演了许多角色，既要照顾孩子的生活，又要担负起孩子德智体美全面发展教育的重任。因此，作为家长，他们的职能是多样化和全面的。

③ 父母是家庭教育的执行者

作为私人教育，家庭教育具有很强的独立性和随意性。家长是教育的主体和执行者，它决定着家庭教育的培养目标、教育内容和教育方式，是家庭教育的主导力量。父母的教育观念和行为直接影响着子女的成长。

④ 父母是子女的行为榜样

父母教育子女是通过言传身教在日常生活中潜移默化地进行的。父母往往是孩子最直接的模仿对象，与孩子的每一次交流都是对孩子的教育，他们的言谈举止无时无刻不在影响着孩子，是儿童社会化过程中最直接的模仿对象。在家庭教育中，言传固然重要，但身教对孩子的影响更大，因为父母的言谈举止不仅是孩子行为的楷模，也与言传效果有关。家庭教育的潜移默化特征决定了家庭教育中言传身教的重要性。

（四）家庭教养方式及影响

家庭教养方式是指父母对子女教养的态度、行为和非言语的表达，是父母在养育子女过程中所形成的一种固定的行为模式和行为取向。美国心理学家鲍姆林德在她的早期研究中，把家长教育模式分为三类：权威型、专制型和放任型。在此基础上，学者对其进行了拓展，将放任型家长的养育模式按照要求性和反应性两个维度进行了进一步的分类，并将其分为权威型、专制型、溺爱型和忽视型。

（1）家庭教养方式在儿童社会化与人格方面的影响。受权威型家庭教育的儿童在社交方面的发展更好，他们兴趣广泛，情绪稳定，能够融入社会；专制型管教模式下的儿童则表现为消极、顺从、缺少自信心、缺少独立；而溺爱型家庭教养的子女，会更加霸道，更加具有侵略性；忽视型家庭教养模式下的儿童会出现冷漠、固执、情感状态不稳定的现象。总体而言，在教育子女方面较为民主、理性的家长，其孩子在社交上的发展更加成熟，他们更加自信、独立、外向、好奇心强。而滥用家长权力的，其孩子的社会化发展就会出现缺陷，更多表现为内向、被动、怀疑和忧郁。

（2）家庭教养方式对子女心理健康的影响。子女的心理健康状况与其父母养育方式有显著的正向关系。父母消极的教育方式会导致儿童产生强迫、敏感、抑郁、焦虑等不良的心理素质。同时，父母对子女的过度保护、干涉、溺爱，也会对子女的心理健康产生不利影响。只有温暖、关爱的教育方法，才能对子女的健康心理状况产生正面影响。

（3）家庭教养方式对子女应对方式的影响。父母的情感温暖与理解有利于子女采取成熟的处理方法，而父母的严厉、过分的干涉、过度的保护和纵容会导致子女的思想不够成熟。

二、提高家长素质的途径

（一）家长素质

家长素质是决定家庭教育质量的重要因素。家长素质可以分为一般素质和特殊素质两种类型。一般素质是指家长自身作为社会成员和国家公民应具备的素质，如文化素质、道德素质、身体素质等。家长的一般素质在日常生活中对子女起到了潜移默化的作用，同时也是家长实施家庭教育必须具备的特殊素质的前提。家长的特殊素质指的是家长教育子女时应具备的素质，包括正确的教育观念、丰富的教育知识、科学的教育方法和一定的教育能力等。合格的父母应该具备这些素质。

❶ 具有很强的教育责任感

抚养和教育子女是父母应尽的法律责任。不仅是法律行为，也是道德要求。父母要意识到，教养子女不仅是父母对子女的责任，也是对国家和社会的责任。每一位父母，都要尽自己最大的努力去承担这个责任，这是一个合格的父母必须完成的事情。

❷ 树立正确的教育观念

家长教育观念是影响家庭教育各个方面的重要因素，它决定着家庭教育的方向和质量。父母的教育观念包括对儿童、教育、父母等方面的认识与看法，主要包括儿童观念、人才观、教育观、亲子观等。

❸ 掌握科学的教育知识

父母的家庭教育内容包括儿童发展、儿童养育等方面的知识。父母所掌握的儿童发展知识为他们教育指导儿童行为提供了参考框架，决定了父母对子女的期望与评价，并影响到父母日常照护与养育子女的决策。父母对子女教育与儿童发展的认识，决定着家庭环境的质量与结构，进而影响到儿童的成长。因此，科学掌握有关儿童成长与养育的知识，对于儿童成长有积极的影响。家长应根据家庭教育实践的需要，有选择地掌握各种有关子女教育的知识。为了正确、全面地了解儿童，科学地进行教育，家长要掌握有关儿童心理、生理、家庭教育等方面的知识，为儿童健康成长提供最有效的支持，使其朝着正确的方向发展。

④ 掌握正确的教养方式

教养方式是父母在养育和教育子女过程中表现出的相对稳定的行为方式。研究发现，父母教养方式是影响儿童成长最直接的因素，尤其是对儿童在自我概念、品德、成就动机、社会性行为等方面的发展有着广泛而深刻的影响。

⑤ 具有教育子女的能力

教育子女的能力是指父母运用教育子女的知识解决和处理家庭教育实践中遇到的各种问题的技能和技巧。在家庭教育中，不同的父母在孩子不同的成长阶段会遇到不同的问题，也没有固定的解决模式。但是，父母应该具备教育孩子的基本能力，包括了解孩子的能力、分析能力和解决问题的能力。

⑥ 品德高尚，心理素质良好

父母是子女的老师和经常直接模仿的对象，以身作则是家庭教育的基本，父母良好的道德品质和心理素质是教育的力量。因此，在根本上，父母必须具备高尚的道德品质和良好的心理素质。

（二）提高家长素质的途径

提升家长的教育水平，政府、社会和各级教育机构要针对家长的多元化需要，采取家长培训、咨询、家访、社区宣传、网络和支持性网络等多种方式，为家长提供家庭教育信息，及时帮助家长解决教育中的问题，为家庭教育提供理论与实践上的指导，提高家庭教育的品质。采用哪一种方法为父母提供帮助，依赖于他们的需求和水平、有效的信息获取途径、现有资源等。

必须指出，外界的支持只是提升家长素质的外在推动因素，而真正提升家长自身素质，则更多依赖于家长是否愿意改变和提高自身素质。家长的自我意识是提升家庭教养的根本。家长培训是一种最主要的提高家长素质的途径。通过讲授、讨论、案例分析等方式，有助于家长改善育儿观念，丰富育儿知识，交流育儿经验，提高教育能力，促进家庭交流。

三、亲子沟通技巧

亲子沟通是指在家庭中，家长与孩子之间进行资料、信息、观点、意见、情感和态度的交流。父母与子女之间的沟通在一定程度上决定着父母与子女之间亲子关系和家庭教育的效果。父母与子女之间的沟通问题是目前家庭教育中最常见的问题。当孩子进入青春期后，与家长之间的矛盾会越来越多，冲突会不断发生，沟通的障碍也会不断增加。亲子关系不良、亲子沟通不畅顺会对个体、家庭及社会造成不良影响，这不仅影响孩子的生长发育和社会进程，还可能导致其成年时期发生适应不良、精神疾病和违法犯罪。面对不同年龄、不同发展水平和特点的孩子，父母的沟通方式虽然差异很大，但沟通的基本要求是所有的家长应该理解和掌握的，这是有效亲子沟通的保证。

（一）亲子沟通的基本要求

1 关爱原则

关爱孩子，做孩子的朋友，多与孩子一起活动，加强双方的感情，促进亲子间的了解。只有经常交流和沟通，父母才能对孩子的内心活动保持关注和敏感，对出现的问题及时采取有效措施，帮助孩子健康成长。对待孩子，父母要学会换位思考，学会从孩子的角度理解问题，用孩子喜欢的方式、孩子理解的语言来交流，只有放下父母的架子，才能真正走进孩子的心里。尊重孩子的人格、观点和感受，将孩子看作有独立人格的个体，亲子交流中切忌辱骂等有损孩子人格和自尊心的行为，要注意孩子的反应，特别是非语言的反应，允许孩子表达不同于父母的想法。

2 双向沟通的原则

学会倾听，实现双向沟通。有效的亲子沟通，首先，要正确处理孩子在家庭和亲子互动中的位置，把孩子视为平等交流的对象。倾听孩子的想法，尊重和接纳孩子的想法。给予孩子平等的发言权，克服居高临下的态度，避免过多的说教、唠叨、责备等不当行为。其次，要注意选择孩子感兴趣的话题，让孩子有话说，激发孩子的积极性，父母要主动创造机会参与话题。当孩子遇到问题时，鼓励他自己想办法，然后提出建议。这样不仅尊重孩子，而且能锻炼他们的独立性。

❸ 适合孩子的原则

孩子的成长具有不同的阶段和不同的个性。不同年龄、不同发展阶段的孩子，其发展程度和关注的焦点也各不相同，所以沟通的方式、内容应与孩子的成长程度相适应。3岁前是儿童口语发展的关键期，要充分了解孩子的理解能力，运用孩子能理解的语言，特别是要多运用身体语言，关注孩子的情感反应。4～12岁是儿童形成基本的信念、价值观和态度的基础时期，此时的孩子通常乐于也易于接受父母的教诲，相对而言是亲子沟通较为顺畅的阶段。亲子沟通中，倾听孩子的想法、尊重孩子的想法，从小形成一种双向交流的模式，有助于今后的沟通和交流。进入青春期后，儿童发展的独立性、依赖性、封闭性、开放性共存，尤其是因为代沟，成年人不能倾听、尊重孩子的不同意见，不能建立起彼此的信任，孩子们更倾向于与同龄人相处，会逐步减少和封闭与父母的交流，导致亲子交流出现问题。所以，在与青少年的交流中，要信任他们，让他们有充分的机会去表达自己的想法，尊重他们的思想和感觉。

（二）亲子沟通的技巧

❶ 把握时机与孩子交谈

父母和孩子谈话的时机是影响谈话效果的一个重要因素。和孩子说话需要选择合适的时机。一般说来，当孩子全神贯注于学习和娱乐时，父母的谈话就成了干扰。在日常生活中，遇到孩子有话要说的时候，例如孩子放学回家，全家人共进晚餐时，或者在成功或遇到困难时，亲子之间可以尝试沟通。当然，每个孩子都有不同的情况，家长们应该努力创造机会和孩子交流。而在现实生活中，父母往往掌握着主动权，不管孩子是否有时间、是否愿意交谈，从而忽视了孩子的感受，导致沟通出现问题。

❷ 选择适当的话题

由于不同的发展水平、不同的生活经历，不仅父母与子女关注的焦点、兴趣话题不同，即使同为成长中的儿童，不同年龄、不同生活环境的儿童所关心的问题、兴趣话题也各不相同。针对中小学生的问卷调查发现，家长所关心的大部分问题都与学习有关，如学习成绩如何、是否听老师的话等。选择合适的话题，意味着父母要多关注孩子的兴趣爱好，从而找到适当的话题。

③ 清楚即将谈话的内容

在有效的沟通中，父母的见解能被孩子接纳，孩子确实能从父母那里得到自己想了解的内容，能从父母那里得到支持，关键在于父母要清楚谈话的内容。很多时候，孩子不愿意与父母交流的原因是：父母不了解有关的内容，也无法给予帮助和支持。父母在人际交往等方面能给孩子一些支持，但对于孩子关注的网络、性之类的话题，或不好意思说，或不知道说什么。因此，要想有效地给孩子提出建议和忠告，必须让孩子形成一种印象，即家长就是所谈话题方面的专家。因此，在提出建议前，必须阅读一些有关的资料，要取得孩子的信任，对所谈的话题，不能不懂装懂，更不能夸大、歪曲事实。坦诚、尊重事实，是沟通的基本态度。

④ 使用适合孩子发展水平的语言

使用适合孩子发展水平的语言意味着与孩子沟通时，要用孩子能够理解的语言和喜欢的沟通方式。可以是聊天，父母在聊天的过程中把要教育的道理融入进去，可以是通过讲故事，让孩子从故事中领悟道理；可以是在游戏过程中沟通，因为孩子在愉快的情绪状态下，比较容易接受父母的教育。另外，与孩子沟通，要用孩子愿意接受的语言和语气，这样孩子就会感受到父母的关心，比较容易接受父母的意见。否则，孩子会觉得你在限制他，于是产生逆反心理。

⑤ 倾听并尊重孩子的意见

研究表明，倾听是了解孩子思想的有效方式之一。倾听不仅仅是态度，更是技巧。父母要学会倾听。反馈式倾听是一种非常有效的方式，尊重孩子的感受，了解他们的想法和感受。

· 家庭场景 ·

2023年2月28日《中国青年报》报道：武汉大学中国乡村治理研究中心夏柱智副教授领衔的课题组将目光聚焦于农村留守儿童。不久前，该课题组对外发布的报告显示，在调研的中部省份中，有九成农村留守儿童长期使用专属手机或者长辈的手机玩耍，其中，近七成孩子用手机看短视频，三分之一用来玩手机游戏。

"在农村，一些中小学留守儿童放假回家后，'盯着手机不离手'成为常态。沉迷手机已经严重影响他们的身心健康，有的孩子为此面临'精神和身体的双重冲击'。"该课题组呼吁，政府应当将通过积极干预、防止严重的手机沉迷作为关心与服务留守儿童工作的重中之重。

·家庭场景—分析·

自家孩子沉迷于手机或平板电脑，这恐怕是当代中国很多家长面临到最为的头疼问题。如何帮助孩子从手机里走出来？

❤ 增加亲子互动

孩子沉迷手机，多半是因为父母自己每天也在玩手机或缺少陪伴而感到失落和寂寞。当父母意识到"完全杜绝孩子玩手机"是不科学的做法，就要想办法增加和孩子的互动，减少孩子玩手机的时间，让孩子暂时"忘记"手机。

❤ 在手机游戏中引导孩子

其实父母给孩子最好的游戏指引就是接纳游戏，接纳孩子的习惯，减少孩子的逆反心理和对抗情绪，从而引导孩子学会控制玩手机的时间。

❤ 约定和尊重

"约定"比起"命令"来说，会让孩子更有参与感，孩子在完成约定时会更有积极性，成功率更高，执行力会更强。当孩子完成了约定，父母都要及时给予肯定和鼓励。最重要的一点，任何时候，我们的家庭教育要想取得真正的成功，都必须建立在无条件爱孩子、尊重孩子和信任孩子的基础上。

第三节 其他家庭关系处理

一、提供兄弟姐妹间关系问题的建议

兄弟姐妹是血缘最为密切的同辈旁系血亲，是家庭关系中的重要组成部分，包括同父同母的兄弟姐妹、同父异母或同母异父的兄弟姐妹、养兄弟姐妹和有实际扶养关系的继兄弟姐妹。在一般情况下，兄弟姐妹都是由父母来抚养，他们之间不产生权利和义务的关系。

兄弟姐妹在家庭中所处的位置、性别、原生家庭关系及他们之间相互支持、照顾、影响、学习和竞争的经历，对他们的性格、行为、人际关系、处事能力等个人气质和素质的形成，都会产生非常重要的影响。

兄弟姐妹间关系出现问题在日常生活中很常见。遇到这种问题时，建议家长要先在对待自己孩子的方式上进行反思。了解孩子希望被关注、希望得到家长无私的爱的需要。具体分析孩子的情况，使家长对自己的行为做出适当的调整，还要对兄弟姐妹之间产生的矛盾有一定的处理能力。兄弟姐妹之间的支持也是一个人成长中不能忽视的力量。

二、提供解决主干家庭问题的建议

中国社会家庭结构一般可以分为：

核心家庭：指由父母及未婚子女组成的家庭。

主干家庭：指由两代或两代以上夫妻组成，每代最多不超过一对夫妻，且中间无断代的家庭，如父母和已婚子女组成的家庭。

联合家庭：指家庭中任何一代含有两对以上夫妻的家庭，如父母和两代或两代以上已婚子女组成的家庭，或是兄弟姐妹婚后不分家的家庭。

夫妻家庭：指只有夫妻两人，无子女或虽有子女现已不在一起生活的家庭。

隔代家庭：指由祖孙两代组成的家庭，子代缺损或不在一起生活的家庭。

单身家庭：指只有一个家庭成员，通常是那些从未结过婚的男人或女人，以及离异未育或离异后无子女同住的家庭。

单亲家庭：指由夫妻中的一方与其未婚子女组成的家庭，一般是指离婚之后又未再婚的家庭，在西方也包括未婚生育形成的单亲家庭。

当前中国的家庭结构是以核心家庭为主，以主干家庭、隔代家庭为辅。但是，由于传统家庭的养老、抚育、资助、情感交流等原因，两代人的共同社会生活需求仍然存在，因此，主干家庭作为家庭结构的一个重要组成部分，其功能是远远不可低估的。

（一）主干家庭容易产生的问题

主干家庭是中国最传统、最常见的一种，具有独特的优势：在某种程度上增强了代际间的联系，促进了情感交流；具有较强的赡养能力和抚养能力；在管理家务、稳定家庭方面，亦显示出其独到的优势。但是，由于他们具有更多的代际阶层，在不同的代际之间，其性格、兴趣、生活习惯、价值观等因素，以及在家庭中扮演家庭角色时，在生理、心理、道德、文化等方面的不同，很容易造成其他家庭结构不会出现的问题。

1 执掌家庭权力的问题

在主干家庭中两对夫妇，两个中心，因此谁来掌管家族的权力就成了一个很大的问题。随着物质生活条件的改善，家庭成员在财务和自我意识上的独立性越来越强，他们之间的平等程度也越来越高，在家庭中的地位也发生了变化。由此，家庭的权力关系发生了变化：一是从长辈向晚辈的转变；二是家族的权力完全或部分地从男性向女性转移。

2 婆媳问题

在家庭中，最难解决的就是婆媳关系，而婆媳之间的矛盾也是最让人头疼的。

婆媳矛盾的产生，主要是因为姻亲而形成"母女"关系，很容易造成心理上的障碍。婆媳本来就是两个家族的人，生活环境、习惯都不一样，生活在一起，不能很好地融入对方。虽然儿媳也称婆婆为"妈"，但是因为没有血缘关系，所以很难融合在一起，一旦发生摩擦、误会、矛盾，就很难坦诚相待，也很难互相包容。也正因为如此，婆媳之间的矛盾，才会变得如此复杂。与传统的代际交往相比，处理好婆媳关系需要双方更多的调整、适应和容忍。

③ 家庭经济问题

婚姻实际上也是一种经济上的结合，而在家庭中，经常发生争吵的其中一个原因就是经济问题。经济纠纷也是导致家庭关系破裂的一个重要因素，尤其是家庭成员众多的大家庭，家庭的日常开销和重大支出都要由家庭中的主要成员共同规划、讨论、承担，否则难免会引起家庭成员的互相猜疑、抱怨不满，从而影响家庭生活的和谐。

④ 赡养问题

在主干家庭中，老人们与子女及孙辈居住在一起，因此不可避免地存在对老人的赡养问题。目前中国的养老模式主要以家庭养老为主，子女们因承受着巨大的工作和生活压力，有意无意地忽视了对老人的赡养与关怀，出现歧视甚至虐待老人的情况。

⑤ 文化与观念差异导致的问题

在由几代人组成的家庭中，由于生理和心理状况、社会角色、生活经历的不同，在生活方式和思想观念方面会存在很大的差异，例如祖辈和父辈对孙辈的教育观念和方法的差异；生活、消费价值观的差异；兴趣爱好的差异；等等。

（二）解决主干家庭问题的建议

在解决主干家庭矛盾问题时，首先需要对矛盾问题的事实部分有比较清晰的了解，这是解决矛盾的基础。了解矛盾问题时不要只听其中一方的叙述，最好收集到第二方、第三方以及周边亲朋和邻居的描述。其次，解决矛盾要能迅速从大量纷繁复杂的资料里剥离出产生矛盾的焦点问题并给出恰当的解决方案。再次，许多家庭矛盾是日积月累慢慢形成的，不要纠缠于具体的小事件，要学会透过现象看问题的本质。最后，任何家庭问题的产生都不是单纯其中一方的问题，双方都应承担责任，解决问题时不要只责怪其中一方。

三、提供处理婆媳、翁婿关系的建议

男女结婚以后，配偶一方与另一方的亲属之间产生了姻亲关系，如公婆、岳父母、儿媳、女婿、妯娌、连襟等。上下辈的姻亲关系由于生活环境不同、教育方式不一样、经济条件存在差异等因素，共同生活的过程中，很容易产生矛盾。在所有的姻亲关系中，最容易出现问题的，当属婆媳矛盾。婆媳关系很难处理，但其实翁婿关系也同样重要，不容小觑。"老丈人看女婿，越看越不顺眼"，这句话从来都不是空穴来风。

（一）婆媳、翁婿问题产生的普遍原因

随着时代的变化，受教育程度的提高，婆媳之间的交往方式也在不断地变化。在经济上，夫妻双方都有较大的独立性，儿媳的受教育水平也越来越高，从而在家庭生活中较少从事家务劳动。但即便是这样，婆媳之间的矛盾依然十分普遍，因为经济纠纷、家庭琐事，导致婆媳关系恶化，乃至家庭惨剧屡见不鲜。

婆媳矛盾具有普遍性，表现在不是某一部分人或家庭才有的现象，而是普遍存在的现象，各种琐事都可能触发婆媳矛盾，如日常生活习惯、教育子女、为人处世等都会产生分歧，引起矛盾。婆媳矛盾具有持久性，婆婆作为这个家庭里资深的女主人，拥有相当高的主导地位，在她的观念里，儿子、儿媳都是自己的孩子，在孩子没有分开家单独过日子之前，甚至就算不在一起生活了，她依然可以行使着绝对的支配权，常常会以家长的姿态去要求儿子和媳妇。而在儿媳看来，这种要求就是对自己的一种束缚，不把自己当成一家人。传统的伦理结构和居住模式，导致了婆媳矛盾长期存在。婆媳矛盾具有难以调和性，婆媳二人本来毫无血缘关系，却因为一个非常重要的男人而产生密切的联系，其中夹杂着亲情、爱情、伦理道德等复杂关系，从而导致在诸多问题上可能产生分歧，引起矛盾。

婆媳关系难相处，翁婿关系也不容小觑，同样是困扰当代家庭的一个难题翁婿原本就生活在各自的家庭，有着不同的生活习惯，同时又拥有男性生理特征所决定的各自不同的脾气性情、思维方式、价值观念，要是生活在一起，难免会有不一致的地方，会发生矛盾。加之，岳父会因女儿的出嫁，对自己少了依恋和依恋而心生失落，从而对女婿多少会存在嫉妒的心理，要是女儿婚后再受点委屈，更是会抱怨女婿，因此翁婿关系也就变得更紧张。

① 两代人的价值观差异是矛盾的根本原因

由于婆媳是两代人，存在年龄差距，成长环境、接受的教育、家庭环境、兴趣爱好、待人处事也各不一样，价值观自然也存在着差异。这些差异是导致婆媳矛盾的根本原因，使得婆媳在相处过程中矛盾重重。

② 没有血缘关系难以彼此真正包容

婆媳关系是一种特殊的家庭关系。这一特定的关系并非婚姻或血亲的关系，而是由上述两种关系作为媒介形成的一种特殊的关系。这类人际关系一不具备亲子关系的稳定性，二不具备婚姻关系的密切性，而是通过子女与配偶关系的延续而形成的。以往素不相识的两个女人在一起，一旦有了冲突，就很难容忍彼此，经常会把冲突升级为矛盾。

③ 争夺情感上的胜利

婆媳之所以有矛盾，往往都是围绕着同一个人，那就是婆婆的儿子、媳妇的老公。如果没有这个男人，两个女人也无法成为婆媳，自然就没有机会产生矛盾。在一定程度上，儿子（丈夫）的处理方式以及态度，对于婆媳矛盾的影响是非常大的。

（二）婆媳、翁婿关系处理的技巧

·家庭场景·

眼看着唐先生和唐太太的第二胎就要出生了。唐老先生和唐老太太表示由于自己年纪逐年增长，体能和精力也跟不上了，实在是有心无力，无法照料儿媳坐月子和帮忙照看孩子。于是便送给了儿媳2根4斤重的金条，以作为补偿和慰问。唐太太收到金条后，高兴得不得了，也就不在乎、不计较婆婆唐老太太不能照顾她坐月子的事了。其实婆婆唐老太太送金条的潜台词是：伺候儿媳妇很费心思，伺候不好还可能得罪人，破坏婆媳关系，宁愿多给点钱，省得麻烦，也避免了矛盾冲突，儿媳也开心了。

·家庭场景—分析·

最好的婆媳关系，不必亲如母女。婆婆不是亲妈，是因为丈夫才认识的一个陌生人，所以不能对她抱有很高的期望值，那就不会失望不会有怨言。同样的道理，媳妇不是亲女儿，是因为儿子才认识的一个陌生人，所以不能对她抱有很高的期望值，更不能跟她像亲女儿一样不见外，那就不会失望，不会有怨言。

如果说夫妻的关系，就像世界上弹性最好的橡皮筋，看起来可以拉得开，但又亲密得拉不断；那最好的婆媳关系，就应该反过来，虽然不可能拉断，但是一定要拉开。

❶ 改变惯性思维，淡化非血缘关系

将婆媳关系当作母女关系来看待，本身就是一个错误的认识。婆媳关系是一种特殊的关系，没有血缘关系，也没有感情上的纽带。她们之间的关系更多像是一种同事的关系，在一起合作，为家庭的稳定和幸福做出自己的贡献。将婆媳关系定位为合作关系，首先是两人是平等的，彼此都要尊重对方，有共同的目标；其次她们要学会注意到彼此的性格和处事方式，有利于进一步了解对方。如果能很好地配合，就能培养出深厚的友谊和家庭感情。

❷ 多交流一些共同关心的话题

大多数的矛盾源于差异，而婆媳则是因为代际价值观、生活方式和理念的不同。而要使这些差异不会持久成为婆媳关系矛盾的起因，双方就需要建立良好的沟通模式。有研究表明，婆媳冲突大致分为内隐和外显两种，内隐冲突的婆媳往往是表面上平静，而实际上是缺少沟通，双方心里一般会有遗憾和不满。而外显冲突的婆媳虽然在前期可能会出现争吵和不满，但是这个过程也在一定程度上使得双方有了更多了解，加深了情感联系。

事实上，婆媳之间的矛盾，也是她们最关心的问题，比如经济分配、家庭事务、家庭健康、子女的养育和教育，都需要就现实问题进行讨论和交流，并制定出双方都能接受的原则和方式。当然，如果婆媳之间的共同兴趣和生活方式是相似或接近的，那么就可以加速双方的合作，促进彼此之间的关系。

❸ 婆媳都要理解和尊重对方

婆媳双方要妥善处理彼此之间的关系，要承认对方有独立的人格和经济地位，双方之间的关系是一种平等的人际关系，而不是一种一方必须依从于另一方的支配与被支配的关系。双方要相互配合，彼此尊重。婆媳长年生活在一起，难免会发生一些不和谐的事情，这时就更需要双方相互谅解。所谓"谅解"，就是站在对方的立场考虑问题。

4 尽可能事先将家庭经济原则化，防止纠纷

家事管理是每一个家庭的必修课程，而家庭经济开支又是其中一个很重要的部分，因此，婆媳之间在这方面的争论和冲突是不可避免的。所以，在家庭经济问题上，婆媳双方要事先达成一致，协商的内容和结果要符合婆媳的意愿，要清楚地说明赡养老人、教育抚养子女、家庭基本开支等方面的原则和责任。双方及家庭成员都要遵守约定，以免造成家庭纠纷。

相对于复杂的婆媳关系，翁婿关系的处理就显得相对简单一些。首先要处理好双方的地位，翁婿关系也是一种特殊的关系，没有血缘关系，双方都要尽到自己的责任，彼此尊重，岳父要对女婿严加管教，要照顾好女婿，同时也要注意尊重女婿的意见，不能任何事情大包大揽，引起女婿的不满。在女儿与女婿之间发生争执时，老丈人不能偏袒自己的女儿，要尽可能地做到公平、中立，这样问题才能得到圆满的解决。女婿也要充分尊重老丈人的意见和人生阅历，说话要委婉，不可傲慢。

09

第九章

婚姻的终止

思政目标

通过介绍我国离婚制度中的子女抚养和财产分割制度，
让学生理解这是社会主义法治建设和精神文明建设
在婚姻家庭领域的重要体现。

案 例

李某（男）与张某于2020年5月相识，2020年8月登记结婚，2021年3月张某生育一女。李某对女儿李小某的血缘产生怀疑。2021年8月李某偷偷蘸取李小某的唾液进行亲子鉴定，DNA检测报告书显示：李某非李小某的生物学父亲。张某面对鉴定结果无法反驳，李某十分愤怒并提出离婚，但张某认为自己仍在哺乳期内，李某没有权利提出离婚，李某误信张某言论，选择忍气吞声。在李小某满1岁后，李某起诉离婚且请求获得离婚损害赔偿。

问 题

李某在发现自己并非李小某的生物学父亲时，是否可以离婚？

第一节 婚姻终止概述

一、婚姻终止的概念

婚姻终止，是指合法有效的婚姻关系因发生一定的法律事实而归于消灭。其含义包括以下三个方面：

（1）婚姻终止有严格的法律界定。婚姻终止特指合法有效的婚姻关系的消灭。只有合法有效的婚姻关系存在，才会有婚姻终止的法律后果发生。凡是不存在婚姻关系，无效的婚姻关系，无所谓婚姻关系的终止，其只能通过一定的法定程序被宣告婚姻关系不成立或婚姻无效，或被撤销。

（2）婚姻的终止须基于一定的法律事实。引起婚姻终止的法律事实有两种：一是婚姻当事人一方死亡（包括自然死亡以及宣告死亡）；二是婚姻当事人离婚。不同的法律事实导致婚姻的终止，则会产生不同的法律后果。

（3）婚姻终止将产生一系列的法律后果。婚姻终止不仅在婚姻关系当事人之间引起人身关系、财产关系的变化，如再婚权的取得、共同财产的分割、扶养义务的解除等，而且也会引起婚姻关系当事人与第三人之间的权利、义务的变更和消灭。

（二）婚姻终止的原因

婚姻终止只能因两种法律事实为发生原因：

1 婚姻因配偶死亡而终止

配偶自然死亡，婚姻关系的主体一方已不复存在，婚姻关系即自然终止，法律对此无须作明文规定。但有的国家的民法，如法国民法典第227条、比利时民法典婚姻篇第227条就明文规定，婚姻因夫妻一方死亡而终止。

配偶一方被宣告死亡，其与自然死亡发生同等的法律效力。根据《民法典》第

51条的规定，被宣告死亡的人的婚姻关系，自死亡宣告之日起消除。死亡宣告被撤销的，婚姻关系自撤销死亡宣告之日起自行恢复。但是，其配偶再婚或者向婚姻登记机关书面声明不愿意恢复的除外。

由于死亡宣告是一种法律推定，这种推定会有两种情况：一种情况是法律推定正确，被宣告死亡的人确实死亡；另一种情况是推定不正确，即被宣告死亡的人并未真的死亡而又重新出现或确知其没有死亡，经本人或利害关系人申请，由人民法院撤销原宣告死亡的判决。原则上死亡宣告被撤销的，婚姻关系可以自行恢复。但有两个例外情况：第一，被宣告死亡人的配偶已与他人登记结婚的，其婚姻关系具有法律效力。如被宣告死亡人重新出现，他们原来的婚姻关系不能自行恢复。即使其配偶再婚后又离婚或者再婚配偶又死亡的，他们的婚姻关系也不能自行恢复。第二，被宣告死亡人的配偶向婚姻登记机关书面声明不愿意恢复的，其婚姻关系也不能自行恢复。

另外，配偶一方被宣告失踪，只能通过判决离婚而终止婚姻关系。被宣告失踪人与配偶并不因失踪宣告而终止婚姻关系，宣告失踪期间双方均不得再婚。如果宣告失踪之后，又被宣告死亡，则其婚姻关系自宣告死亡之日终止。

❷ 婚姻因离婚而终止

《民法典》婚姻家庭编第四章以专章的形式规定了"离婚"的相关内容。

二、离婚的概念和法律特征

（一）离婚的概念

离婚，是指夫妻双方依照法律规定的条件和程序解除婚姻关系的民事法律行为。

（二）离婚的法律特征

离婚具有以下法律特征：

（1）离婚主体的限定性。离婚是夫妻双方的行为，必须由夫妻双方亲自进行。它包含着两个基本点：一是离婚的当事人必须是具有合法夫妻身份的男女双方，不具有婚姻关系的男女之间不存在离婚问题。离婚只能是对合法有效的婚姻关系的解除，对于未办理结婚登记即以夫妻名义同居生活的，其婚姻关系无效，不受法律保护。二是离婚行为必须由离婚当事人亲自进行，其他任何人不能代为行使离婚权利。

（2）离婚条件的法定性。离婚虽是以解除夫妻关系为目的的行为，但往往会涉及财产的分割和子女的抚养等诸多问题。因此，各国法律在规制离婚行为时，都不采取放任的态度，无一例外地为其规定了明确的法定条件。对不符合离婚条件的离婚申请，离婚的管辖机关都不会准予离婚。

（3）离婚行为的要式性。离婚行为是一种法律行为，必须遵守法律规定的程序和方式，否则就不发生解除婚姻关系的效力。离婚行为的要式性主要表现在：离婚的管辖机关是专门机关，离婚行为属于专门管辖行为；离婚的提起也要遵守法律规定的方式、步骤和程序，当事人不能随意进行；离婚的管辖机关在裁决是否准予离婚时也须遵守法律规定的条件和程序。

（4）离婚后果的非单一性。离婚不仅使夫妻间特定的身份关系得以解除，而且还要对夫妻在共同生活期间所形成的财产关系，以及对子女的抚养、教育等问题作出妥善处理。因此，离婚在法律上的后果具有非单一性的特点。如果婚姻关系当事人在申请离婚时，只要求解除夫妻身份关系而保留夫妻共同财产关系，离婚管辖机关一般是不予准许的。

（三）离婚的法律分类

根据当代各国立法惯例来看，离婚可以分为以下几种：

（1）按照配偶双方对离婚所持的态度，可分为双方自愿离婚和一方要求离婚。

（2）按照处理离婚问题的法定程序，可分为依行政程序离婚和依诉讼程序离婚。

（3）按照解除婚姻关系的方式，可分为协议离婚和判决离婚。

三、离婚、婚姻无效、婚姻撤销之间的区别

（一）离婚与婚姻无效、婚姻撤销的区别

离婚与婚姻无效是有严格区别的，其主要区别在于：

第一，二者性质不同。离婚所要解除的是合法有效的婚姻。而婚姻无效是因欠缺婚姻成立的法定条件而不具有婚姻的法律效力，即婚姻具有非法性。

第二，二者原因不同。离婚的原因多发生于婚姻成立之后，如婚后感情不好、性

格不合等。而婚姻无效的原因存在于婚姻成立之时，如未达到婚龄的早婚、存在禁止结婚疾病的婚姻、重婚等，这些事实在婚前就已经存在。

第三，二者的请求权主体不同。离婚只能由婚姻当事人提出，即配偶双方或一方提出，他人无权代为提出。而请求婚姻无效，既可由婚姻当事人提出，也可由其他利害关系人提出。根据《婚姻家庭编的解释（一）》第9条规定："有权依据民法典第一千零五十一条规定向人民法院就已办理结婚登记的婚姻请求确认婚姻无效的主体，包括婚姻当事人及利害关系人。其中，利害关系人包括：（一）以重婚为由的，为当事人的近亲属及基层组织；（二）以未到法定婚龄为由的，为未到法定婚龄者的近亲属；（三）以有禁止结婚的亲属关系为由的，为当事人的近亲属。"

第四，二者的效力不同。离婚自婚姻关系解除之日起生效，也就是说，离婚只对未来生效，不溯及既往；而婚姻无效宣告则具有溯及既往的效力，该婚姻自始无效。

第五，二者提出的时间不同。离婚只能发生在配偶双方生存期间，当事人一方死亡以后，不得再进行离婚。婚姻无效既可发生于配偶双方生存期间，也可发生在配偶一方死亡以后，即在当事人死亡后仍可宣告其生前婚姻关系无效。

（二）离婚与婚姻撤销的区别

离婚与婚姻撤销的区别主要表现在：

第一，二者性质不同。离婚是对合法婚姻关系的解除，而撤销婚姻则是对有瑕疵的婚姻关系的纠正和制裁。

第二，二者的请求权主体不同。离婚可以由婚姻关系双方当事人提出，而依照《民法典》第1052条、第1053条的规定，撤销婚姻的请求权仅限于受胁迫的一方、不如实告知重大疾病的另一方。

第三，离婚的提出在婚姻关系存续期间内都可以行使，而撤销婚姻的请求，一般都有时效的限制。依《民法典》的规定，受胁迫的一方请求撤销婚姻的，应自胁迫行为终止之日起一年内提出。被非法限制人身自由的当事人请求撤销婚姻的，应当自恢复人身自由之日起一年内提出。不如实告知重大疾病的另一方请求撤销婚姻的，应当自知道或者应当知道撤销事由之日起一年内提出。

第二节　协议离婚

一、协议离婚的条件和程序

（一）协议离婚概述

1 协议离婚的概念

协议离婚亦称两愿离婚或登记离婚，在我国《民法典》中称为双方自愿离婚，是指夫妻双方达成解除夫妻关系以及处理相关问题的合意，并按照特定程序予以认可的离婚方式。《民法典》第1076条规定："夫妻双方自愿离婚的，应当签订书面离婚协议，并亲自到婚姻登记机关申请离婚登记。离婚协议应当载明双方自愿离婚的意思表示和对子女抚养、财产以及债务处理等事项协商一致的意见。"

2 协议离婚的特点

第一，协议离婚的主体是具有合法婚姻关系的夫妻双方。协议离婚是一种离婚的方式，因此，只有夫妻双方才能为之。无效婚姻的当事人、不是合法配偶的同居者不能成为协议离婚的主体。

第二，协议离婚的当事人须具有完全的民事行为能力。协议离婚的基础是当事人之间的离婚协议，该协议是对离婚及其后果的综合处理，关系重大。因此，协议离婚的当事人必须具有完全的民事行为能力。无民事行为能力和限制民事行为能力的人的婚姻关系，不能通过协议解除。

第三，协议离婚在性质上是要式法律行为。夫妻双方就离婚问题达成的协议，非经专门机关依一定程序认可，不产生法律效力。即《民法典》中的协议离婚，都不是自行离婚。

第四，协议离婚的实质要件是夫妻双方对离婚所涉及的一切问题均形成合意。一切基于婚姻关系当事人双方对离婚问题的合意而成立的离婚都属于协议离婚。只要具备合意的基础，无论认可程序的不同，管辖机关的不同，还是达成合意的时间、方式的不同，都不影响该项离婚的协议离婚性质。如果缺乏夫妻双方对离婚问题的合意，则不构成协议离婚。

（二）协议离婚的条件

协议离婚，是指婚姻关系因双方当事人的合意而解除的离婚方式。根据《民法典》《婚姻登记条例》的规定，协议离婚应具备以下条件：

1 双方当事人具有合法的婚姻关系

男女双方具有合法的婚姻关系，且不属于事实婚姻的范围。只有办理过婚姻登记的当事人，才能通过行政登记程序办理登记离婚。

2 双方当事人自愿

双方当事人自愿，是指夫妻双方在没有任何强迫或干涉的条件下完全出自本人意愿的同意。夫妻双方关于离婚的意思表示，必须是自愿、真实的，不允许一方以恐吓、胁迫、欺诈或乘人之危等方式使对方在违背其真实意愿的情况下同意离婚，也不允许第三者强迫。现实生活中，有的是由于双方一时气愤或感情冲动而协议离婚的，有的是一方欺诈、哄骗另一方同意离婚的，有的是家长或第三者胁迫一方同意离婚的，有的是双方为了各自的目的或共同的目的而恶意串通离婚的，这些情形都不符合自愿离婚的要求。

3 双方当事人须是有完全民事行为能力的人

离婚是重要的民事法律行为，只有在双方当事人具有完全的民事行为能力时，才能进行登记离婚。《婚姻登记条例》第12条第1款第2项规定，办理离婚登记的当事人属于无民事行为能力人或者限制民事行为能力人的，婚姻登记机关不予受理。

4 双方必须对子女问题和财产问题已有适当处理

《民法典》1076条第2款以及《婚姻登记条例》第13条规定，离婚协议应当载明双方自愿离婚的意思表示和对子女抚养、财产以及债务处理等事项协商一致的意见。

所谓子女问题的适当处理，是指夫妻双方对未成年子女随何方生活，不随子女共同生活的一方给付抚育费的数额、给付期限、给付方式，不随子女共同生活的一方对子女行使探望权的方式、时间等方面作出的有利于子女健康成长的安排。如果双方同意离婚，但对子女问题争执不下，则不能申请离婚登记，只能诉请人民法院解决。

所谓财产问题的适当处理，是指夫妻双方对夫妻共同财产的分割、共同债务的清偿及对住房的分配、一方生活确有困难的另一方应给予适当经济帮助等问题的处理，符合男女平等原则和有利于保护妇女、儿童和老人合法权益的原则。

需要注意的是，《婚姻家庭编的解释（一）》第69条第1款规定："当事人达成的以协议离婚或者到人民法院调解离婚为条件的财产以及债务处理协议，如果双方离婚未成，一方在离婚诉讼中反悔的，人民法院应当认定该财产以及债务处理协议没有生效，并根据实际情况依照民法典第一千零八十七条和第一千零八十九条的规定判决。"对于当事人之间达成的财产及债务处理协议，将离婚作为条件后，如果双方离婚未成，一方在离婚诉讼中反悔，则财产及债务处理协议并未生效，则最终的处理按照法律规定。因此如需要在协议中约定特殊或有偏向的条款，应当注意是否将离婚作为条件，否则法律后果天差地别。

（三）协议离婚的程序

根据《民法典》1076条第1款规定："夫妻双方自愿离婚的，应当签订书面离婚协议，并亲自到婚姻登记机关申请离婚登记。"

1 办理离婚登记的机关

根据《婚姻登记条例》第10条的规定，内地居民自愿离婚的，男女双方应当共同到一方当事人常住户口所在地的婚姻登记机关办理离婚登记。办理离婚登记的机关，在城市是街道办事处或者市辖区、不设区的人民政府的民政部门，在农村是乡、民族乡、镇的人民政府。除上述机关外，任何单位、组织、部门均无权受理离婚登记。

2 办理离婚登记的程序

协议离婚必须履行相关的登记手续，根据《婚姻登记条例》《民政部关于贯彻落实〈中华人民共和国民法典〉中有关婚姻登记规定的通知》（民发〔2020〕116号）等的相关规定，协议离婚登记包括以下步骤。

（1）申请。夫妻双方申请离婚登记时，必须双方当事人同时亲自到一方当事人常住户口所在地的婚姻登记机关申请离婚登记。申请离婚既不能由他人代办，也不能双方分开各自在不同时间提出。只有一方当事人到场或者双方请人代替均不允许，否则，婚姻登记机关不予受理。双方当事人申请协议离婚时，应持下列证件和证明：本人的户口簿、身份证、本人的结婚证、双方当事人共同签署的离婚协议书。离婚协议书应当载明双方当事人自愿离婚的意思表示以及子女抚养、财产及债务的处理等事项协商一致的意见。

（2）受理。婚姻登记员对当事人提交的证件和证明材料初审无误后，发给"离婚登记申请受理回执单"。不符合离婚登记申请条件的，不予受理。当事人要求出具"不予受理离婚登记申请告知书"的，应当出具。

申请办理离婚登记的当事人有一本结婚证丢失的，当事人应当书面声明遗失，婚姻登记员可以根据另一本结婚证受理离婚登记申请；申请办理离婚登记的当事人两本结婚证都丢失的，当事人应当书面声明结婚证遗失并提供加盖查档专用章的结婚登记档案复印件，婚姻登记员可根据当事人提供的上述材料受理离婚登记申请。

（3）冷静期。《民法典》新确立了离婚冷静期制度，第1077条规定："自婚姻登记机关收到离婚登记申请之日起三十日内，任何一方不愿意离婚的，可以向婚姻登记机关撤回离婚登记申请。前款规定期限届满后三十日内，双方应当亲自到婚姻登记机关申请发给离婚证；未申请的，视为撤回离婚登记申请。"

自婚姻登记机关收到离婚登记申请并向当事人发放"离婚登记申请受理回执单"之日起三十日内，任何一方不愿意离婚的，可以持本人有效身份证件和"离婚登记申请受理回执单"（遗失的可不提供，但需书面说明情况），向受理离婚登记申请的婚姻登记机关撤回离婚登记申请，并亲自填写"撤回离婚登记申请书"。经婚姻登记机关核实无误后，发给"撤回离婚登记申请确认单"，并将"离婚登记申请书""撤回离婚登记申请书"与"撤回离婚登记申请确认单（存根联）"一并存档。

自离婚冷静期届满后三十日内，双方未共同到婚姻登记机关申请发给离婚证的，视为撤回离婚登记申请。

（4）审查。自离婚冷静期届满后三十日内（期间届满的最后一日是节假日的，以节假日后的第一日为期限届满的日期），双方当事人应当持相关证件和材料，共同到婚姻登记机关申请发给离婚证。婚姻登记机关按规定的程序和条件执行和审查。婚姻登记机关对不符合离婚登记条件的，不予办理。当事人要求出具"不予办理离婚登记告知书"的，应当出具。婚姻登记机关的审查包括形式审查和实质审查两个方面。形式审查，是指审查夫妻应该携带的证件是否齐备。如果齐备，应该进行实质审查；如果不齐备，则通知当事人补齐。《婚姻登记条例》第12条明确规定，办理离婚登记的当事人有下列情形之一的，婚姻登记机关不予受理：未达成离婚协议的；属于无民事行为能力人或者限制民事行为能力人的；其结婚登记不是在中国内地办理的。

实质审查，是指审查夫妻是否自愿离婚并对子女和财产问题已有适当处理。审查的过程也是对当事人进行调解和说服教育的过程。首先，要教育当事人双方慎重对待和考虑离婚问题。根据具体情况做细致深入的思想工作，尽可能挽救那些感情尚未完全破裂的婚姻，促成双方和好。其次，要审查夫妻双方是否自愿离婚，有无欺诈、胁迫、弄虚作假等违法情形。如果查明双方有非自愿离婚的情况，应该针对当事人的具体情况作出妥善处理。最后，要查明双方对子女和财产问题是否作出适当处理。如果双方同意离婚但对子女和财产安排不够合理，应帮助他们作必要调整。婚姻登记机关如发现离婚当事人有违反《民法典》的行为，应给予批评教育或不准予离婚登记，触犯刑法的要交由司法机关依法查处。

（5）登记（发证）。婚姻登记机关经过审查后，对符合《民法典》和《婚姻登记条例》的离婚申请，应予登记，发给离婚证。《民法典》第1078条规定："婚姻登记机关查明双方确实是自愿离婚，并已经对子女抚养、财产以及债务处理等事项协商一致的，予以登记，发给离婚证。"《婚姻登记条例》第13条规定："婚姻登记机关应当对离婚登记当事人出具的证件、证明材料进行审查并询问相关情况。对当事人确属自愿离婚，并已对子女抚养、财产、债务等问题达成一致处理意见的，应当当场予以登记，发给离婚证。"

对不符合《民法典》和《婚姻登记条例》规定的离婚申请，婚姻登记机关不予登记。婚姻登记机关对当事人的婚姻登记申请不予登记的，应当以书面形式说明不予登记的理由。

二、关于协议离婚中的几个具体问题

（一）离婚登记后，一方反悔要求人民法院重新处理的问题

男女双方经婚姻登记机关办理离婚登记，取得离婚证后，婚姻关系即告终止，

一般不允许当事人反悔。如果当事人一方反悔，向人民法院提起诉讼的，应如何处理呢？《婚姻家庭编的解释（一）》第70条规定："夫妻双方协议离婚后就财产分割问题反悔，请求撤销财产分割协议的，人民法院应当受理。人民法院审理后，未发现订立财产分割协议时存在欺诈、胁迫等情形的，应当依法驳回当事人的诉讼请求。"

（二）关于假离婚的问题

假离婚问题在《民法典》和《婚姻家庭编的解释（一）》中均未作规定。所谓假离婚，是指婚姻当事人双方为了共同或各自的目的，约定暂时离婚，待目的达到后再行复婚的离婚行为。假离婚具有以下特征：（1）假离婚中的预谋都是夫妻共同策划而定，主体是双方当事人，有共同的过错。（2）当事人双方离异时，夫妻感情正常或未完全破裂，离婚并非双方的真实意愿，而是双方虚假的意思表示。（3）双方通过暂时离婚是为了实现其他目的，离婚只是一种借用的手段。现实生活中假离婚往往为了达到这样一些目的，如为了夫妻能两边分房或买房；为了逃避债务；等等。除此以外，还有一些为了政治上、经济上和生活上的个人目的而不得不走离婚之路。（4）假离婚具有暂时性，一般不是永久性解除夫妻关系。双方在形式上履行了离婚手续，但实质"貌离神合"，来往密切，一旦目的达到或条件成熟，随时准备复婚。（5）假离婚的结果具有不稳定性。大多数情况下，假离婚的目的实现，双方可按期复婚；但也有部分当事人假离婚后，一方变卦弄假成真，置原来的约定于不顾，不愿复婚或已与他人再婚，于是，当事人双方发生矛盾引起纠纷。

对于假离婚，在原则上，应认定其产生离婚的法律效力。因为虽说是假离婚，一般也需要通过婚姻登记机关办理离婚手续，而登记离婚最显著的法律特征和要求是双方自愿，并在自愿基础上对子女和财产问题作出适当处理。而假离婚的当事人正是以双方自愿为前提条件，相互之间没有欺骗行为，据此形成的离婚协议符合双方的意思，应该具有法律效力。如果一方反悔并要求复婚，另一方不愿复婚或已与他人再婚，应请求婚姻登记机关处理。婚姻登记机关可对其进行和好的调解，在双方自愿恢复夫妻关系的情况下，办理复婚登记；如果调解和好不成，应作出确认离婚登记有效的决定，维护法律和婚姻登记的权威。

（三）关于被监禁的犯人协议离婚的问题

被监禁的犯人能否通过选择协议离婚的方式终结与其配偶的婚姻关系，我国《婚姻登记条例》未作禁止性规定。也就是说，法律并没有剥夺被监禁的犯人对协议离婚的选择权。但是在实际操作程序上却有障碍，因为《婚姻登记条例》明确规定，当事人离婚，必须双方亲自到一方户口所在地的婚姻登记机关申请离婚。由于被监禁的犯人人身自由受到严格限制，无法亲自到婚姻登记机关办理离婚登记手续，应如何解决这一问题呢？编者认为，对被监禁的已决犯协议离婚问题，可以参照最高人民法院1985年12月31日下发的《对我国留学生夫妻双方要求离婚如何办理离婚手续的通知》规定的精神执行：已决犯与其配偶双方对离婚问题、子女抚养问题和财产处理问题没有争议，可以委托亲友或律师作为代理人代为办理，并向婚姻登记机关提交书面意见，在该登记机关办理。接受的委托书和意见书可由公证机关公证，并经狱政管理部门审核后出具证明。婚姻登记机关对申请进行审查后，认为符合《婚姻登记条例》规定的法定条件的，予以登记，发给离婚证，注销结婚证。对于不符合登记条件的，不予登记并以书面形式说明不予登记的理由。另外，虽然目前协议离婚对被监禁的犯人而言存在现实障碍，随着现代技术的发展，婚姻登记机关可通过人脸识别认证、电子签名、远程视频会见等技术进行便捷处理。

（四）对当事人复婚的处理

根据《民法典》第1083条规定："离婚后，男女双方自愿恢复婚姻关系的，应当到婚姻登记机关重新进行结婚登记。"即双方当事人不能自行恢复婚姻关系。复婚登记依照《婚姻登记条例》关于结婚登记的规定。

第三节 诉讼离婚

一、诉讼离婚制度概述

（一）诉讼离婚的概念与特征

诉讼离婚，又称判决离婚，是指夫妻一方向人民法院提出离婚之诉，由人民法院审理后判决的一种离婚制度。诉讼离婚是一种通行的离婚方式，为世界上各个许可离婚的国家普遍采用。诉讼离婚具有以下特点：

（1）诉讼离婚须由当事人一方提出离婚请求，其他任何第三人都不得以诉讼当事人身份提出离婚诉讼，而只能作为诉讼代理人，代理夫妻一方参加诉讼活动。而且，根据《民事诉讼法》第65条的规定："离婚案件有诉讼代理人的，本人除不能表达意思的以外，仍应出庭；确因特殊情况无法出庭的，必须向人民法院提交书面意见。"

（2）诉讼离婚限于一方要求离婚，另一方不同意离婚或是双方同意离婚，但对子女抚养或对财产分割、家庭债务清偿等问题未能达成协议，或对经济帮助存在争议。在这些争议中，有的是单一一项有争议，有的是同时几项有争议，需要人民法院调解或判决解决。其中，是否解除婚姻关系是先决条件，只有在此前提下才能处理其他问题，所以统称为诉讼离婚。

（3）诉讼离婚须由人民法院受理和管辖。《民事诉讼法》对离婚诉讼的地域管辖和级别管辖分别作了明确规定。

（二）诉讼离婚的不同立法例

在外国法中，诉讼离婚有不同的立法例：

（1）从立法原则来看，可分为有责主义、无责主义和破裂主义。有责主义又称为过错主义，是指夫妻一方得以他方有违背婚姻义务或其他足以导致婚姻解体的过错为由而诉请离婚。无责主义又称目的主义，是指夫妻一方得以婚姻共同生活中发生违背婚姻目的的事实为由（如精神病久治不愈、婚后出现无法治愈的性无能、失踪达一定期限等）而诉请离婚。破裂主义，是指夫妻一方或双方得以婚姻关系破裂，夫妻不能共同生活且无须继续维持为由诉请离婚。

（2）从离婚理由的表现形式来看，有列举式、概括式和例示式的区别。列举式又称列举主义，即由法律逐一罗列准予离婚的各项理由，非依法定情形不得诉请离婚。如瑞士民法典第4章"离婚"，由第137条到第142条列举的"离婚原因"依次为：通奸、生命受危害、身体受虐待及名誉受损害、犯罪及道德败坏、遗弃、精神病、严重损害婚姻关系的事件。概括式又称概括主义，即在法律中并不列举离婚理由，只是概括地规定婚姻关系破裂容许离婚，由法院作司法裁量。如1970年美国《统一结婚离婚法》规定："离婚的唯一根据就是法庭认为婚姻确已无可挽回地破裂"。例示式也称例示主义，是一种混合型的立法方式，即法律既有相对抽象的概括性规定，又列举某些重大的离婚理由。如《日本民法典》第770条在规定判决离婚的五项理由中，前四项是列举性规定，第五项是"有其他难以继续婚姻的重大事由时，允许离婚"的概括性规定。应当指出，当代许多国家的离婚立法，无论在立法原则上还是在离婚理由的表现形式上，一般将上述各种立法主义不同程度地结合在一起。

二、诉讼离婚的法定条件和程序

（一）诉讼离婚的法定条件

1 夫妻感情确已破裂，是准予或不准予离婚的法定条件

《民法典》第1079条第2款规定："人民法院审理离婚案件，应当进行调解；如果感情确已破裂，调解无效的，应当准予离婚。"从这一规定可以看出，夫妻感情是否确已破裂是人民法院准予或不准予离婚的原则界限。

感情确已破裂也就是婚姻无可挽回地破裂，是指夫妻共同生活已不复存在，且不能再期待他们破镜重圆。感情确已破裂比婚姻无可挽回地破裂更能揭示出破裂主义的理论根据。破裂主义的理论依据是：夫妻相互爱慕是婚姻唯一的且可以信赖的基石，如夫妻间的爱情因某种阻碍丧失时，应该准予离婚。婚姻的成立应该以爱情为基础，婚姻的存续也应该以爱情为基础，如果爱情被其他爱情所取代，离婚就成为双方的善

行。马克思在《论离婚法草案》中说："离婚仅仅是对下面这一事实的确定：某一婚姻已经死亡，它的存在仅仅是一种外表和骗局。不用说，既不是立法者的任性，也不是私人的任性，而每一次都只是事物的本质来决定婚姻是否已经死亡。""立法者对于婚姻所能决定的，只是……说在什么条件婚姻按其实质来说已经离异了。法院判决的离婚，只能是婚姻内部崩溃的记录。"因此，我们既不能用法律手段强制解除感情尚未破裂的婚姻关系，也不能用法律手段强行维持感情确已破裂的婚姻关系。

② 如何认定夫妻感情确已破裂

《民法典》第1079条第3款规定，有以下情形之一，调解无效的，应当准予离婚。

（1）重婚或有配偶者与他人同居的。重婚，是指双方或一方有配偶，又与他人登记结婚的；或者未登记，但确以夫妻关系同居生活，实际上已经构成重婚后的违法行为。

重婚可以分为两种：一是法律上的重婚，即前婚未解除，又与他人办理了结婚登记手续而构成的重婚。只要双方办理结婚登记手续，无论双方是否同居、是否举行婚礼，都构成重婚。二是事实上的重婚，即前婚尚未解除，未办理结婚登记手续又与他人以夫妻关系同居生活。重婚的主观要件是故意，客观要件是两个婚姻关系同时重叠在一起。依司法实践经验，重婚行为主要有以下几种：其一是与配偶登记结婚，又与他人登记结婚，即两个法律婚的重婚；其二是与原配偶登记结婚，与他人没有登记结婚确以夫妻关系同居生活而重婚，即为先法律婚后事实婚的重婚；其三是与配偶和他人都未登记结婚，但与配偶和他人曾先后或同时以夫妻关系同居，即两个事实婚后的重婚；其四是与原配偶未登记而确以夫妻关系共同生活，后又与他人登记结婚而重婚，即先事实婚后法律婚的重婚；其五是没有配偶，但明知对方有配偶而与之登记结婚或以夫妻关系同居而重婚。

有配偶者与他人同居，是指有配偶者与婚外异性，不以夫妻名义，持续、稳定地共同居住。

阅读材料：重婚罪

王某亮与李某花于2018年6月20日按照习俗举行结婚仪式，2019年6月18日生育一男孩，取名王某贵，2019年11月26日补办了结婚证。一个月后王某亮以外出佛山务工为由，偷偷与李某花的妹妹李二丫以夫妻名义在李二丫家中共同生活。李二丫于2022年12月12日在佛山市医院生育一女孩，王某亮以李二丫的配偶身份陪护。李某花因朋友生病在佛山市医院治疗，特地前往看望，无意中撞见丈夫王某亮与妹妹李二丫"一家三口"的画面，李某花一怒之下将王某亮及李二丫告上法院。

解析：根据《刑法》第258条重婚罪规定，有配偶而重婚的，或者明知他人有配偶而与之结婚的，处二年以下有期徒刑或者拘役。法院最终判决王某亮有期徒刑六个月，被告人李二丫有期徒刑六个月，缓刑一年。

（2）实施家庭暴力或者虐待、遗弃家庭成员的。家庭暴力，是指行为人以殴打、捆绑、残害、强制限制人身自由或其他手段，给其家庭成员的身体、精神等方面造成一定伤害后果的行为。持续性、经常性的家庭暴力，构成虐待。虐待家庭成员，是指以作为或不作为的方式，对家庭成员歧视、折磨、摧残、殴打，使其在精神上和肉体上遭受损害的行为。遗弃家庭成员，是指家庭成员中负有赡养、扶养、抚养义务的一方，对需要赡养、扶养、抚养的另一方，不履行其应尽义务的违法行为。上述行为以不构成犯罪为限。

（3）有赌博、吸毒等恶习屡教不改的。赌博、吸毒在性质上是违法行为，是为法律所禁止的，同时赌博、吸毒不仅会影响家庭的正常生活，而且会给社会带来不稳定和危害。因此，对一方有赌博、吸毒等恶习屡教不改的，应允许另一方提出离婚。在运用这个规定时应注意两个问题：一是一方的赌博、吸毒等应当已经形成"恶习"，即表现为是长期的、严重的，且属于"屡教不改"的。偶尔的赌博、吸毒行为，或者经教育已经改正的，不能构成诉讼离婚的理由。二是本项是一种例示性规定，除赌博、吸毒之外，其他方面屡教不改的恶习如一贯的酗酒滋事等同样适用于本项规定。

（4）因感情不和分居满二年的。但该条规定在适用时应注意以下问题：

第一，必须明确夫妻分居的原因是感情不和，而不是客观原因。

第二，必须明确何谓分居。编者认为，分居，是指夫妻一方或双方在没有共同生活的意思的支配下分开生活。即使在同一屋檐下，如果夫妻分开生活，仍然构成分居。

第三，如何计算分居的期限。《民法典》对此未作明文规定，但这却是司法实践中不容忽视的一个问题。在国外立法中，一般将分居期限分为严格分居期和宽松分居期。前者如1969年的《英国离婚改革法》就规定离婚的唯一理由是婚姻关系无可挽回地破裂，但法院必须得到双方分居至少已连续5年等五项事实之一的证明。后者如澳大利亚1994年家庭法第48条规定，判决解除婚姻的依据必须是婚姻已经无可挽回地破裂；在因当事人的请求而进行的诉讼中，法院只有确认当事人双方在提交解除婚姻关系的申请之前已经分居，且分居的时间不少于12个月，才可以认定解除婚姻关系的依据成立，判决解除婚姻。第50条又规定，为了达到离婚判决预期的诉讼目的，婚姻当事人双方分居后一度恢复同居，但在恢复同居3个月内再次分居，并于此后分开生活直至提出离婚申请之日，其恢复同居前后的分居时间可以视为连续分居时间予以累计，但恢复同居的期间不应计算在内。国外立法给了我们很好的启示，所以，编者认为，婚姻当事人双方分居期限的计算，可依以下规则进行：首先，婚姻当事人双方分居后一度恢复同居，如果同居时间超过3个月后再次分居，分居时间从恢复同居终止后重新计算；其次，如果恢复同居后3个月内再次分居，并于此后分开生活直至提出离婚申请之日，其恢复同居前后的分居时间可以被视为连续分居时间予以累计，但恢复同居的期间不应计算在内；最后，如果法院认为当事人同居的中断不具有实质意义，则同居中断时间应被视为同居的继续。

（5）《民法典》第1079条第4款规定："一方被宣告失踪，另一方提起离婚诉讼的，应当准予离婚。"一方长期失踪，夫妻关系名存实亡，婚姻的目的不能达到，另一方提出离婚诉讼的，理应准予其离婚请求。这条规定属于目的性的立法。这样规定符合人道主义和人性的要求。在适用该项规定时应注意两个问题：一是该条规定的是一方被依法宣告失踪而不是未经宣告的事实失踪。如果一方虽有失踪的事实，但未经失踪宣告的，另一方以对方失踪为由诉请离婚的，不能径行判决准予离婚。二是一方被宣告失踪而诉请离婚的，必须经过诉讼程序才能解除婚姻关系。

（6）《民法典》第1079条第5款规定："经人民法院判决不准离婚后，双方又分居满一年，一方再次提起离婚诉讼的，应当准予离婚。"在审判实践中，经法院判决不准离婚后再次起诉离婚的现象比较普遍，所以增加了该条规定，可以解决现实生活中久拖不决的离婚案件。

（7）其他导致夫妻感情破裂的情形。其他导致夫妻感情破裂的情形有：一方被追究刑事责任，严重伤害夫妻感情的；以及《婚姻家庭编的解释（一）》第23条规定："……夫妻双方因是否生育发生纠纷，致使感情确已破裂，一方请求离婚的，人民法院经调解无效，应依照民法典第一千零七十九条第三款第五项的规定处理。"

判断夫妻感情是否确已破裂，有无和好可能，是一个非常复杂的问题。人民法院在审理离婚案件中多年来积累的工作经验，是要对每一个案件历史地、全面地、发展地、具体地分析研究，透过现象看本质。除上述得以判断感情确已破裂的具体"表征"外，还可通过以下"四看"来加以判断：

第一，看婚姻基础。婚姻基础，是指男女双方建立婚姻关系时的感情状况和相互了解的程度。它是婚姻得以缔结的根本和起点，对婚姻关系的维持起着重要的奠基作用。

看婚姻基础就是要调查了解双方结合的方式、恋爱时间的长短、结婚的动机和目的。也就是要看双方结婚是自愿自主的，还是父母或他人包办强迫的；是以爱情为基础的，还是以金钱、地位和才貌为目的而结合的；双方是通过恋爱充分了解而结合的，还是一见钟情的草率婚姻；是出于真心相爱，还是为了其他目的的权宜之计，或是出于同情、怜悯、感恩、虚荣心而结合。这些因素对于婚后感情和离婚纠纷产生的原因都会有直接或间接的影响。

一般说来，婚姻基础好的，婚后感情也较好，一旦发生夫妻纠纷，甚至感情一度破裂，通过调解双方比较容易和好。相反，如果婚姻基础较差，婚后又未建立真正的夫妻感情，有了新的矛盾，以致发生离婚纠纷，重新和好的条件就差一些，和好的可能性就小一些。当然，这个问题不是绝对的，对婚姻基础要发展地看、辩证地看。虽然婚姻基础不好，但结婚时间长了，夫妻有了一定的感情，又生有子女，有了纠纷也不一定离婚。反之，自由恋爱结合的夫妻，也会因其他原因造成夫妻感情破裂。看婚姻基础只是判断分析夫妻感情的条件之一，还要结合其他条件，全面分析判断。

第二，看婚后感情。婚后感情，是指男女双方结婚以后的互相关切、忠实、敬重、喜爱之情。看婚后感情就是看夫妻共同生活期间的感情状况：一是看夫妻双方婚后共同生活的感情状况，是否做到互敬互爱，互相帮助，互相体贴，互相关心，共同照料子女，共同教育后代，有事共同商量，夫妻地位是否平等。二是看夫妻感情的发展变化，是由好变坏，还是由坏变好，或是时好时坏。要根据具体情况作全面的分析判断。三是看产生纠纷的具体情况，如发生纠纷的次数、程度、后果等。四是看双方本人及家庭状况，如男女双方的工作态度、生活作风、性格爱好以及家庭关系、经济状况等。正确判断夫妻婚后的感情状况，不能单凭当事人自己的陈述，因为有些当事人为了达到离婚目的，往往否定婚后夫妻有感情，说夫妻感情一直不好，而不同意离婚的一方则往往肯定婚后感情一直不错。双方都可以举出大量事实，说明自己有理。在这种情况下就不能受当事人双方各执一词的左右，他们所列举的事实往往不能如实反映夫妻感情的真相与本质。只有深入调查了解，综合全面情况，才能对夫妻婚后感情状况作出切合实际的结论。

第三，看离婚原因。离婚原因，是指引起离婚的最根本的因素，亦即引起夫妻纠纷的主要矛盾或夫妻双方争执的焦点与核心问题。离婚的原因可能是单一的，也可能是多种因素交错在一起的；有的是主观上的，有的是客观上的；有真实的，也有虚假的；有直接的，也有间接的；有思想意识和道德品质问题，也有实际生活问题或受生活琐事的影响；有第三者的干涉，也有当事人双方或一方为达到自己的目的制造的虚假现象。要注意当事人自己陈述的离婚原因与离婚真实原因有时并不一致，因此，只有掌握了离婚的真实原因，才能不为虚假现象所迷惑，才能分清是非，明确责任，对症下药，正确判断夫妻感情的真实情况，查清引起离婚的真实原因，使离婚纠纷得到正确的解决。

第四，看有无和好的可能。有无和好的可能，是指夫妻有无和好的因素和条件。即在上述三看的基础上进一步把握夫妻关系的现状和各种有助于和好的因素，对婚姻关系的发展作出估计和预测。如夫妻是否分居，相互间的权利义务是否停止，对子女是否牵挂，有过错的一方有无悔改表现，坚持不离的一方有无和好的行动，等等。这些情况对判断夫妻关系的发展前途、有无和好可能是极为重要的。夫妻感情不会是一成不变的，它会受到外力的作用和影响。即使夫妻关系濒于破裂也可以通过各种因素促使其转化，因而要调动一切积极因素做好工作，尽可能地帮助当事人改善婚姻关系。

以上四方面是相互联系、相互影响的。可以从这四个方面全面分析、研究，判断夫妻感情是否确已破裂、有无和好的可能。在这个问题上不仅要看到夫妻感情的过去和现在，而且要对夫妻关系的前途有所分析、有所预见。只要双方还有和好的可能就应当努力帮助他们改善夫妻关系，把和好的可能变成现实。如果没有和好可能，夫妻感情确已破裂，就应当依法准予离婚。

（三）诉讼离婚的程序

❶ 起诉

离婚案件的起诉，应当符合《民事诉讼法》第122条规定的条件。特别要注意：第一，原告和被告须是具有婚姻关系的男女双方，所以当事人在起诉时应提交双方的结婚证明。第二，离婚案件由基层人民法院管辖，也实行原告即被告的原则。

对原告再次起诉的限制。依照《民事诉讼法》的规定，判决不准离婚和调解和好的离婚案件，以及原告撤诉或者按撤诉处理的离婚案件，没有新情况、新理由的，原告在6个月内又起诉的，不予受理。被告起诉的，不在此限。对该规定的理解应注意：一是这一规定是在一定期限内对原告再次起诉权的限制，而不是对原告诉权的剥夺；

二是法院不受理再次起诉的前提是原告所持的理由和提供的情况与上次起诉相同。如果再次起诉有新情况、新理由的，不受此限制。

② 审判

（1）人民法院审判离婚案件的基本要求。人民法院审判离婚案件，应当依照《民法典》和《民事诉讼法》的有关规定，并遵循离婚案件的特点和基本要求：

第一，由于离婚案件的审理以解除或者维持配偶关系为基本目的，具有极强的身份性，所以，除特殊情况外，双方当事人必须到庭。无民事行为能力人、限制民事行为能力人的离婚诉讼，当事人的法定代理人应当到庭。

第二，审理离婚案件适用审判程序审理。当事人申请不公开的，可以不公开审理。但所有的案件都应当公开宣判。

（2）法院调解。人民法院审理离婚案件应首先进行调解，调解是必经程序。除特殊情况人民法院无法调解的以外，人民法院不得未经调解而直接作出判决。

诉讼中的调解是在人民法院审判人员的主持下，由双方当事人自愿协商，达成协议，从而解决纠纷的一种具有法律效力的程序。与诉讼外调解不同，诉讼中的调解既是法定的必经程序，又是法院行使国家审判权的一种方式。诉讼中的调解，可以在第一审程序中进行，也可以在第二审程序中进行，还可以在审判监督程序中进行。

诉讼中的调解，必须在自愿、合法的前提下，尽量帮助当事人达成协议，但不应久调不决。

诉讼中的调解也会出现三种可能：第一，双方达成和好协议，由原告撤诉或是将和好协议记录在卷，不需要制作调解书，由双方当事人、审判员、书记员签名或者盖章后，即具有法律效力。第二，双方达成离婚协议，人民法院按调解协议的内容制作离婚调解书，调解书依法送达双方当事人后产生法律效力。第三，协议不成，调解无效，由人民法院依法作出判决。

③ 判决和上诉、申诉

人民法院在离婚案件调解无效的情况下，应依照以事实为根据，以法律为准绳的审判工作原则作出判决。凡是夫妻感情尚未破裂或尚未完全破裂，经调解和好的，可判决不准离婚。如果夫妻双方感情确已破裂，经调解不能达成离婚协议的，可判决准予离婚。

一审判决准予离婚的，人民法院在宣告判决时必须告知当事人在判决产生法律效力前不得另行结婚。当事人不服一审判决的有权依法上诉。第二审人民法院审理上诉案件时可以进行调解。经调解双方达成协议的，自调解书送达时原判决即视为撤销。当事人不服一审不准离婚的判决而上诉的，第二审人民法院认为应当判决离婚的，可以根据当事人自愿的原则，与子女抚养、财产问题一并调解；调解不成的，发回重审。

凡判决不准离婚或者调解和好的离婚案件，包括原告撤诉或者按撤诉处理的离婚案件，没有新情况、新理由，原告在6个月内又起诉的，人民法院不予受理；但被告起诉的，不受此限。

离婚双方当事人对已经产生法律效力的解除婚姻关系的判决，不得申请再审。当事人就离婚案件中的财产分割问题申请再审的，如涉及判决中已分割的财产，人民法院应依照《民事诉讼法》第207条的规定进行审查，符合再审条件的，应立案审理；如涉及判决中未作处理的夫妻共同财产，应告知当事人另行起诉。

三、关于离婚问题的特殊规定

（一）对军人婚姻的保护

（1）民法典的规定。《民法典》第1081条规定："现役军人的配偶要求离婚，应当征得军人同意，但是军人一方有重大过错的除外。"

对现役军人配偶离婚诉权的限制，是对军人婚姻的一种特殊保护。从1950年《婚姻法》的制定，到1980年、2001年的修改以及《民法典》的发布，法律都对现役军人的婚姻问题作了特殊规定。这种特殊规定，体现了军人婚姻历来受到党和国家的高度重视和特别保护。对军人婚姻实行特别保护并不违背婚姻自由的原则。实行婚姻自由，是法律确立的一项基本原则。同时，由于军队担负的特殊任务和军人职业特点，国家对军人婚姻又有一些特殊的法律规定和政策，它既体现在"现役军人配偶要求离婚，应当征得军人同意"，也体现在军人择偶必须遵守国家和军队的有关规定，军人配偶也享受国家和社会给予军婚家庭的优待和照顾。

（2）在适用保护军婚条款时需注意：①此处所说的现役军人，是指正在人民解放军或人民武装警察部队服役，具有军籍的人员。退役军人、复员军人、转业军人和军事单位中没有军籍的职工均不属于现役军人,其配偶提出离婚的,按一般规定处理。②现役军人的配偶,指同现役军人履行了结婚登记手续,并领取结婚证的非军人一方,也是本条适用的主体。如果双方都是现役军人,则不是该条调整的对象。本条的立法意图,是以一定方式限制军人配偶的离婚请求实现权,从而对军人一方的意愿予以特别支持。如果双方都是现役军人,不管由谁首先提出离婚诉讼,若要适用本条的规定,则必然会妨害另一方军人的利益。这与该条特殊保护军人婚姻的立法意图不相符。③何谓"军人一方有重大过错"?依《婚姻家庭编的解释(一)》第64条的规定,可以根据两方面进行判断:一是民法典第一千零七十九条第三款前三项规定,即重婚或有配偶者与他人同居的;实施家庭暴力或虐待、遗弃家庭成员的;有赌博、吸毒等恶习屡教不改的。二是军人有其他重大过错导致夫妻感情破裂的。

(二)《民法典》对男方提出离婚的限制

1 限制的相关规定

《民法典》第1082条规定:"女方在怀孕期间、分娩后一年内或者终止妊娠后六个月内,男方不得提出离婚;但是,女方提出离婚或者人民法院认为确有必要受理男方离婚请求的除外。"这一规定的立法旨在保护妇女和胎儿、婴儿的合法权益。具体可从以下几方面来理解:

第一,随着社会的进步,改革开放的深入进行,物质文明和精神文明的不断发展,妇女的地位有了明显提高,男女平等在法律上得到了确定,但法律上的平等不等于事实上的平等,歧视妇女的旧思想、重男轻女的旧观念还没有完全从人们的头脑中肃清,妇女的合法权益很容易受到侵害,要实现男女真正的平等,必须对妇女给予特别的法律条款保护。

第二,从生理情况看,妇女与男子存在着很大差异。怀孕、生育等是妇女在生理上不同于男子的机能。怀孕、分娩、终止妊娠是妇女的一个特殊时期,这个时期妇女身体负担比较重,体质比较虚弱,行动也极不方便,非常需要男方的照料和帮助,所以,作出禁止男方在特殊时期提出离婚的请求,是非常必要的。

第三,从心理状态来看,妇女在怀孕、分娩、终止妊娠期间,心理脆弱,承受能力较差,非常需要关心和抚慰。如果男方在这期间提出离婚,必然会使女方在心理上、精神上受到很大的刺激,严重影响身心健康,很可能导致妇女的心理疾病和神经性疾病,造成心理的创伤。

第四，从胎儿和婴儿的角度来看，孩子是国家的未来，是祖国建设的后备力量，每个人都有责任和义务关心孩子的健康成长。女方怀孕期间和分娩不久以后，胎儿、婴儿正在发育中，也是生长的关键阶段，需要双方共同悉心照顾，如果男方在这个时候提出离婚，必然会影响胎儿、婴儿的发育成长，严重的可能会导致胎儿身体畸形和性格怪异。

正是基于这样的考虑，法律对男方在特殊时期提出离婚加以必要限制。但是需要说明的是，这一限制是对男方在特殊时期离婚请求权的一种相对的、暂时的限制，而不是对男方离婚请求权的完全否定和剥夺。

2 限制的例外

一是女方在此期间提出离婚，则不受此限制。因为女方在此期间提出离婚请求，往往都是不堪忍受男方在身体上和精神上的折磨，而且本人对离婚及其后果已经有了思想准备。如不及时受理离婚，可能会损害妇女和胎儿、婴儿的利益。如果此时限制女方的离婚请求权，是与本条规定相违背的。

二是人民法院认为确有必要受理男方离婚请求时，也可不受此限。"确有必要"主要有如下几种情况：

①女方婚后主动与他人发生性关系而怀孕，使女方丧失保护的必要。具体有以下几种情况：

女方与他人通奸而怀孕的。如果女方因通奸而怀孕，男方提出离婚时，女方对通奸怀孕的事实不予争执或经查明属实的，人民法院应该受理。但在处理时仍应注意对妇女和胎儿的保护。

女方婚后卖淫而怀孕的。卖淫是一种违法行为，也是一种不道德的行为，所以法律不予保护。

女方婚后与他人非法姘居或重婚而怀孕的。非法姘居或重婚是严重的违法行为，妨害了婚姻关系的存续，故法律不予支持。

②女方怀孕期间或分娩一年内，男方的生命受到女方的威胁或合法权益遭到女方严重侵害的。

女方在特定期间，意图杀害男方，男方的生命受到女方的严重威胁或女方对男方有虐待或遗弃行为，拒尽扶养义务，或女方经常侮辱诽谤男方，在公开场合诋毁男方的声誉，损害男方的人格，有厌恶男方之举，夫妻无感情，夫妻关系难以维持。

③女方对婴儿有虐待、遗弃行为的。

对男方离婚请求权的限制，旨在保护妇女、婴儿，避免女方因刺激影响哺乳，损害婴儿的健康。但如女方对婴儿不尽抚养义务，虐待或遗弃婴儿，对其漠不关心，经劝说仍然不改恶行，婚姻关系恶化，家庭关系无法维持，从保护婴儿的发育、健康成长角度出发，应当准许男方提出离婚，法院也应予受理。

④女方婚前患有不宜结婚的疾病，婚后经治不愈或不宜生育的，男方提出离婚也属"确有必要"的范围。

第四节　离婚的法律效力

一、离婚的身份效力

（一）夫妻身份终止

夫妻身份消灭离婚最直接的法律后果是终止夫妻的身份关系，当事人不再具有配偶身份。基于夫妻身份关系而发生的姻亲关系、权利义务关系均告终止。

（二）扶养义务终止

《民法典》第1059条规定：在"夫妻有相互扶养的义务。需要扶养的一方，在另一方不履行扶养义务时，有要求其给付扶养费的权利。"离婚后，夫妻身份关系不复存在，法律规定的夫妻互相扶养义务同时解除，任何一方不再享有要求对方扶养的权利，任何一方亦不再承担扶养对方的义务。

《民法典》对夫妻的同居义务未作明文规定，但依据约定俗成的婚姻惯例，夫妻同居乃婚姻成立的标志之一。当婚姻关系因离婚而终止时，夫妻同居生活的依据也就不复存在，夫妻同居的义务自然终止。在实际生活中存在着夫妻离婚后居住于同一房屋中的现象，在这种情况下，任何一方均不得非法干涉他方与异性的正常交往，也不得强迫对方与自己同居。男方违背女方意志与之强行发生性关系的，构成强奸罪。

（三）夫妻日常家事代理权终止

家事代理权，是指夫妻一方在与第三人就实施家庭日常事务为一定民事法律行为时，享有代理配偶方行使的权利。家事代理权是以代理人与被代理人之间存在配偶身份为前提的。离婚使男女双方的配偶身份消灭，家事代理权也随之终止。

（四）法定继承人资格的丧失

《民法典》第1127条明确规定，配偶属于第一顺序的法定继承人，在婚姻关系存续期间，一方死亡，另一方有权依法继承其遗产。当配偶身份因离婚而消灭时，当事人相互继承遗产的资格将不复存在，其继承权也归于消灭。

（五）再婚的自由

一夫一妻是我国婚姻制度基本原则。依据这一原则，有配偶者在配偶死亡或离婚前不得再行结婚。当合法婚姻关系因离婚而解除时，再婚的障碍不再存在，当事人获得再婚的权利和自由。离婚之后，任何一方皆可随时再婚，他方不得非法干涉，否则属于干涉婚姻自由的行为。但如果离婚时女方怀孕的，须对子女出生后的抚养教育问题作出适当安排。

在世界各国婚姻家庭立法例中，关于离婚所引起的人身关系方面的法律后果还包括如下内容：

❶ 姓氏的恢复

在实行妻从夫姓或赘夫从妻姓的国度里，当离婚终止夫妻权利义务关系后，必然引起当事人姓氏恢复的法律效力，即当事人可恢复其婚前的姓氏。如《法国民法典》第264条规定："离婚以后，夫妻各方重新使用自己的姓。"

❷ 姻亲关系的消灭

姻亲关系因结婚而产生，因离婚而终止。《日本民法典》第728条规定："姻亲关系因离婚而终止。"但在有些国家的立法中，关于禁止近亲结婚的法律效力，于婚姻关系解除后仍继续存在。如《日本民法典》第735条规定："直系姻亲间，不得结婚。即使在婚姻关系依第728条规定终止后，亦同。"我国《民法典》第1129条规定："丧偶儿媳对公婆，丧偶女婿对岳父母，尽了主要赡养义务的，作为第一顺序继承人。"也说明姻亲关系在一方死亡后依然存续。

二、离婚对当事人财产上的效力

离婚不仅解除了夫妻之间的人身关系，也终止了夫妻之间的财产关系，因而产生夫妻共同财产的认定和分割、债务的定性和清偿等法律后果。

（一）夫妻共同财产的分割

夫妻共同财产分割尊重夫妻之间的真实意思，在《民法典》第1087条中明确规定："离婚时，夫妻的共同财产由双方协议处理；协议不成的，由人民法院根据财产的具体情况，按照照顾子女、女方和无过错方权益的原则判决。对夫或者妻在家庭土地承包经营中享有的权益等，应当依法予以保护。"

1 夫妻共同财产的范围

《民法典》第1062条第1款规定，夫妻在婚姻关系存续期间所得的下列财产属于共同财产：

（1）工资、奖金、劳务报酬。即劳动者的劳动收入，既包括工资、奖金，也包括各种津贴、补贴等劳务报酬。

（2）生产、经营、投资的收益。这包括夫妻一方或者双方从事生产、经营所得的各种收入和投资所得的收入，包括劳动收入，也有资本收益，如债券利息、股份、股权红利等资本利得。

（3）知识产权的收益。是指作品在出版、上演、播映后取得的报酬，或允许他人使用而获得的报酬，专利权人转让专利权或许可他人使用其专利所取得的报酬，个体工商户或个人合伙的商标所有权人转让商标权或许可他人使用其注册商标所取得的报酬。

（4）继承或者受赠的财产。继承的财产，是指以遗产清偿被继承人所欠的税款和债务后所剩余的财产。遗产包括自然人个人的财产所有权、与所有权有关的财产权、债权、知识产权中的财产权，因此，因继承所取得的财产也不以所有权为限。受赠的财产，是指基于赠与合同而取得的财产。但并非所有因继承或赠与所得的财产都是共同财产，遗嘱或赠与合同中明确只归一方所有的财产属于该方所有。

（5）其他应当归共同所有的财产。其他应当归共同所有的财产，是指夫妻单独取得或共同取得的除上述共同财产之外的财产。

在确定夫妻共同财产时，应注意以下问题：

（1）在认定夫妻共同财产时，须特别强调夫妻合法身份关系的重要性。当事人只有在依照法律规定的条件和程序缔结婚姻关系之后，才能形成夫妻共同财产。也就是说，订婚者、未婚同居者、重婚者尽管也可能购置生活用品或其他物品，但均不能形成夫妻共同财产。

（2）如果双方依法办理了结婚登记等手续，不管当事人是否同居生活，其后所取得的财产一般均认定为夫妻共同财产。

（3）夫或妻一方的婚前财产，无论结婚时间多长，在夫妻双方没有约定的情况下，都不能视为夫妻共同财产。

（4）夫或妻一方对另一方婚前个人财产的使用、管理，均不能成为其享有夫妻共同财产的理由。

（5）夫妻双方在婚姻关系存续期间对一方婚前个人房屋进行修缮、装修、重建，该房屋的所有权仍属于夫或妻一方，但因修缮、装修、重建而使该房屋增值的，该增值部分可作为夫妻共同财产。

（6）夫或妻一方在婚姻关系存续期间取得的养老保险金、退休金、失业保险金，应当作为夫妻共同财产。

❷ 分割夫妻共同财产的原则

根据《民法典》第1087条的规定，在对夫妻共同财产进行分割时，应遵循以下原则：

（1）男女平等原则。男女平等是法律的基本原则，体现在夫妻共同财产分割上，就是夫妻双方对共同财产享有平等分割的权利；对共同债务也应承担平等的清偿义务。不能以财产上的让步作为离婚的交换条件，更不能采取"财产在谁手中归谁所有"的方法处理夫妻共同财产，必须切实保护男女双方对共同财产的平等所有权。

（2）照顾女方和子女权益的原则。夫妻双方对共同所有的财产，原则上应均等分割，但根据生产、生活的实际需要和财产的来源等情况，在具体分割时也可以有所差别。目前，我国妇女的经济条件和男子相比仍有一定的差距，在分割财产上适当照顾女方和子女的利益，才能保证妇女不必因为经济问题的考虑而影响其正常地行使离婚自由的权利，避免女方和子女因分割财产所造成的生活水平的下降和生活困难，保证子女的健康成长。在农村，夫妻共同财产的分割主要涉及房屋、承包的土地等。《妇女权益保障法》第55条规定，妇女在农村土地承包经营、集体经济组织收益分配、土地征收或者征用补偿费使用以及宅基地使用等方面，享有与男子平等的权利。第56条第1款规定，村民自治章程、村规民约，村民会议、村民代表会议的决定以及其他涉及村民利益事项的决定，不得以妇女未婚、结婚、离婚、丧偶、户无男性等为由，侵害妇女在农村集体经济组织中的各项权益。农村地区，耕地等实行家庭承包责任制，女方同样享有承包经营权。因此《民法典》第1087条第2款规定："对夫或者妻在家庭土地承包经营中享有的权益等，应当依法予以保护。"

（3）照顾无过错一方的原则。现实生活中因过错方导致的离婚情况较为突出。婚姻解体给家庭、子女、社会都带来不利的影响，除规定离婚过错方的赔偿外，在判决分割夫妻共同财产时还应加大对无过错方的保护，这样有利于维护平等、和睦、文明的婚姻家庭关系，有利于夫妻之间互相忠实、互相尊重、互相关爱关系的引导。所以《民法典》增加了按照照顾无过错方权益的原则分割判决夫妻共同财产。

（4）有利于生产、方便生活的原则。分割夫妻共同财产时，应注意有利于生产、方便生活的需要，不损害财产的效用、性能和经济价值。一方面，对夫妻共同财产中的生产资料，应尽可能分给需要的一方或具有某种生产资料特别技能、能够充分发挥该项财产效用的一方，以有利于发展生产，保证生产活动和财产流通的正常进行。不能分割的，应根据财产的来源和实际需要，予以合理调整或作价处理。另一方面，对夫妻共同财产中的生活资料，分割时要考虑双方和子女的实际生活需要，以方便生活，物尽其用。

（5）尊重当事人意愿，财产约定先于法定的原则。夫妻之间的财产关系，与一般的财产关系一样，受契约自由原则的调整。世界各国多允许当事人以契约的形式，对夫妻在婚姻关系存续期间所得财产的归属、管理、使用、收益、处分等事项作出约定，以排除法定夫妻财产制的适用。

❸ 夫妻共同财产的分割方法

离婚时，对于夫妻共同财产的分割，人民法院应尽量促使当事人在自愿、合法的前提下，就财产分割问题达成协议，协议不成时才由人民法院依法判决。对夫妻共同财产分割的具体方法有：

（1）夫妻共同财产原则上应均等分割。均等分割是分割夫妻共同财产的一般方法，即确定夫妻共同财产的范围之后，平均分成两份，夫妻各一份。

需要说明的是，平均分割夫妻共同财产是有条件的，即夫妻双方须处于同等条件下。所谓"同等条件"，是指夫妻双方均无过错或均有过错，不需要对其中一方加以照顾的情况。但在同等条件下的均等分割并不是绝对的，还应该兼顾生产、生活的实际需要和财产来源等情况。如果僵化地坚持同等条件均等分割，也可能会造成一些不公平。

（2）涉及分割发放到军人名下的复员费、自主择业费等一次性费用的，以夫妻婚姻关系存续年限乘以年平均值，所得数额为夫妻共同财产。所称"年平均值"，是指将发放到军人名下的上述费用总额按具体年限均分得出的数额。其具体年限为人均寿命70岁与军人入伍时实际年龄的差额。

（3）夫妻双方分割共同财产中的股票、债券、投资基金份额等有价证券以及未上市股份有限公司股份时，协商不成或者按市价分配有困难的，人民法院可以根据数量按比例分配。

（4）涉及分割夫妻共同财产中以一方名义在有限责任公司的出资额，另一方不是该公司股东的，按以下情形分别处理：①夫妻双方协商一致将出资额部分或者全部转让给该股东的配偶，其他股东过半数同意，并且其他股东均明确表示放弃优先购买权的，该股东的配偶可以成为该公司股东；②夫妻双方就出资额转让份额和转让价格等事项协商一致后，其他股东半数以上不同意转让，但愿意以同等条件购买该出资额的，人民法院可以对转让出资所得财产进行分割。其他股东半数以上不同意转让，也不愿意以同等条件购买该出资额的，视为其同意转让，该股东的配偶可以成为该公司股东。

（5）涉及分割夫妻共同财产中以一方名义在合伙企业中的出资，另一方不是该企业合伙人的，当夫妻双方协商一致，将其合伙企业中的财产份额全部或者部分转让给对方时，按以下情形分别处理：①其他合伙人一致同意的，该配偶依法取得合伙人地位；②其他合伙人不同意转让，在同等条件下行使优先购买权的，可以对转让所得的财产进行分割；③其他合伙人不同意转让，也不行使优先购买权，但同意该合伙人退伙或者削减部分财产份额的，可以对结算后的财产进行分割；④其他合伙人既不同意转让，也不行使优先购买权，又不同意该合伙人退伙或者削减部分财产份额的，视为全体合伙人同意转让，该配偶依法取得合伙人地位。

（6）夫妻以一方名义投资设立个人独资企业的，人民法院分割夫妻在该个人独资企业中的共同财产时，应当按照以下情形分别处理：①一方主张经营该企业的，对企业资产进行评估后，由取得企业资产所有权一方给予另一方相应的补偿；②双方均主张经营该企业的，在双方竞价基础上，由取得企业资产所有权的一方给予另一方相应的补偿；③双方均不愿意经营该企业的，按照《中华人民共和国个人独资企业法》等有关规定办理。

（7）双方对夫妻共同财产中的房屋价值及归属无法达成协议时，人民法院按以下情形分别处理：①双方均主张房屋所有权并且同意竞价取得的，应当准许；②一方主张房屋所有权的，由评估机构按市场价格对房屋作出评估，取得房屋所有权的一方应当给予另一方相应的补偿；③双方均不主张房屋所有权的，根据当事人的申请拍卖、变卖房屋，就所得价款进行分割。

（8）离婚时双方对尚未取得所有权或者尚未取得完全所有权的房屋有争议且协商不成的，人民法院不宜判决房屋所有权的归属，应当根据实际情况判决由当事人使用。当事人就该房屋取得完全所有权后，有争议的，可以另行向人民法院提起诉讼。

（9）夫妻一方婚前签订不动产买卖合同，以个人财产支付首付款并在银行贷款，婚后用夫妻共同财产还贷，不动产登记于首付款支付方名下的，离婚时该不动产由双方协议处理。依前款规定不能达成协议的，人民法院可以判决该不动产归登记一方，尚未归还的贷款为不动产登记一方的个人债务。双方婚后共同还贷支付的款项及其相对应财产增值部分，离婚时应根据《民法典》第1087条第1款规定的原则，由不动产登记一方对另一方进行补偿。

（10）离婚时夫妻一方尚未退休、不符合领取基本养老金条件，另一方请求按照夫妻共同财产分割基本养老金的，人民法院不予支持；婚后以夫妻共同财产缴纳基本养老保险费，离婚时一方主张将养老金账户中婚姻关系存续期间个人实际缴纳部分及利息作为夫妻共同财产分割的，人民法院应予支持。

（11）婚姻关系存续期间，夫妻一方作为继承人依法可以继承的遗产，在继承人之间尚未实际分割，起诉离婚时另一方请求分割的，人民法院应当告知当事人在继承人之间实际分割遗产后另行起诉。

（12）夫妻之间订立借款协议，以夫妻共同财产出借给一方从事个人经营活动或者用于其他个人事务的，应视为双方约定处分夫妻共同财产的行为，离婚时可以按照借款协议的约定处理。

（二）债务的清偿

《民法典》第1089条规定："离婚时，夫妻共同债务应当共同偿还。共同财产不足清偿或者财产归各自所有的，由双方协议清偿；协议不成的，由人民法院判决。"根据这一规定，在清偿债务时，必须依据债务的不同性质来决定当事人的清偿责任。

1 夫妻共同债务的清偿

夫妻共同债务，是指婚姻关系存续期间夫妻为维持家庭共同生活和进行共同生产、经营活动所负的债务。《民法典》第1064条规定："夫妻双方共同签名或者夫妻一方事后追认等共同意思表示所负的债务，以及夫妻一方在婚姻关系存续期间以个人名义为家庭日常生活需要所负的债务，属于夫妻共同债务。夫妻一方在婚姻关系存续期间以个人名义超出家庭日常生活需要所负的债务，不属于夫妻共同债务；但是，债权人能够证明该债务用于夫妻共同生活、共同生产经营或者基于夫妻双方共同意思表示的除外。"因此夫妻共同债务分为三类：（1）夫妻双方共同签名或者夫妻一方事后追认等共同意思表示所负的债务，该债务为夫妻共同意思表示，不论是债务发生时的签名还是事后的追认都是属于双方确认债务为夫妻共同债务的真实意思表示。（2）夫妻一方在婚姻关系存续期间以个人名义为家庭日常生活需要所负的债务。为家庭共同生活所负的债务，包括因购置生活用品、修建或购置住房所负债务，履行抚养教育义务和赡养义务、治疗疾病所负债务，从事双方同意的文化教育、文娱体育活动所负债务，以及其他在日常生活中发生的应当由夫妻双方负担的债务。（3）一方以个人名义超出家庭日常生活需要所负，但用于夫妻共同生活、共同生产经营或者基于夫妻双方共同意思表示的债务。为夫妻共同生产、经营所负的债务，包括双方共同从事工商业或在农村承包经营所负的债务，共同从事投资等金融活动所负的债务，在以上经营活动中所应交纳的税款，经双方同意由一方经营且其收入用于共同生活所负的债务等。

夫妻共同债务应当共同偿还。夫妻共同债务是以夫妻共同财产作为一般财产担保的债务，因此，夫妻共同债务首先应该从共同财产中偿还。只有在共同财产不足清偿，或双方约定财产归各自所有时，才由双方协议清偿，协议不成时，由人民法院判决。具体清偿时，一般有两种方法：

第一种方法先清偿，后分割。即从夫妻共同财产中先清偿夫妻共同债务，然后对剩余的夫妻共同财产进行分割。清偿时以夫妻共同财产为限，清偿后没有共同财产的，不再分割。共同财产清偿债务不足的，由双方协议清偿，协议不成时，由人民法院判决。需要指出的是，夫妻双方达成的清偿协议对债权人无法律约束力，该协议为夫妻之间的内部约定，债权人仍有权就夫妻共同债务向夫妻双方追偿。《婚姻家庭编的解释（一）》第35条规定："当事人的离婚协议或者人民法院生效判决、裁定、调解书已经对夫妻财产分割问题作出处理的，债权人仍有权就夫妻共同债务向男女双方主张权利。一方就夫妻共同债务承担清偿责任后，主张由另一方按照离婚协议或者人民法院的法律文书承担相应债务的，人民法院应予支持。"

另外，《婚姻家庭编的解释（一）》第36条规定："夫或者妻一方死亡的，生存一方应当对婚姻关系存续期间的夫妻共同债务承担清偿责任。"

第二种方法先分割，后清偿。即先分割共同财产和共同债务，然后各自以分得的财产清偿分得的债务。

第一种方法对于债权人利益的保护更为有利，因而应着重使用第一种方法。

② 夫妻个人债务的清偿

夫妻个人债务，是指夫妻一方在婚前或婚后为满足个人需要，以个人名义所负的债务。下列债务属于个人债务：夫妻双方约定由个人负担的债务，但以逃避债务为目的的除外；一方未经对方同意，擅自资助与其没有抚养义务关系的亲戚朋友所负债务；一方未经对方同意，独自筹资从事经营活动，其收入确未用于共同生活所负债务；一方因实施违法行为所负债务；一方为满足私欲而挥霍所负债务；婚姻关系存续期间，双方因关系恶化而分居生活，一方从事经营活动所负债务，其收入也未用于家庭共同生活的。其中，夫妻一方虚构债务、赌博、吸毒等违法犯罪所负的债务也并非夫妻共同债务。《婚姻家庭编的解释（一）》第34条规定："夫妻一方与第三人串通，虚构债务，第三人主张该债务为夫妻共同债务的，人民法院不予支持。夫妻一方在从事赌博、吸毒等违法犯罪活动中所负债务，第三人主张该债务为夫妻共同债务的，人民法院不予支持。"

对于个人债务，应以个人财产清偿，对方不负连带清偿责任，但对于自愿清偿的，法律也不禁止。《婚姻家庭编的解释（一）》第33条规定："债权人就一方婚前所负个人债务向债务人的配偶主张权利的，人民法院不予支持。但债权人能够证明所负债务用于婚后家庭共同生活的除外。"

（三）离婚时对生活困难一方的经济帮助

《民法典》第1090条规定："离婚时，如果一方生活困难，有负担能力的另一方应当给予适当帮助。具体办法由双方协议；协议不成的，由人民法院判决。"所谓经济帮助，是指离婚时，如一方生活有困难，经双方协议或人民法院判决，有条件的一方从个人财产中给予困难方适当的财产资助的行为。体现了我国人与人之间的互助互爱、扶弱济贫的新型社会关系。

本条规定，平等地适用于男女双方，但就本条规定的实际针对性而言，主要是帮助女方解决离婚时的生活困难。因为，目前我国男女两性的经济能力仍然存在一定的差距，离婚时，有生活困难的一方以女方居多。对生活有困难的一方给予经济上的帮助，有助于消除生活困难一方在离婚问题上的经济考虑，有助于离婚自由的实现。

经济帮助的方法：经济帮助首先由双方协议，协议不成时，由人民法院根据具体情况在判决中予以确定。

（1）离婚时，一方年轻且有劳动能力，生活发生暂时困难的，另一方应给予短期的或一次性的经济帮助。

（2）结婚多年，一方年老病残，失去劳动能力又无生活来源的，另一方应在居住或生活方面给予适当的妥善安置。必要时可以给予长期的经济帮助。

（3）提供经济帮助的一方所提供的住房及其他财物，应从提供经济帮助一方个人所有的财产中支付。司法实践中，不应将离婚时夫妻共同财产分割的问题混为一谈。在离婚时给予生活困难一方适当的经济帮助是另一方对于该方有条件的帮助，而离婚时共同财产的分割则是对共同财产所应有的权利。

三、离婚对子女的法律后果

（一）离婚后父母与子女的关系

《民法典》第1084条第1款规定："父母与子女间的关系，不因父母离婚而消除。离婚后，子女无论由父或者母直接抚养，仍是父母双方的子女。"这是男女离婚后父母子女身份关系在法律上的基本界定。

（1）父母与子女的关系，不因父母离婚而解除。父母与子女的关系，又称为亲子关系，亲为父母，子为子女，是指基于法律规定的父母子女之间的权利义务关系，不是指生物血缘关系。在法律上，可将父母子女分为四种：婚生父母子女、非婚生父母子女、养父母子女、形成抚养教育关系的继父母与继子女。

父母子女关系与夫妻关系是两种不同性质的关系。夫妻关系是男女两性基于自愿而结成的婚姻关系，可依法律程序而成立，亦可依法律行为而解除；而父母子女关系是基于出生事实而形成的自然血亲关系，不能通过法律程序加以解除。所以，离婚只能解除夫妻关系，不会也不可能消除父母子女的身份和血缘关系。离婚后，子女无论随父或随母生活，仍是父母双方的子女。婚姻家庭法关于父母子女间权利义务的规定，仍然适用于离婚后的父母子女关系。

（2）养父母子女间的身份关系及其他权利义务关系，也不因养父母离婚而解除。《民法典》第1111条规定："自收养关系成立之日起，养父母与养子女间的权利义务关系，适用本法关于父母子女关系的规定；养子女与养父母的近亲属间的权利义务关系，适用本法关于子女与父母的近亲属关系的规定。养子女与生父母以及其他近亲属间的权利义务关系，因收养关系的成立而消除。"养父母离婚后，养子女无论由养父或养母抚养，仍是养父母双方的养子女。在特殊情况下，如养父母离婚时经生父母及有识别能力的养子女同意，双方自愿达成协议，未成年的养子女一方可依法解除收养关系，由生父母一方或双方抚养。但变更或解除必须符合《收养法》的要求，不得侵犯未成年养子女的合法权益。

（3）离婚后，已经形成事实上的抚养教育关系的继父母和继子女，如继子女未成年并随生父或生母生活的，该继子女与继父母的关系可自然解除。受继父母长期抚养、教育的继子女，在已成年的情况下，继父母与继子女已经形成的身份关系和权利义务关系则不能因离婚而自然解除；只有在继父母或继子女一方或双方提出解除继父母子女关系并符合法律要求的条件下，才可以解除。但由继父母养大成人并独立生活的继子女，应该继续承担生活困难、无劳动能力的继父母的晚年生活费用。

（二）离婚后子女的抚养归属

《民法典》第1084条第2款规定："离婚后，父母对于子女仍有抚养、教育、保护的权利和义务。"第3款进一步规定："离婚后，不满两周岁的子女，以由母亲直接抚养为原则。已满两周岁的子女，父母双方对抚养问题协议不成的，由人民法院根据双方的具体情况，按照最有利于未成年子女的原则判决。子女已满八周岁的，应当尊重其真实意愿。"根据上述规定，离婚后对子女的抚养可分为两种情况：

1 不满两周岁（哺乳期内）的子女，原则上由哺乳的母亲抚养

不满两周岁的子女，一般随母方生活。这是由哺乳期内的母婴的生理特点所决定的，母乳哺育及母亲的精心照料，是婴儿健康成长的重要条件。同时哺乳期内的子女由哺乳的母亲抚养，既是权利也是义务，母亲不得推卸抚养婴儿的责任。

当母亲不宜或不能抚养婴儿时，父亲也不得推卸抚养的责任与义务。父母双方也可以通过协议约定不满两周岁子女由父亲直接抚养，对子女健康成长无不利影响的，人民法院应予支持。《婚姻家庭编的解释（一）》第44条规定："离婚案件涉及未成年子女抚养的，对不满两周岁的子女，按照民法典第一千零八十四条第三款规定的原则处理。母亲有下列情形之一，父亲请求直接抚养的，人民法院应予支持：（一）患有久治不愈的传染性疾病或者其他严重疾病，子女不宜与其共同生活；（二）有抚养条件不尽抚养义务，而父亲要求子女随其生活；（三）因其他原因，子女确不宜随母亲生活。"

2 已满两周岁子女的抚养

已满两周岁的子女由何方抚养，首先应由父母协议，达成抚养协议。在有利于保护子女利益的前提下，父母双方协议轮流直接抚养子女的，人民法院应予支持。协议不成时，由人民法院根据按照最有利于未成年子女的原则和父母的实际情况判决。

同时已满两周岁的子女在父母符合情况的条件下，可以优先考虑让其抚养。《婚姻家庭编的解释（一）》第46条规定："对已满两周岁的未成年子女，父母均要求直接抚养，一方有下列情形之一的，可予优先考虑：（一）已做绝育手术或者因其他原因丧失生育能力；（二）子女随其生活时间较长，改变生活环境对子女健康成长明显不利；（三）无其他子女，而另一方有其他子女；（四）子女随其生活，对子女成长有利，而另一方患有久治不愈的传染性疾病或者其他严重疾病，或者有其他不利于子女身心健康的情形，不宜与子女共同生活。"

此外，《婚姻家庭编的解释（一）》第47条规定："父母抚养子女的条件基本相同，双方均要求直接抚养子女，但子女单独随祖父母或者外祖父母共同生活多年，且祖父母或者外祖父母要求并且有能力帮助子女照顾孙子女或者外孙子女的，可以作为父或者母直接抚养子女的优先条件予以考虑。"

最后，子女已满八周岁的，应当尊重其真实意愿，作为重要的考虑因素。如《婚姻家庭编的解释（一）》第60条规定："在离婚诉讼期间，双方均拒绝抚养子女的，可以先行裁定暂由一方抚养。"

关于继父母与继子女的抚养问题，生父与继母离婚或者生母与继父离婚时，对曾受其抚养教育的继子女，继父或者继母不同意继续抚养的，仍应由生父或者生母抚养。

（三）离婚后子女抚养关系的变更

无论子女由哪一方抚养，父母双方都应本着对子女负责的精神，在抚养和教育问题上互相协商，共同履行应尽的责任。如果抚养子女的一方要求子女与另一方断绝关系，或不抚养子女的一方拒绝承担对子女的抚养教育义务，或因子女变更姓名而拒付抚育费，都是违反婚姻家庭法规定的。

在抚养关系确定之后，父母双方协议变更子女抚养关系的，人民法院应予支持。一方也可以根据《婚姻家庭编的解释（一）》第55条之规定另行提起诉讼变更抚养权。具有下列情形之一，父母一方要求变更子女抚养关系的，人民法院应予支持：（1）与子女共同生活的一方因患严重疾病或者因伤残无力继续抚养子女；（2）与子女共同生活的一方不尽抚养义务或有虐待子女行为，或者其与子女共同生活对子女身心健康确有不利影响；（3）已满八周岁的子女，愿随另一方生活，该方又有抚养能力；（4）有其他正当理由需要变更。

四、离婚后子女抚养费的负担和变更问题

（一）离婚后子女抚养费的负担

《民法典》第1085条规定："离婚后，子女由一方直接抚养的，另一方应当负担部分或者全部抚养费。负担费用的多少和期限的长短，由双方协议；协议不成的，由人民法院判决。前款规定的协议或者判决，不妨碍子女在必要时向父母任何一方提出超过协议或者判决原定数额的合理要求。"这一规定说明，离婚后，父母有负担子女抚养费的平等义务。无论子女随父方还是随母方生活，对方都应当自觉地给付子女生活教育费。在协议离婚时，如果抚养子女的一方既有负担能力，又愿意独自承担全部费用，也允许对方不分担抚养费。但经查实，抚养方的抚养能力明显不能保障子女所需费用，影响子女健康成长的，不予准许。

❤ 子女抚养费的数额

抚养费的数额，可以根据子女的实际需要、父母双方的负担能力和当地的实际生活水平确定。有固定收入的，抚养费一般可以按其月总收入的百分之二十至三十的比

例给付。负担两个以上子女抚养费的，比例可以适当提高，但一般不得超过月总收入的百分之五十。无固定收入的，抚养费的数额可以依据当年总收入或者同行业平均收入，参照上述比例确定。有特殊情况的，可以适当提高或者降低上述比例。

② 子女抚育费的给付期限

抚养费的给付期限，一般至子女十八周岁为止。十六周岁以上不满十八周岁，以其劳动收入为主要生活来源，并能维持当地一般生活水平的，父母可以停止给付抚养费。

另外，父母不得因子女变更姓氏而拒付子女抚养费。父或者母擅自将子女姓氏改为继母或继父姓氏而引起纠纷的，应当责令恢复原姓氏。

③ 子女抚养费的给付办法

《婚姻家庭编的解释（一）》第50条、第51条规定了子女抚养费的给付方法：

（1）定期给付。这是子女抚养费的一般给付方法，国外称作"定期金"。有固定收入，或无固定收入但每月都有相当收入的，应按月定期给付。对无固定收入的农民、农村承包经营户等，可按年给付；收入较高的私营企业主、个体工商户、自由职业者，也可按年给付抚养费。

（2）有条件的一次性给付。即按月或按年应付的抚养费数额乘以将子女抚养到适当年龄的期限计算总数，一次性给付完毕。实践中，抚养费的给付方式一般按月给付，对一方要求一次性给付的要慎重处理。确有必要一次性给付的，要注意掌握条件。根据司法审判工作的经验，具备下列情形的可以一次性给付：出国出境人员；有能力支付的个体工商户、私营企业主、自由职业者；下落不明的一方以财产折抵的；双方自愿协商一致的。

④ 离婚后子女抚养费的变更

《婚姻家庭编的解释（一）》第58条规定："具有下列情形之一，子女要求有负担能力的父或者母增加抚养费的，人民法院应予支持：（一）原定抚养费数额不足以维持当地实际生活水平；（二）因子女患病、上学，实际需要已超过原定数额；（三）有其他正当理由应当增加。"

（二）离婚后父或母对子女的探望权问题

《民法典》第1086条规定："离婚后，不直接抚养子女的父或者母，有探望子女的权利，另一方有协助的义务。行使探望权利的方式、时间由当事人协议；协议不成的，由人民法院判决。父或者母探望子女，不利于子女身心健康的，由人民法院依法中止探望；中止的事由消失后，应当恢复探望。"本条对离婚后父或母对子女的探望权及中止探望权作了较为明确的规定。

❶ 探望权的法律意义

所谓探望权，是指父母双方离婚后，不与未成年子女共同生活的一方，享有对该未成年子女进行探望以及接待的权利。

探望权的规定，主要是针对现实生活中有些离婚当事人错误地认为子女归谁抚养就归谁所有，而产生的抚养子女的一方要求对方与子女断绝一切关系，不许对方联系、探望子女的情况，强制规定父母双方离婚后，子女由一方抚养，另一方有探望子女的权利。这样规定，一方面是保护父或母的抚养、教育子女的权利；另一方面也是为了保护子女能够身心健康地成长，给离异家庭的孩子一份完整的爱。可以说，离婚后丧失抚养权的一方享有探望孩子的权利，是人类文明的体现，它不仅是父母的权利，也是孩子的权利。

❷ 探望权的行使

探望既包括见面，如直接见面、短期的共同生活在一起，也包括交往，如网络聊天、互通电话、赠送礼物、交换照片等。探望以其时间的长短为标准可以分为暂时性探望和逗留性探望两种。前者是指探望的时间短，方式灵活。后者是指探望时间长，由探望人领走并按时送回被探望的子女。

有探望权的一方可以探望子女，也可以不探望子女，任何人不得限制或干涉，但不得滥用自己的权利。一方行使探望权，另一方（与子女共同生活的一方）必须提供帮助，使其探望权得以实现。设置障碍或教唆子女拒绝探望都是违法的，应承担相应的法律责任。

行使探望权的方式、时间，由当事人协商确定，不能达成探望协议的，由人民法院判决。在这里之所以强调由当事人达成协议，是因为夫妻双方对自己和孩子生活实际状况有更加深刻的了解，使达成的协议不致脱离实际，同时也有利于双方自觉履行。当然人民法院也可做双方当事人的调解工作，但调解要坚持自愿合法的原则。

③ 探望权的中止和恢复

（1）父母探望子女，不利于子女身心健康的，人民法院依法可以中止探望权。此处所称的"不利于子女身心健康"是指探望给子女的身心健康带来损害。结合司法实践，其情形主要有：

①不直接抚养子女的一方是无民事行为能力人或者限制民事行为能力人的。无民事行为能力人或者限制民事行为能力人，对事物缺乏判断能力或缺乏足够的判断能力，其本人连自己的权益都无法保障，尚需法定代理人的保护，如果允许无民事行为能力人或者限制民事行为能力人探望子女，极易损害子女的身心健康。因此，如果不直接抚养子女的一方具有该情形的，应当中止其探望权。

②不直接抚养子女的一方患有重病，不适合行使探望权的。如果不直接抚养子女的一方患有严重的传染性疾病，允许其探望子女，可能危及子女的身体健康，因此，有此种情形的，可以中止其探望权。

③行使探望权的一方当事人对子女有侵权行为或者犯罪行为，严重损害未成年子女利益的，可以中止其探望权。

（2）探望权中止的请求权主体。未成年子女、直接抚养子女的父或者母以及其他对未成年子女负担抚养、教育、保护义务的法定监护人，有权向人民法院提出中止探望的请求。

（3）中止探望权的程序以及恢复。

《婚姻家庭编的解释（一）》第66条规定："当事人在履行生效判决、裁定或者调解书的过程中，一方请求中止探望的，人民法院在征询双方当事人意见后，认为需要中止探望的，依法作出裁定；中止探望的情形消失后，人民法院应当根据当事人的请求书面通知其恢复探望。"中止探望权必须经过人民法院裁定。除人民法院外，任何单位和个人都无权中止探望权。

中止探望只是探望权的暂时停止使用，并非对当事人探望权的永久剥夺。中止探望的情形消失后，人民法院应当根据当事人的请求书面通知其恢复探望。

五、离婚损害赔偿制度

（一）离婚损害赔偿的概念

离婚损害赔偿，是指配偶一方违法侵害配偶他方的合法权益，导致婚姻关系破裂，离婚时对无过错配偶所受的损害，过错配偶应向无过错配偶承担赔偿财产损失和精神损失的民事责任。

2001年《婚姻法》新增了离婚损害赔偿制度，《民法典》延续了相应规定。长期以来，我国未采用婚姻契约理论，认为"婚姻是男女双方精神上的结合，虽然也涉及财产内容，但它主要是人身关系，而不是契约关系"。基于这样的认识，2001年之前我国《婚姻法》一直未对离婚中的过错赔偿制度作任何规定。但司法实践中，因夫妻一方存在过错而使夫妻关系破裂，导致离婚的，无过错方无任何法律依据要求过错方赔偿损害，从而导致其合法权益得不到法律的有效保护，过错方的违法行为也得不到应有的法律制裁，失去了法律的公平和正义。对故意侵害配偶权利的过错行为的补救法律的立法空白，减轻甚至取消了过错配偶侵害配偶权利的法律责任。再加上现代婚姻立法对无过错离婚主义的确立，使离婚不再是对过错方的一种惩罚，而是对已死亡的婚姻的确认和解除。离婚已无法再体现惩罚过错配偶的功能。在婚姻立法中，确立离婚过错赔偿制度，使无过错方在离婚时得到物质上的补偿，宜于使无过错方心理上得到平衡，减轻或抚平其心理上的痛苦，从而切实保护其合法权益。同时，对于侵害配偶权利的过错方也具有警示作用，并为追究其违法行为提供法律依据。

（二）离婚损害赔偿的要件

《民法典》第1091条规定："有下列情形之一，导致离婚的，无过错方有权请求损害赔偿：（一）重婚；（二）与他人同居；（三）实施家庭暴力；（四）虐待、遗弃家庭成员；（五）有其他重大过错。"离婚损害赔偿应具备以下要件：

❶ 须对方配偶有过错

对方配偶有过错是离婚"无过失方"请求损害赔偿的前提条件。德国法学家耶林指出："使人负损害赔偿的，不是因为有损害，而是因为有过失，其道理就如同化学上之原则，使蜡烛燃烧的，不是光，而是氧，一般的浅显明白。"

对方配偶有过错在法律上表现为以下五种情形：

（1）重婚。所谓重婚，是指有配偶而又与他人结婚，或者明知他人有配偶而与之结婚的行为。因为在现实生活中，有些人虽未登记结婚，但确以夫妻关系同居生活，故而有学者认为，所谓重婚，是指双方或一方有配偶，又与他人登记结婚的，或者虽未登记，但确以夫妻关系同居生活的违法行为。编者认为，重婚行为是一种犯罪行为，其外延不宜随意扩大，现行《刑法》对重婚已有明确规定，当以其为认定重婚的标准。而且《民法典》也未将有配偶者与他人同居视为重婚。

（2）有配偶者与他人同居。有配偶者与他人同居跟重婚不同，重婚是有配偶者又与他人结婚，或者明知他人有配偶与之结婚的行为，其在法律上须履行"婚姻登记"这一特定程序，方才符合重婚的构成要件。而有配偶者与他人同居，未办理结婚登记，便以夫妻名义在一起共同生活，或者秘密与他（她）人保持稳定的婚外性关系。它是重婚以外的破坏一夫一妻制的行为，其主要表现形式是姘居。即人们通常说的"包二奶""包养情妇""包二爷"等行为。所谓姘居，是指男女一方或双方有配偶，又与他人同居的行为。姘居和通奸都是已婚男女又与他人发生婚外性关系的行为，二者有许多共同点，但二者也存在明显区别：第一，通奸行为具有隐蔽性和秘密性，而姘居则具有公开性。第二，通奸行为一般表现为临时的、偶发的性行为，而姘居则具有相对固定的同居生活。有配偶者与他人同居是以两性关系为基础，同时还有经济上或其他生活方面的特殊关系。有配偶者与他人同居，不仅破坏了家庭的和谐与稳定，而且败坏了社会风尚，因而《民法典》明令禁止。

（3）虐待、遗弃家庭成员。虐待家庭成员，是指经常性地对家庭成员进行肉体上与精神上的摧残、折磨，使其在精神上、肉体上遭受损害的违法行为。虐待包括积极的作为，如对家庭成员进行殴打、冻饿、禁闭、捆绑、强迫过度劳动、侮辱、咒骂、讽刺、不让参加社会活动等行为，也包括消极的行为，如不给衣食、有病不给治疗等。生活中常见的虐待家庭成员的行为主要是丈夫虐待妻子，父母虐待子女，子女虐待父母，儿媳虐待公婆。虐待行为对家庭成员的生命和健康造成极大的危害，特别是使妇女、老人和未成年子女的身心健康受到极大的伤害。

遗弃家庭成员，是指家庭成员中负有赡养、扶养、抚养义务的一方，对需要赡养、扶养、抚养的另一方，不履行其应尽义务的违法行为。需要赡养、扶养、抚养的一方，是指家庭成员中年老、年幼、患病以及丧失劳动能力和生活自理能力，不能独立生活的人。遗弃家庭成员侵犯了家庭成员的受扶养的权利，从而给他们的生活造成困难，甚至给健康、生命带来危险，因此，法律明文规定"禁止家庭成员间的虐待和遗弃"。

（4）实施家庭暴力。家庭暴力，是指发生在家庭内部、某一家庭成员侵害其他家庭成员人身权利的暴力行为的统称，包括杀人、重伤、虐待、遗弃等各种身体暴力行为。家庭暴力包括夫妻之间、父母与子女之间的暴力行为。狭义的家庭暴力仅指丈夫对妻子所实施的暴力，这种家庭暴力是最常见、最普遍、最难以治理的暴力行为。丈夫对妻子的家庭暴力一般包括三个方面：一是对妻子的身体所给予的伤害；二是对妻子情感和精神方面的虐待，比如侮辱妻子的人格，嘲笑其缺陷，用语言刺激、伤害其自尊等；三是对妻子的性暴力，即违犯妻子的意愿，强行与妻子发生性行为或对妻子进行性虐待的行为。

家庭暴力以是否构成犯罪为标准，可以分为已构成犯罪的家庭暴力（可称"家庭暴力犯罪"）和未构成犯罪的家庭暴力（可称"轻微家庭暴力"）；家庭暴力还可依据是否持续一定时间为标准，分为持续性的家庭暴力（即家庭暴力的发生需要持续一段时间，如冻饿、限制人身自由、强迫超体力劳动等）和非持续性的家庭暴力（即家庭暴力的发生很快结束，如殴打受害人）。家庭暴力与虐待行为有重合，但虐待不能包括所有家庭暴力的具体情形。

（5）有其他重大过错。"有其他重大过错"为《民法典》新增的情形。将原来单一封闭的适用范围转变为一个开放性体系，有利于加强对婚姻当事人的保护，也有利于填补法律的漏洞。该情形的认定需要法官结合具体案件进行判断。比如婚外情育有子女虽然可能难以构成重婚等，但对配偶的感情存在重大伤害，可以认定为重大过错。再比如一方有赌博、吸毒等恶习屡教不改，也可以认定存在重大过错。

💙 2 受害方受有"损害"

此处的"损害"是指因对方的"重婚""婚外同居""虐待""遗弃""有其他重大过错"的行为给配偶另一方造成的利益损害。《民法典》第1091条规定的"损害赔偿"，包括物质损害赔偿和精神损害赔偿。涉及精神损害赔偿的，适用《最高人民法院关于确定民事侵权精神损害赔偿责任若干问题的解释》的有关规定。

💙 3 请求人无过错

离婚损害赔偿的请求权属于无过错方。如果夫妻双方均有《民法典》第1091条规定的过错情形，一方或者双方向对方提出离婚损害赔偿请求的，人民法院不予支持。

④ 过错行为与损害事实之间有因果关系

配偶一方实施的重婚、与他人同居、家庭暴力、虐待、遗弃等过错行为，必须是导致婚姻关系破裂而离婚，造成无过错配偶遭受财产损害和非财产损害的直接原因。离婚财产损害和人身损害均属于物质损害，必须有充分的证据证明过错行为是发生损害结果的直接原因，才能认定有因果关系，离婚精神损害，只需确认配偶一方有法定的过错行为而直接导致离婚的，就可以认定。但是，如果过错行为未导致离婚，受害配偶在婚姻关系存续期间提出追究过错方的侵权责任的，应按婚内侵权行为处理，不适用离婚损害赔偿。

（三）离婚损害赔偿在诉讼中的特殊规定

（1）不能单独提起离婚损害赔偿诉讼。离婚损害赔偿请求的前提是夫妻双方离婚，因此，《婚姻家庭编的解释（一）》第87条第3款规定："在婚姻关系存续期间，当事人不起诉离婚而单独依据民法典第一千零九十一条提起损害赔偿请求的，人民法院不予受理。"同时在离婚诉讼中，如法院判决不准予离婚，那么同样离婚损害赔偿的请求无法得到支持。《婚姻家庭编的解释（一）》第87条第2款规定："人民法院判决不准离婚的案件，对于当事人基于民法典第一千零九十一条提出的损害赔偿请求，不予支持。"

（2）法院的书面告知义务。离婚损害赔偿无法单独提起，考虑到当事人提起离婚诉讼时并不是完全清楚其权利，防止其无法正确行使权利。《婚姻家庭编的解释（一）》第88条规定，人民法院受理离婚案件时，应当将《民法典》第一千零九十一条等规定中当事人的有关权利义务，书面告知当事人。

（3）离婚损害赔偿不同情况适用。

在适用《民法典》第1091条时，应当区分以下不同情况：

①符合《民法典》第1091条规定的无过错方作为原告基于该条规定向人民法院提起损害赔偿请求的，必须在离婚诉讼的同时提出。

②符合《民法典》第1091条规定的无过错方作为被告的离婚诉讼案件，如果被告不同意离婚也不基于该条规定提起损害赔偿请求的，可以就此单独提起诉讼。

③无过错方作为被告的离婚诉讼案件，一审时被告未基于《民法典》第1091条规

定提出损害赔偿请求，二审期间提出的，人民法院应当进行调解；调解不成的，告知当事人另行起诉。双方当事人同意由第二审人民法院一并审理的，第二审人民法院可以一并裁判。

10

第十章
家庭财产继承制度

思政目标

通过对我国法定继承和遗嘱继承制度的讲解，
教育学生树立正确的遗产继承观。

━━━━━━━━━━ 案 例 ━━━━━━━━━━

甲（男）与乙（女）结婚，在其子小明20周岁时，甲与乙选择离婚，后甲与丙（女）再婚，丙子小亮8周岁，随甲、丙共同生活。小亮成年后前往美国成家立业，甲与丙甚感孤寂，收养孤儿小光为养子，视同己出，但未办理收养手续。后丙去世，甲聘请保姆丁照顾生活起居，同时与丁约定：甲生前由丁照料，死后遗产全部归丁。丁一直细心照料甲。后小亮回国，与丁一起照料甲，半年后甲去世，小亮认为自己是第一顺序继承人，且尽了义务，主张甲和丁之间的约定无效。

━━━━━━━━━━ 问 题 ━━━━━━━━━━

丙去世，其遗产的第一顺序继承人有哪些？小亮是否可以主张甲和丁之间约定无效？

第一节 财产继承制度概述

一、继承的概念与特征

（一）继承的概念

继承是自然人死亡后，按照法律规定或者遗嘱处理分配其所遗留的个人财产的制度。因继承产生的民事关系为继承法律关系。继承法律关系的主体，主要包括被继承人和继承人、受遗赠人。被继承人是死亡时遗留财产的自然人，被继承人只能是自然人。因为法人、非法人组织解散或者破产后，需要按照法律规定清算以处理其财产。继承人依法或依遗嘱取得遗产的权利成为继承权。

我国《民法典》继承编确定了相关的原则与基本规定，在第六编"继承"中通过专章的方式规定了继承法律制度，从第1119条至1163条四章共45条。其中第一章"一般规定"包括了继承权、继承开始的时间、遗产的范围等内容。第二章"法定继承"包括了法定继承人的范围、顺序，代位继承等重要内容。第三章"遗嘱继承和遗赠"中规定了遗嘱的各类形式、遗嘱的撤回与变更、必留份制度等内容。第四章"遗产的处理"则是包含了遗产管理人的选任、职责、胎儿的预留份等内容。

（二）继承的特征

财产继承法律关系，是民事法律关系的重要组成部分之一，具有不同于其他民法律关系的特点，其主要表现为：

（1）被继承人死亡是财产继承发生的原因与开始。一般民事法律关系的发生多数是基于民事法律行为。而财产继承法律关系则是由于被继承人死亡这一法律事实而产生，《民法典》继承编第1121条第1款规定，继承从被继承人死亡开始。

（2）继承人是与被继承人有一定亲属身份关系的自然人。一般民事法律关系的主体，可以是自然人、法人、国家。而继承人只能是自然人。

（3）财产继承非权利的单一继承，而是既包括财产权利又包括财产义务。继承人既享有继承遗产的权利，同时又承担在遗产价值范围内清偿被继承人生前所附债务的义务。

二、继承的基本原则

继承法律制度的基本原则集中体现在《民法典》继承编中，并贯穿于各项制度当中，它体现着我国的立法指导思想。一般说来，其基本原则主要有以下几项：

（一）保护自然人私有财产所有权

我国《民法典》继承编第1120条阐明："国家保护自然人的继承权。"《宪法》第13条规定："公民的合法的私有财产不受侵犯。""国家依照法律规定保护公民的私有财产权和继承权。""国家为了公共利益的需要，可以依照法律规定对公民的私有财产实行征收或者征用并给予补偿。"保护公民的私有财产权和继承权是保护公民合法财产所有权的具体表现，它是我国《民法典》继承编的立法依据，也是我国《民法典》继承编的宗旨和首要任务。

这一原则在《民法典》继承编上主要表现在以下方面：（1）我国《民法典》继承编明确规定，公民生前拥有的个人合法财产，包括生产资料、生活资料、知识产权中可以继承的财产权利以及其他合法的财产权，在其死后可以作为遗产由其继承人继承。（2）我国《民法典》继承编确认遗嘱继承，并且承认遗嘱继承具有优先于法定继承的效力。这是法律赋予公民以遗嘱的方式自由处分其身后财产及其他事务的权利。在没有遗嘱的情况下，法律推定死者希望将其财产遗留给与其关系最密切的亲属所有，并根据这一推定，确定法定继承人的范围和继承顺序。（3）我国《民法典》继承编还设计了继承权受到侵害时的各种司法救济手段。

（二）继承权男女平等的原则

我国《宪法》第48条规定："中华人民共和国妇女在政治的、经济的、文化的、社会的和家庭的生活等各方面享有同男子平等的权利。"《民法典》继承编第1126条规定："继承权男女平等。"继承权男女平等是对我国宪法所确立的男女平等原则的充分体现。

继承权男女平等原则，主要包括以下含义：（1）获得继承权时，男女平等。凡是被继承人的近亲属，不分男女，一律平等地享有继承权。丧偶儿媳对公婆、丧偶女婿对岳父母尽了主要赡养义务的，也依法享有继承权。（2）在继承顺序上，男女平等。在同一继承顺序中，不论是男是女，都有平等的继承权，如儿子和女儿都是父母的第一顺序的法定继承人，父或母也为子女的第一顺序的法定继承人。（3）同一顺序的继承人继承遗产的份额应当平等。《民法典》继承编第1130条中"同一顺序继承人继承遗产的份额，一般应当均等"的规定对男女平等均适用。对被继承人尽了主要赡养义务或者与被继承人共同生活的继承人，按照权利义务一致原则，在分配遗产时，可以多分。

（三）养老育幼、互助互济原则

赡养老人、抚育子女是家庭的社会职能，也是中华民族长期以来的传统美德和建设社会主义精神文明的要求。为了保护老人和未成年子女的权益，我国《宪法》第49条第3款规定："父母有抚养教育未成年子女的义务，成年子女有赡养扶助父母的义务。"我国《民法典》继承编中也以基本原则的形式贯彻落实了上述宪法原则。这一原则具体体现在：（1）在法定继承中规定，对生活有特殊困难的缺乏劳动能力的继承人，分配遗产时，应当予以照顾。（2）在遗嘱继承中规定，遗嘱应当对缺乏劳动能力又没有生活来源的继承人保留必要的遗产份额。（3）在遗产的处理中，规定遗产分割时，应当保留胎儿的继承份额。（4）规定当继承人有违反此原则的行为时，丧失继承权。如故意杀害被继承人的，遗弃被继承人的，或者虐待被继承人情节严重的。（5）为了解决有特殊困难的公民生养死葬的问题，《民法典》继承编还规定，公民可以与扶养人或集体所有制组织签订遗赠扶养协议，由扶养人或集体所有制组织承担该公民生养死葬的义务，享有受遗赠的权利。（6）为了鼓励赡养老人，《民法典》继承编把对公婆或岳父母尽了主要赡养义务的丧偶儿媳、丧偶女婿列入第一顺序的继承人，以贯彻这一原则。

（四）权利义务一致原则

权利义务一致原则是民法的一项基本原则。继承中的权利义务一致，是指判断继承人是否享有继承权，除考虑继承人与被继承人之间是否存在一定范围的亲属关系外，在特殊情况下，被继承人生前是否承担了较多的扶养义务也会成为判断的依据。

此外，继承人对被继承人生前债务的清偿，也是其继承内容的一部分。（1）《民法典》继承编第1129条规定，丧偶儿媳对公婆，丧偶女婿对岳父母，尽了主要赡养义务的，作为第一顺序继承人。儿媳与公婆之间、女婿与岳父母之间属姻亲关系，相互之间本没有扶养关系，亦没有继承权。但如果儿媳或女婿在丧偶后仍能继续对公婆或者岳父母给予关心、帮助、照顾或者在经济上持续提供资助的，根据权利义务一致原则，《民法典》继承编赋予丧偶儿媳或女婿以第一顺序的法定继承人资格，使其能以独立的身份取得对公婆或岳父母遗产的继承权。（2）我国《民法典》继承编除以婚姻关系、血缘关系为依据确定法定继承人的范围外，对继父母与继子女之间、继兄弟姐妹之间原属姻亲关系的当事人，根据他们之间是否有共同生活、相互之间是否存在扶养关系来确定彼此之间是否有继承权。（3）在遗产分配时，对于有扶养能力和扶养条件的继承人，不尽扶养义务的，可不分或少分遗产；与被继承人共同生活并尽义务较多的，可多分遗产；法定继承人以外的其他人，对被继承人生前扶养较多的，可以适当分得遗产。（4）我国《民法典》继承编适用概括继承的原则，接受遗产的继承人负有清偿被继承人生前所欠税款和其他债务的义务；放弃继承的，可以不负清偿义务。

阅读材料：父债无须子偿

陈某的妻子早亡，夫妻二人只有一个儿子小军。小军结婚后，陈某就和小军分家，自己单过。2013年，陈某因为经商向同村的肖某借款10万元。2014年陈某因心脏病猝死，肖某得知后，拿着借条要求其子小军还本付息12万元。小军将父亲遗留的财物全部折价（大约6万元）还债，但仍然有6万元无法清偿。其子小军认为自己无义务偿还剩余的6万元。肖某遂向人民法院起诉。

解析：我国《民法典》的限定继承原则决定了"父债无须子偿"，除非继承人自愿偿还。本案中陈某的遗产已经全部用于清偿债务，其子小军无须对剩余的债务负责。

三、继承权的相关规定

（一）继承权的取得

从《民法典》继承编来看，继承权的取得主要有以下几种：（1）基于婚姻关系取得，如配偶之间相互享有继承权；（2）基于血缘关系，该血缘关系也包括法律拟制血亲，关于血缘的范围由法律明文规定；（3）基于扶养关系取得，如丧偶儿媳、丧偶女婿、有扶养关系的继子女；（4）基于被继承人所立的遗嘱取得。

（二）继承权的丧失

继承权的丧失是指法律规定在发生一定事由时，依法剥夺继承人的继承资格。根据《民法典》继承编第1125条的规定，有以下5种情形会导致继承权的丧失：

（1）故意杀害被继承人的。构成该行为须具备两个条件：①主观上，继承人有杀害被继承人的故意，因此如果出于过失、正当防卫等或者只有伤害的故意，均不具备主观条件。②客观上实施了杀害的行为，不论是既遂还是未遂，都会丧失继承权。

（2）为争夺遗产而杀害其他继承人。首先在主观上，继承人必须有杀害的故意，且动机为争夺遗产。其次在客观上，也是实施了杀害的行为，当然不论这种犯罪行为是否既遂，都构成丧失继承权的法定事由。

（3）遗弃被继承人，或者虐待被继承人情节严重。本项包括两种情况：第一种是遗弃被继承人。只要行为人实施了遗弃被继承人的行为，而不论这种行为是否严重，都依法失去继承权。遗弃被继承人的行为也可能构成犯罪。第二种是虐待被继承人。如果继承人虐待被继承人情节严重，则构成丧失继承权的法定事由。继承人虐待被继承人情节是否严重，可以从实施虐待行为的时间、手段、后果和社会影响等方面判断。需要注意的是，实施本项规定的两种行为的，只要实施了遗弃行为、虐待被继承人情节严重的，就可以认定丧失继承权，而不需要继承人必须达到构成遗弃罪和虐待罪的程度。

（4）伪造、篡改、隐匿或者销毁遗嘱，情节严重。遗嘱是遗嘱人处分自己遗产的意思表示。自然人有处分自己财产的权利，有遗嘱自由。遗嘱被他人篡改、隐匿或者销毁，这歪曲了遗嘱人的真实意思，伪造遗嘱更是如此。伪造，是被继承人未立遗嘱，继承人无中生有地假冒被继承人所立遗嘱。篡改，是对被继承人所立的遗嘱的部分内容予以修改。隐匿，是将被继承人的遗嘱予以藏匿，不告知其他继承人或者遗产管理人。销毁，是将被继承人所立的合法有效的遗嘱予以损毁以致灭失。伪造、篡改、隐匿、销毁遗嘱的，都需要情节严重方可以成为丧失继承权的原因。所谓情节严重，可以是继承人通过伪造、篡改、隐匿或者销毁遗嘱的行为侵占了被继承人的巨额遗产，也可以是导致其他继承人未能参与遗产分割以致生活困难等。

（5）以欺诈、胁迫手段迫使或者妨碍被继承人设立、变更或者撤回遗嘱，情节严重。该情形为《民法典》新增内容。欺诈，是指继承人故意欺骗被继承人，使被继承人陷入错误判断，并基于此错误判断而立遗嘱、变更遗嘱内容或者撤回所立遗嘱。所谓胁迫，就是继承人通过威胁、恐吓等不法手段对被继承人思想上施加强制，由此使被继承人产生恐惧心理并基于恐惧心理而立下遗嘱、修改遗嘱内容或者撤回所立遗嘱。不论继承人是采取欺诈手段，还是通过胁迫手段，只要导致被继承人的真实意思歪曲，情节严重的，就构成丧失继承权的法定事由。

上述5种继承权丧失的法定理由中，可以分为继承权的绝对丧失以及相对丧失。故意杀害被继承人的、为争夺遗产而杀害其他继承人又属于继承权的绝对丧失，即出现该两种情形，继承权不再恢复。而遗弃被继承人属于继承权的相对丧失，是指虽然发生了某些法定事由导致继承权丧失，但在被继承人表示宽恕时，该继承人仍享有继承权。《民法典》继承编第1125条第2款规定，继承人有下列三种行为，但确有悔改表现，被继承人表示宽恕或者事后在遗嘱中将其列为继承人的，该继承人不丧失继承权：（1）遗弃被继承人，或者虐待被继承人情节严重；（2）伪造、篡改、隐匿或者销毁遗嘱，情节严重；（3）以欺诈、胁迫手段迫使或者妨碍被继承人设立、变更或者撤回遗嘱，情节严重。

（三）继承权的放弃与保护

第一，继承权的放弃是指继承人放弃自己继承被继承人遗产的意思表示。继承权的放弃是继承人对自己享有继承权的权利处分。《民法典》继承编第1124条规定："继承开始后，继承人放弃继承的，应当在遗产处理前，以书面形式作出放弃继承的表示；没有表示的，视为接受继承。受遗赠人应当在知道受遗赠后六十日内，作出接受或者放弃受遗赠的表示；到期没有表示的，视为放弃受遗赠。"因此继承权放弃应当满足三个条件：（1）放弃继承必须在特定时间作出，即继承开始后，遗产处理前。继承人若要放弃继承，必须在此时间段作出表示，既不能在继承尚未开始前放弃，也不能在遗产分割之后放弃。《民法典》继承编第1121条第1款规定："继承从被继承人死亡时开始。"因此，放弃继承必须在被继承人死亡后放弃。如果继承人尚未死亡，被继承人就作出放弃继承的意思表示，这种放弃是无效的。（2）以书面方式作出。一方面，放弃继承意味着继承人不参与遗产分割，是对自己权利的重大处分，要求继承人以书面方式作出，也可以让继承人三思而行，谨慎作出。另一方面，放弃继承后，继承人不再参与遗产分割，其他继承人将可以获得更多的遗产份额，为了避免当事人之间就遗产分割发生争议，以书面方式作出，更有利于保留证据。继承人放弃继承的书面意思表示，可以向遗产管理人作出，也可以在涉遗产的诉讼中向人民法院作出，还可以向其他继承人作出。（3）放弃继承必须以明示方式作出，不得以默示方式作出。根据本款规定，继承人在继承开始后、遗产处理前，对是否接受继承没有表示的，视为接受继承。

第二，继承权的保护，又称继承恢复请求权或继承回复请求权，是指合法继承人的财产继承权被他人侵害时，有请求恢复到继承开始时状态的权利。继承恢复请求权的内容包括两个方面：（1）请求确认继承人的继承资格和继承地位；（2）请求恢复其继承标的即对遗产的返还请求权利。因此，继承恢复请求权的意义在于，既能使继承人请求依法确认其继承人的地位和资格，又能根据这种继承人的地位和资格，请求侵权人返还被其非法占有的遗产，从而达到保护继承人的继承权，维护自然人合法权益的目的。

继承恢复请求权也应当在法律规定的期限内行使。《民法典》规定了3年的诉讼时效，起算时间从权利人知道或者应当知道权利受到损害之日起计算，自权利受到损害之日起超过20年的，不再予以保护。

第二节　法定继承

一、法定继承人的范围

我国《民法典》继承编第1127条规定的法定继承人的范围是：配偶、子女、父母；兄弟姐妹、祖父母和外祖父母。《民法典》继承编第1129条规定，丧偶的儿媳或者女婿对公婆或者岳父母尽了主要赡养义务的，可以作为第一顺序的法定继承人。

（一）配偶

配偶专指婚姻关系存续期间的夫妻双方。男女双方因婚姻而结为夫妻，夫妻双方互为配偶。夫妻是组成家庭的最基本的成员，相互之间具有人身关系和财产关系。配偶作为法定继承人，以其与被继承人之间的婚姻关系的合法有效为前提，在被继承人死亡前这种婚姻关系始终存在，如此，才能以配偶的身份继承被继承人的遗产。在确定配偶身份时，应注意下列特殊情况：（1）男女双方长期同居、姘居的，不论是否生儿育女，一方死亡，他方不得以配偶身份主张继承死者的遗产。同居期间的财产，可按共有财产对待，生存方可以要求分割共有财产中应该属于自己的部分；同居期间生儿育女，其子女基于血亲关系，可以继承死者的遗产。（2）在1994年2月1日民政部颁布的《婚姻登记管理条例》前，男女双方符合结婚的实质要件，但是没有办理婚姻登记而以夫妻名义共同生活，周围群众也认为双方是夫妻的，可以认定为事实婚。一方死亡的，另一方可以以配偶身份要求继承死者的遗产。（3）已经办理婚姻登记的男女双方，尚未共同生活或者共同生活时间很短的，其中一方死亡，另一方可以以配偶身份要求继承死者的遗产，死者的其他法定继承人不得无理阻拦，但在具体分配遗产时，应与有长期共同生活的夫妻关系有所区别。（4）在离婚诉讼进行中一方死亡，或者法院判决离婚，在离婚判决生效前一方死亡的，因婚姻关系尚未终止，对方仍得以配偶身份主张继承死者的遗产。

（二）子女

子女包括婚生子女、非婚生子女、养子女和有抚养关系的继子女。

1 婚生子女

婚生子女是指具有合法婚姻关系的男女双方所生育的子女。婚生子女作为法定继承人，不因其性别、年龄以及婚姻状况而受影响，对父母的遗产享有平等的继承权。因父母离异而由一方抚养的子女，对没有抚养他的父亲或者母亲的遗产仍享有继承权。子女对父母遗产的继承权，不因父母之间婚姻关系的变化而受影响。胎儿因不具有主体资格而不能享有继承。但是根据罗马法的"关于胎儿的利益视为已经出生"的原则，各国立法普遍规定应保留胎儿的"应继份"。我国《民法典》继承编第1155条规定："遗产分割时，应当保留胎儿的继承份额。胎儿娩出时是死体的，保留的份额按照法定继承办理。"

阅读材料：胎儿享保留份额的继承权

李某系某公司高级法律顾问，在外派出差时，因车祸死亡。后李某公司对李某家人进行了工伤赔付，肇事车主也对李某家人进行了事故赔付。李某生前与其妻子王某共有一房二车，存款50万元。李某死亡时，其妻子王某怀孕七个月。李某死亡后，李某妻子王某与李某父母商议财产继承问题，王某主张其已怀孕七个月，应当为未出生的孩子预留抚养费，故王某应当多分得遗产。李某的父母认为王某还年轻，以后难免要再嫁人，不一定会将这个孩子生下来，即使生下来也未必会让孩子随父亲姓，所以不应该给未出生的胎儿保留份额。王某不服财产分配结果，将李某父母诉至法院，要求为未出生的孩子预留财产。

解析：根据《民法典》第16条规定："涉及遗产继承、接受赠与等胎儿利益保护的，胎儿视为具有民事权利能力。但是，胎儿娩出时为死体的，其民事权利能力自始不存在。"《民法典》第1155条也规定应保留胎儿的"应继份"。本案中，胎儿的父亲死亡分割遗产时，应当为胎儿保留继承份额。如果胎儿在出生时是活体，则享有保留份额的继承权；如果胎儿出生时是死体，则胎儿的继承权自始不存在。

2 非婚生子女

非婚生子女是指没有婚姻关系的男女所生育的子女。子女对父母的继承权，基于与父母之间的血缘关系，而不问父母相互之间是否有婚姻关系。因此，非婚生子女对父母遗产的继承权应与婚生子女一样。我国《民法典》第1071条规定："非婚生子女享有与婚生子女同等的权利，任何组织或者个人不得加以危害和歧视。"

❸ 养子女

根据《民法典》继承编第1127条的规定，养子女是养父母的法定继承人，居于第一继承顺序中。养父母与养子女关系是法律拟制的一种血亲关系，因收养关系的解除而消除。我国《收养法》规定，收养关系解除后，养子女与养父母及其他近亲属之间的权利义务关系即行消除，与生父母及其他近亲属之间的权利义务关系自行恢复，但成年养子女与生父母及其他近亲属之间的权利义务关系是否恢复，可以协商确定。因此，收养关系解除以后，养子女不再享有对原养父母的遗产继承权。

❹ 继子女

由于继子女与继父母之间是一种姻亲关系，原则上互相不享有继承权。但是，如果继父母与继子女之间形成了抚养关系，则继子女和继父母之间相互享有对方遗产的继承权。继父或继母和受其抚养教育的继子女间的权利义务，适用《收养法》对父母子女关系的有关规定。因此，与继父、继母形成抚养关系的继子女，属于法定继承人。并且继子女继承了继父母遗产的，不影响其继承生父母的遗产。

（三）父母

父母包括生父母、养父母和有抚养关系的继父母。生父母与子女之间的关系是自然血亲关系，他们之间互相有继承对方遗产的权利。养父母是因收养关系而与被收养人成立的一种拟制血亲关系，适用父母子女关系的法律规定，属法定继承人的范围。实践中需注意的是，养祖父母与养孙子女的关系，视为养父母子女关系的，可互为第一顺序的继承人。有抚养关系的继父母和继子女互相享有对方遗产的继承权，当然，继父母继承了继子女遗产的，不影响其继承生子女的遗产。

（四）兄弟姐妹

兄弟姐妹是血缘关系最近的旁系血亲。有负担能力的兄、姐，对于父母已经死亡或父母无力抚养的未成年的弟、妹，有扶养的义务。由兄、姐扶养长大的弟、妹，对于缺乏劳动能力又缺乏生活来源的兄、姐，有扶养的义务。我国《民法典》继承编所说的兄弟姐妹，包括同父同母的兄弟姐妹；同父异母、异父同母的兄弟姐妹；养兄弟姐妹；有扶养关系的继兄弟姐妹。养兄弟姐妹包括养子女与生子女、养子女与养子女的兄弟姐妹关系。继兄弟姐妹多为异父异母的兄弟姐妹，属姻亲关系。继兄弟姐妹共同生活，相互之间有扶养照顾的，相互之间有继承权。继兄弟姐妹相互继承遗产的，不影响其继承亲兄弟姐妹的遗产。

（五）祖父母、外祖父母

祖父母、外祖父母是隔代的直系血亲尊亲属，是除父母之外最亲的直系血亲尊亲属。有负担能力的祖父母、外祖父母，对于父母已经死亡或者父母无力抚养的未成年的孙子女、外孙子女，有抚养的义务。有负担能力的孙子女、外孙子女，对于子女已经死亡或子女无力赡养的祖父母、外祖父母有赡养的义务。因此，我国法律对祖父母、外祖父母平等对待，都把其纳入法定继承人的范围。当然，《民法典》继承编上的祖父母，也包括亲祖父母和亲外祖父母、养祖父母和养外祖父母、继祖父母和继外祖父母。

（六）对公婆、岳父母尽了主要赡养义务的丧偶儿媳、丧偶女婿

我国法律出于鼓励赡养老人的客观需要，在《民法典》继承编中对尽了主要赡养义务的丧偶儿媳和丧偶女婿作了特别规定，承认其为第一顺序的法定继承人。这样有利于鼓励丧偶儿媳、丧偶女婿积极赡养公婆、岳父母，也有利于维护家庭的和睦团结，更体现了权利义务一致原则的精神。最高人民法院关于适用《中华人民共和国民法典》继承编的解释（一）（以下简称《继承编的解释（一）》）第19条规定，对被继承人生活提供了主要经济来源，或者在劳务等方面给予了主要扶助的，应当认定其尽了主要赡养义务或主要扶养义务。至于尽了主要赡养义务的丧偶儿媳、丧偶女婿，无论是否再婚，其第一顺序法定继承人的地位和其子女的代位继承权均不受影响。

各法定继承人的有先后顺序，我国《民法典》继承编第1127条规定："遗产按照下列顺序继承：（一）第一顺序：配偶、子女、父母；（二）第二顺序：兄弟姐妹、祖父母、外祖父母。继承开始后，由第一顺序继承人继承，第二顺序继承人不继承；没有第一顺序继承人继承的，由第二顺序继承人继承。"第1129条规定："丧偶儿媳对公婆，丧偶女婿对岳父母，尽了主要赡养义务的，作为第一顺序继承人。"法定继

承人的顺序具有排他性。存在先顺序的法定继承人时，顺序在后的法定继承人不得参加继承，法律另有规定的除外。

二、代位继承与转继承

（一）代位继承的概念

代位继承是法定继承制度中的一种特殊情况，我国《民法典》第1128条规定："被继承人的子女先于被继承人死亡的，由被继承人的子女的直系晚辈血亲代位继承。被继承人的兄弟姐妹先于被继承人死亡的，由被继承人的兄弟姐妹的子女代位继承。代位继承人一般只能继承被代位继承人有权继承的遗产份额。"根据该规定可知，代位继承是指在法定继承中，被继承人的子女或者兄弟姐妹先于被继承人死亡时，由被继承人子女的晚辈直系血亲或兄弟姐妹的子女代位继承其遗产份额的法律制度。

《继承法》第11条规定了代位继承制度，即被继承人的子女先于被继承人死亡的，由被继承人的子女的晚辈直系血亲代位继承。代位继承人一般只能继承他的父亲或者母亲有权继承的遗产份额。《民法典》继承编在《继承法》第11条的基础上作了修改完善。《继承法》规定的代位继承制度中，被代位继承人仅限于被继承人的子女，代位继承人仅限于被继承人子女的直系晚辈血亲。虽然该规定保障了遗产向被继承人的直系晚辈血亲流转，但是考虑到这样容易导致遗产因无人继承而收归国家或者集体所有，因此，有必要扩大被代位继承人的范围。但是，也不能无限制地扩大被代位继承人的范围，否则容易使遗产过多地向较远的旁系扩散。一般来说，兄弟姐妹是被继承人血缘关系最近的旁系血亲，兄弟姐妹具有深厚的情感基础，在一定情况下还能尽扶养扶助义务，而兄弟姐妹的子女即被继承人的侄子女、甥子女，与被继承人在血缘和情感上有较为紧密的联系，让侄子女、甥子女继承遗产符合遗产向晚辈流传的原则，也符合民间传统上继承遗产的习惯。可以通过赋予侄子女、甥子女代位继承的权利间接起到扩大法定继承人范围的效果。

（二）代位继承的法律特征

（1）代位继承必须是被继承人的子女（直系晚辈血亲）或者被继承人的兄弟姐妹先于被继承人死亡或者宣告死亡。

（2）被代位继承人是被继承人的子女（直系晚辈血亲）或者兄弟姐妹。其中被继承人的子女（直系晚辈血亲）包括被继承人的孙子女、外孙子女、曾孙子女、外曾孙子女，他们都可以代位继承，代位继承人不受辈数的限制。被继承人的兄弟姐妹的代位继承人仅限于其子女。

代位继承人要根据被代位继承人的地位和顺序继承遗产。被继承人的子女为第一顺序继承人，因此，被继承人的子女的直系晚辈血亲在代位继承时是以第一顺序继承人的身份参与继承。被继承人的兄弟姐妹为第二顺序继承人，被继承人的兄弟姐妹的子女在代位继承时是以第二顺序继承人的身份参与继承，只有在没有第一顺序继承人继承，也没有被继承人的子女的直系晚辈血亲代位继承时，才能根据法律规定代位继承。

（3）代位继承人只能继承被代位人应得的遗产份额。由于代位继承是代位已经死去的父亲或母亲继承祖父母或外祖父母的遗产，因此，代位继承人无论是一人还是数人，都只能继承他们的父亲或者母亲应得的遗产份额。

（4）被代位人必须享有继承权。在我国，代位继承权取"代位说"，即以被代位人享有继承权为前提，被代位人丧失继承权的，其直系晚辈血亲因没有可替代行使的继承权，不享有代位继承权。法律另有规定的除外。

（5）代位继承只适用于法定继承，是法定继承的一种特殊情况。遗嘱继承不适用于代位继承。遗嘱所指定的继承人先于立遗嘱人死亡的，遗嘱所指定的由该继承人继承的遗产，按法定继承办理。

（三）转继承的概念和适用条件

转继承，也称第二次继承，是指继承人在被继承人死亡后遗产分割前死亡，本该由该继承人继承的遗产份额，转由他的法定继承人继承的法律制度。转继承的适用应符合下列条件：（1）继承人后于被继承人死亡或者宣告死亡。继承人的死亡在被继承人死亡以后、遗产分割以前。继承人先于被继承人死亡的，则适用于代位继承。（2）继承人对被继承人的遗产必须享有继承权。继承人放弃继承或者被剥夺继承权的，不发生转继承问题。

（四）代位继承与转继承的区别

代位继承与转继承的区别主要有以下几个方面：（1）发生的事实根据不同。代位继承是基于继承人先于被继承人死亡的事实而发生的。而转继承发生的根据则是继承人在继承开始后，遗产分割前死亡的事实。（2）对死亡的继承人的要求不同。代位继承中，先于被继承人死亡的法定继承人限于被继承人的子女或兄弟姐妹，其他法定继承人如配偶、父母等，即使先于被继承人死亡，也不会发生代位继承的问题。而在转继承中，只要是被继承人的继承人，不管是法定继承人，还是遗嘱指定的继承人，只要在遗产分割前死亡，都会发生转继承的问题。（3）代位继承人和转继承人的范围不同。代位继承人，限于被继承人子女的晚辈直系血亲以及被继承人的兄弟姐妹的子女。而转继承人则范围要广得多，只要是继承人的继承人，都可成为转继承人。（4）二者适用的范围不同。转继承既可发生在法定继承中，也可发生在遗嘱继承中。代位继承只适用于法定继承，而不适用于遗嘱继承。

第三节　遗嘱继承

一、遗嘱继承概述

（一）遗嘱的概念和特征

遗嘱是立遗嘱人生前按照法律规定的方式处分自己的财产及其他事务，于死后产生法律效力的表意行为。

遗嘱行为是民事法律行为，具有如下法律特征：（1）遗嘱是单方的法律行为。遗嘱只需遗嘱人一方的意思表示，就能产生相应的法律后果。遗嘱人通过遗嘱处分自己的财产及其他事务，无须征得他人的同意，包括无须征得遗嘱继承人的同意。遗嘱所指定的继承人放弃遗嘱继承的，不影响遗嘱本身的效力。（2）遗嘱是死后生效的法律行为。遗嘱人订立遗嘱的目的，在于对自己身后的财产及有关事务做事先安排，这种安排对遗嘱人不具有拘束力。遗嘱人可以在其生前的任何时候订立遗嘱、变更遗嘱，甚至撤销遗嘱。（3）遗嘱是要式法律行为。遗嘱从订立到执行往往会有一段时间。由于遗嘱是死后生效的法律行为，遗嘱执行时，遗嘱人已不在人世。为避免遗嘱在执行时发生问题，引发纠纷，我国《民法典》继承编规定，遗嘱必须符合法律规定的形式要件才能产生执行的效力。（4）遗嘱人立遗嘱时必须具有遗嘱能力。在我国，遗嘱能力适用行为能力的标准。

（二）遗嘱的形式

遗嘱的形式是指遗嘱人处分自己死后财产及其他事务的意思表示的方式。遗嘱是要式法律行为，须符合法律规定的形式。我国《民法典》继承编规定了订立遗嘱的六种形式及生效的条件：

（1）自书遗嘱。自书遗嘱是遗嘱人亲笔书写的遗嘱。根据《民法典》继承编的规定，自书遗嘱必须由遗嘱人亲笔书写，签名并注明年、月、日。如对先前所立遗嘱作修改的，应由遗嘱人加以说明并签名，注明年、月、日。公民在遗书中涉及对其个人财产处分的内容，确为死者真实意思的表示，有本人签名并注明了年、月、日的，在无相反证据的情况下，可按自书遗嘱对待。

（2）代书遗嘱。代书遗嘱是由遗嘱人口述，由别人代为书写、记录的遗嘱。为保证代书人所书写的内容与遗嘱人的真实意思一致，代书遗嘱必须有两个以上的见证人在场见证，由其中一人代书，并注明年、月、日，同时代书人、其他见证人和遗嘱人在遗嘱上分别签名盖章。

（3）录音录像遗嘱。录音录像遗嘱是由遗嘱人口述、经录音录像设备录制下来的遗嘱形式。我国《民法典》继承编规定，以录音形式订立的遗嘱，应由两个以上的见证人在场见证。

（4）口头遗嘱。口头遗嘱是遗嘱人以口头表述的方式订立的遗嘱。口头遗嘱因缺乏有效的实物证据，容易引起纠纷，因此，法律对口头遗嘱的适用有着严格的限制。我国《民法典》继承编第1138条规定："遗嘱人在危急情况下，可以立口头遗嘱。口头遗嘱应当有两个以上见证人在场见证。危急情况消除后，遗嘱人能够以书面或者录音录像形式立遗嘱的，所立的口头遗嘱无效。"此处"危急情况"可理解为病危、突遇自然灾害、意外事故、战争等。

（5）公证遗嘱。公证遗嘱是遗嘱人将其所立的自书遗嘱、代书遗嘱送国家公证机关办理遗嘱公证。公证是由国家的公证机关对法律行为的真实性、合法性予以认可。《民法典》取消了公证遗嘱的优先效力。

（6）打印遗嘱应当有两个以上见证人在场见证。遗嘱人和见证人应当在遗嘱每一页签名，注明年、月、日。

为保证代书遗嘱、录音遗嘱、口头遗嘱的真实性，我国《民法典》继承编规定，此三种遗嘱必须有两个以上见证人在场见证，并对见证人的资格作了限制性的规定，即有下列情况之一的，不能作为遗嘱见证人：①无行为能力人、限制行为能力人；②继承人、受遗赠人；③与继承人、受遗赠人有财产上利害关系的人，如继承人、受遗赠人的近亲属，债权人、债务人、合伙人等。

阅读材料：口头遗嘱需要两个以上见证人在场见证

赵某育有一子二女，两年前病重之际，在只有儿子赵小某及女儿赵二某（10岁）陪同的情况下，口头交代去世后财产都给儿子赵小某一个人。后经医院抢救，赵某脱离了危险，不幸的是赵某2周后因意外去世。在处理后事时，赵小某主张父亲两年前在病房立口头遗嘱说将财产给自己，现在要求依据口头遗嘱继承赵某的所有财产。

解析：根据《民法典》继承编第1138条规定："遗嘱人在危急情况下，可以立口头遗嘱。口头遗嘱应当有两个以上见证人在场见证。危急情况消除后，遗嘱人能够以书面或者录音录像形式立遗嘱的，所立的口头遗嘱无效。"本案中，赵某在病危之际，口头交代自己去世后财产都给赵小某个人，属于紧急情况下立口头遗嘱的行为，但因赵某立口头遗嘱的时候并没有两个以上的有效见证人在场，且赵某经抢救脱离危险之后没有以书面或者录音录像的形式再立遗嘱，所以，赵某所立口头遗嘱无效，赵小某不能凭借口头遗嘱继承赵某的全部遗产。

（三）遗嘱的撤回与变更

遗嘱的撤回，是指遗嘱人在立遗嘱后又对该遗嘱加以取消。遗嘱的变更，是指遗嘱人在立遗嘱后又对该遗嘱作出修改。遗嘱的撤回与变更产生的法律后果为遗嘱中被撤回、被变更的内容不产生效力。遗嘱人从立遗嘱到遗嘱生效的这段时间，可能会因种种原因，改变其当初立遗嘱时的意愿。法律允许并保障遗嘱人撤回、变更自己所立的遗嘱，是遗嘱自由原则的必然要求，也是意思自治原则在继承领域的具体体现。《民法典》继承编第1142条第1款、第2款规定："遗嘱人可以撤回、变更自己所立的遗嘱。立遗嘱后，遗嘱人实施与遗嘱内容相反的民事法律行为的，视为对遗嘱相关内容的撤回。"

遗嘱人订立多份内容相抵触的遗嘱时，以最后的遗嘱为准。原《继承法》第20条第3款规定，自书、代书、录音、口头遗嘱，不得撤销、变更公证遗嘱，突出了公证遗嘱的优先效力。公证遗嘱与其他形式的遗嘱相比，具有证明力更强的特点，然而继承法赋予公证遗嘱在适用效力位阶上的优先性，不允许遗嘱人以其他形式的遗嘱撤回或者变更，存在使遗嘱人的最终意愿不能实现，不当限制遗嘱自由等弊端，有悖于遗嘱制度的宗旨。为切实保障遗嘱人的真实意愿，《民法典》继承编删除了《继承法》关于自书、代书等形式的遗嘱不得撤销、变更公证遗嘱的规定，保留了《继承法》"立有数份遗嘱，内容相抵触的，以最后的遗嘱为准"的规定。

二、遗赠与遗赠扶养协议

（一）遗赠的概念与特征

遗赠是指自然人通过遗嘱的方式将个人财产赠与国家、集体或者法定继承人以外的组织、个人，并于其死后发生法律效力的一种单方民事法律行为。遗赠具有以下特征：①遗赠为单方法律行为；②遗赠的对象为法定继承人以外的组织或个人；②遗赠是遗赠人死后发生法律效力的行为。

（二）遗嘱继承和遗赠的区别

❶ 主体的范围不同

受遗赠人可以是法定继承人范围以外的任何人，除自然人外还包括国家、集体和其他组织。而遗嘱继承人只能是法定继承人范围以内的人，只限于自然人，但不受继承顺序的限制。

❷ 取得遗产的方式不同

遗嘱继承人对遗产享有的是支配性质的权利，所以通常遗嘱继承人可以直接参加遗产的分配；受遗赠人不能直接支配遗产，其享有的是请求遗嘱执行人或者继承人给付遗产的请求权性质的权利，所以，受遗赠人通常不能直接参加遗产的分配。

❸ 接受的意思表示方式不同

在继承开始后，同样的沉默会带来不同的法律后果：对于遗嘱继承人来说，在遗产处理前没有作出接受或者放弃的意思表示的，推定接受继承；对于受遗赠人来说，其在知道受遗赠后60日内没有作出接受或者放弃的意思表示的，推定放弃受遗赠。因此，接受继承无须明示的意思表示，而接受遗赠只有通过明示的意思表示才能实现。

（三）遗赠扶养协议的概念

（1）遗赠扶养协议是指遗赠人与抚养人之间订立的有关扶养人承担遗赠人生养死葬的义务，遗赠人死后遗产归扶养人所有的协议。《民法典》继承编第1158条规定："自然人可以与继承人以外的组织或者个人签订遗赠扶养协议。按照协议，该组织或者个人承担该自然人生养死葬的义务，享有受遗赠的权利。"即遗赠扶养协议包括两种：一种是自然人间签订的协议；另一种是自然人与继承人以外的组织签订的协议。

（2）遗赠扶养协议和遗赠的区别。遗赠扶养协议与遗赠都是自然人按照其自由意思对个人合法财产的处分行为且都是自然人死后利益转移的行为，但二者之间仍有区别：①行为的性质不同。遗赠扶养协议是双方、有偿的民事行为，须遗赠人与扶养人双方当事人意思表示一致才能成立，且双方均享有权利和承担义务；遗赠是单方、无偿的民事行为，只须赠人单方意思表示即可成立，无须征得受遗赠人的同意，且受遗赠人只享有接受遗赠财产的权利，不承担清偿债务的义务。②订立的方式不同。遗赠扶养协议按照书面合同的方式由双方协商订立；遗赠则由遗嘱人单方依法定的遗嘱形式订立。③生效的时间不同。遗赠扶养协议自订立时起发生法律效力；遗赠自遗赠人死亡后发生。④法律效力不同。根据《民法典》继承编第1123条的规定可知，遗赠扶养协议的效力优先于遗赠。

三、遗嘱继承和遗赠的例外——必留份制度

遗嘱人立遗嘱，可以自主决定在其死后如何对其个人财产进行分配与处置，在分配的对象、方式、份额等方面都具有较大程度的自由。遗嘱自由原则是当事人意思自治原则以及保护私有财产原则在继承法领域的具体化，但是遗嘱自由不是完全无限制的自由，由于继承制度还须发挥遗产的扶养功能和维护基本的家庭伦理的功能，因此，各国继承立法也普遍对遗嘱人以遗嘱处分财产的权利作了一定的限制，我国《民法典》继承编第1141条规定"遗嘱应当为缺乏劳动能力又没有生活来源的继承人保留必要的遗产份额"。

四、遗嘱无效的情形

（一）遗嘱的有效要件

遗嘱作为一种单方法律行为，遗嘱人订立的遗嘱必须符合法律规定的条件才能成立并生效。根据《民法典》继承编的相关规定，合法有效的遗嘱必须具备以下条件：（1）遗嘱人立遗嘱时必须有遗嘱能力。遗嘱能力，是指自然人依法享有的可以用遗嘱

形式处分个人财产的能力或资格。《民法典》继承编没有对遗嘱人的遗嘱能力作出专门规定，主要是适用民事行为能力的规定，即只有具有完全民事行为能力的人才可以立遗嘱。没有遗嘱能力的人，即无民事行为能力人或者限制民事行为能力人，其所立的遗嘱无效。（2）遗嘱必须是遗嘱人的真实意思表示。为了保障遗嘱人的财产处分权以及遗嘱自由，维护合法的遗嘱继承人及受遗赠人的利益，法律要求遗嘱必须表示遗嘱人的真实意思，这就体现在两个方面：一是遗嘱必须出于遗嘱人的自愿，是其内心自由意志的体现，遗嘱人因受欺诈、胁迫所立的遗嘱无效；二是遗嘱的内容真实可靠，确实为遗嘱人的意思表示，伪造的遗嘱、遗嘱被篡改的部分无效。（3）遗嘱的内容合法。遗嘱为遗嘱人的合法财产的处分，该处分不得违反法律的强制性规定。《继承编的解释（一）》第26条规定，遗嘱人以遗嘱处分了国家、集体或者他人财产的，应当认定该部分遗嘱无效。《民法典》继承编第1141条和《继承编的解释（一）》第25条规定，遗嘱人处分个人财产必须为特定继承人保留必要的遗产份额。（4）遗嘱的形式必须符合法律规定。我国《民法典》继承编规定了遗嘱的六种形式，遗嘱人订立的遗嘱需要符合该六种形式。

（二）遗嘱无效的具体情形

遗嘱无效是指遗嘱人所立遗嘱不符合法律规定的有效条件而不具有法律上的效力。根据《民法典》继承编的规定，遗嘱无效的情形包括以下几种：

（1）无民事行为能力人或者限制民事行为能力人所立的遗嘱无效。无行为能力人和限制行为能力人不具有以遗嘱的形式处分自己财产的能力，即欠缺遗嘱能力。大多数国家的继承法对遗嘱能力都有规定，遗嘱能力的确定主要是依据遗嘱人的年龄和精神健康状况两个因素确定。我国《民法典》继承编第1143条第1款规定："无民事行为能力人或者限制民事行为能力人所立的遗嘱无效。"

（2）受欺诈、胁迫所立的遗嘱无效。《民法典》继承编第1143条第2款规定："遗嘱必须表示遗嘱人的真实意思，受欺诈、胁迫所立的遗嘱无效。"欺诈、胁迫均构成对当事人意思表示自由的干涉，对于因受欺诈、胁迫而实施的民事法律行为，《民法典》第148条、第150条规定，一方以欺诈、胁迫手段，使对方在违背真实意思的情况下实施的民事法律行为，受欺诈方、受胁迫方有权请求人民法院或者仲裁机构予以撤销。受欺诈方、受胁迫方需要在法律规定的期限内行使撤销权，否则撤销权消灭，因受欺诈、胁迫而实施的民事法律行为自此成为完全有效的民事法律行为。法律赋予受欺诈方、受胁迫方以撤销权，可以使其对自己实施的民事法律行为的效力作出选择，最大限度地尊重其意思自治、保护其合法权益。撤销权针对的是已经生效的民事法律行为，使其具有溯及力的消灭，立遗嘱的行为虽然也是一种民事法律行为，但是遗嘱自被继承人死亡时生效，已经死亡的遗嘱人无法撤销其有瑕疵的意思表示，为此，本法规定受欺诈、胁迫所立的遗嘱无效，区别于一般的因受欺诈、胁迫而实施的民事法律行为的效力。

（3）伪造的遗嘱无效。伪造的遗嘱是以被继承人的名义设立的非被继承人意思表示的遗嘱。伪造的遗嘱因整个遗嘱的意思表示都是假的，并非被继承人的真实意思表示。因此，遗嘱全部无效。

（4）遗嘱被篡改的，篡改的内容无效。篡改是在真实遗嘱的基础上对遗嘱的部分内容进行改动，由于遗嘱的内容可能是多方面的，并且各项内容之间可以是互相独立的，因此，遗嘱被篡改的，只是篡改的内容无效，并不会导致整个遗嘱无效，遗嘱中未篡改的内容仍然有效，这也体现了对遗嘱人真实意思表示的尊重。

（5）未保留必留份的遗嘱，该部分处分无效。《民法典》继承编第1141条规定："遗嘱应当为缺乏劳动能力又没有生活来源的继承人保留必要的遗产份额。"根据该条可知，为特定继承人保留必要的遗产份额是法律的明确规定，是遗嘱必须包含的内容。《继承编的解释（一）》第25条规定："遗嘱人未保留缺乏劳动能力又没有生活来源的继承人的遗产份额，遗产处理时，应当为该继承人留下必要的遗产，所剩余的部分，才可参照遗嘱确定的分配原则处理。继承人是否缺乏劳动能力又没有生活来源，应当按遗嘱生效时该继承人的具体情况确定。"

（6）遗嘱处分了国家、集体或者他人财产，该部分内容无效。遗嘱中所涉及的财产被继承人遗留的个人合法财产，无权处分非其个人的财产。《继承编的解释（一）》第26条规定："遗嘱人以遗嘱处分了国家、集体或者他人财产的，应当认定该部分遗嘱无效。"

（7）形式要件违法的遗嘱无效。我国《民法典》继承编明确规定了遗嘱的六种法定形式，也就是说，只有符合遗嘱的实质要件，具备了法定的形式，才会具有法律规定的效力。

阅读材料：标点符号标注不当可能引起歧义

北京市二中院曾判定一死者生前一份无标点留言"无法认定为遗嘱"。这名王姓男子生前一份留言因无标点而产生歧义，其妻张女士与亡夫前妻子女对簿公堂。

张女士诉称，她与王某婚后买了一套住房长期居住。王某病逝前留下遗嘱，称该房由张女士继承。张女士提交的一份王某书写的文字中称："将3005号房屋内有彩电一台洗衣机……衣物赠给老伴张女士使用及所有空口无凭为此留言为证。"张女士称，王某从不写标点，"将3005号房屋内有彩电一台洗衣机一个……"应分读为"将3005号房屋，内有彩电一台、洗衣机一个……"。但王某前妻三个子女却认为，该留言应解读为：将3005号房屋内的东西赠给张女士，而不包括房屋。法庭认为该留言如增加不同的标点，可有两种以上的不同解释。法官不可臆想死者的意思，故判决这份留言"无法认定为遗嘱"。（资料来源：《京华时报》2006年5月18日第四版）

解析：标点符号是无声的语言，运用不当，标错位置，多用或少用，都可能产生歧义。法律文书中出现了有歧义的语句可能会直接导致法律文书无效。

第四节　遗产的处理

一、遗产管理人

（一）遗产管理人的选任

遗产管理人是在继承开始后遗产分割前，负责处理涉及遗产有关事务的人。被继承人死亡后，如何处理遗产不仅涉及继承人之间的利益分配，还涉及被继承人生前的债权人的利益。因此，需要有人妥善保管遗产，并在不同主体之间分配好遗产。随着我国经济的快速发展，人民群众的财富不断增加，自然人死亡后，留下的遗产也往往很多，很多被继承人在留下巨额遗产的同时，也还有很多债务需要偿还，因此，建立遗产管理人制度显得越来越有必要。《民法典》继承编第1145条规定："继承开始后，遗嘱执行人为遗产管理人；没有遗嘱执行人的，继承人应当及时推选遗产管理人；继承人未推选的，由继承人共同担任遗产管理人；没有继承人或者继承人均放弃继承的，由被继承人生前住所地的民政部门或者村民委员会担任遗产管理人。"另外，第1146条规定："对遗产管理人的确定有争议的，利害关系人可以由人民法院申请指定遗产管理人。"结合《民事诉讼法》的相关规定，申请法院指定遗产管理人适用特别程序审理。

（二）遗产管理人的职责

遗产管理人选任之后，就要承担起管理遗产的职责。遗产管理人管理遗产就要实施各种管理遗产的行为，法律也就有必要明确遗产管理人职责的权限和范围。遗产管理人应当在法律规定的权限范围内实施管理遗产的行为。

根据《民法典》继承编第1147条规定，遗产管理人的职责包括以下几个方面：

（1）清理遗产并制作遗产清单。遗产管理人要管理遗产，首先必须掌握被继承人所遗留的财产有哪些。因此，遗产管理人的首要职责就是清理遗产。清理遗产就是要清查整理所有的遗产，既要清理被继承人遗留的动产，也要清理不动产；既要清理有形财产，也要清理无形资产；既要清理债权，也要清理债务。清理遗产还包括应当将被继承人的个人财产与家庭共有财产予以区分，将个人财产与夫妻共同财产予以区分。遗产管理人在清理遗产时，就要实施清点遗产的必要行为。比如，向占有遗产的继承人、利害关系人了解情况，查询被继承人投资的公司的财务状况，向银行查询被继承人的存款情况等。其他相关主体应当予以配合，确保遗产管理人能够依法履行职责。遗产管理人在清理遗产后，应当制作书面的遗产清单，详细列明被继承人遗留的所有财产情况、债权债务情况等。

（2）向继承人报告遗产情况。继承人是有权参与遗产分割的人，与遗产有密切的利害关系。遗产管理人清理遗产并制作遗产清单后，应当向继承人报告遗产情况。首先，遗产管理人应当向全体继承人报告，既包括遗嘱继承人，也包括法定继承人。虽然被继承人生前的债权人要通过遗产清偿实现自己的债权，受遗赠人也可以获得被继承人所赠与的财产，但本项并未规定遗产管理人必须向债权人、受遗赠人报告遗产情况。因此，遗产管理人报告的对象仅限于继承人，而不包括受遗赠人和被继承人的债权人。其次，报告的应当是书面形式，因为遗产管理人有制作遗产清单的义务，遗产管理人制作遗产清单后，就应当以书面形式向继承人报告。最后，遗产管理人应当向继承人全面报告遗产情况，就是要把所有的遗产情况告知全体继承人，包括各种不同的遗产类型，以及被继承人的债权债务等。当然，如果被继承人在遗嘱中特别说明某项遗产应当秘密归属于某个特定的继承人，则不宜向全体继承人公布。

（3）采取必要措施防止遗产毁损、灭失。遗产管理人不仅需要清点遗产，还需要承担起积极妥善保管遗产的职责。在发现遗产存在毁损、灭失的风险时，就要采取必要的措施防止遗产毁损、灭失。遗产管理人在接受遗产后，应当妥善保管遗产，这是遗产管理人最基本的职责。遗产的毁损、灭失包括两种情况：第一种就是物理上的毁损、灭失。比如，遗产中包括易腐烂的水果、海鲜等，此类遗产如果不及时采取措施处理，可能腐败变质失去价值。遗产管理人此时就应当将此类遗产予以出售变现，保留其现金价值。第二种就是法律上的毁损、灭失。比如，遗产中的部分动产遭受侵权威胁，或者被侵权人占有，甚至被犯罪分子盗窃等。遗产的完整权利受到威胁，此时遗产管理人也应当采取必要的法律措施，确保遗产不遭受非法侵害。需要注意的是，遗产管理人仅有防止遗产毁损、灭失的职责，而没有确保遗产增值的义务。比如，遗产中有上市公司股票若干，若正值股票市场动荡时期，股票价值波动很大，遗产管理人是否有必要根据市场价格情况将此股票出售，以防止股票贬值呢？遗产管理人对遗产不宜有太大的处分权，只要确保遗产处于正常状态，不至于毁损、灭失即可。当然，如果遗产管理人是由全体继承人共同担任，在全体继承人协商一致的情况下对遗产实行必要的处分，也是可以的。

（4）处理被继承人的债权债务。遗产不仅包括各种动产、不动产，还包括被继承人所享有的各种债权。遗产管理人的职责之一就是处理被继承人的债权债务。首先是处理债权。遗产管理人在清理遗产时，发现被继承人生前有债权的，应当依法向债务人主张债权，这种债权既包括合同之债，也包括侵权之债，还包括不当得利和无因管理之债。只要债务人未偿还所欠被继承人的债务，遗产管理人就可以通过各种方式（包括诉讼方式）依法请求债务人偿还。其次是处理债务。在分割遗产之前，应当清偿被继承人生前债务。因此，遗产管理人如果发现被继承人生前负有债务的，也应当以遗产偿还此债务。当然，如果发现被继承人所遗留的债权债务仍处于诉讼程序之中，尚未最终确定，此时，遗产管理人就应当积极参与相关诉讼，依法维护遗产所涉及的权益，确保遗产利益最大化。遗产管理人处理完债权债务后，也应当将处理情况向继承人报告，以便继承人掌握遗产的实际情况。

（5）按照遗嘱或者依照法律规定分割遗产。遗产管理人妥善保管遗产仅仅是暂时性职责，其最终任务就是分割遗产。遗产管理人分割遗产的依据包括：第一是遗嘱要求。如果被继承人生前留下了遗嘱，遗产管理人首先需要根据被继承人所立遗嘱处理遗产。如果遗嘱指定由特定继承人继承某些遗产，则应当将该遗产分配给特定继承人；如果遗嘱中明确将某些遗产赠与特定的个人或者组织，遗产管理人应当遵从遗嘱的要求，将该遗产交由遗嘱指定的受遗赠人。第二是法律规定。如果被继承人生前没有留下遗嘱，遗产管理人需要按照法定继承的相关规则来分割遗产。此时，遗产管理人必须按照《民法典》继承编第二章法定继承中所规定的继承人范围、顺序、分配原则等分割遗产。当然，如果被继承人生前签订了遗赠扶养协议，那么遗产管理人就应当优先按照遗赠扶养协议的约定来处理遗产。

（6）实施与管理遗产有关的其他必要行为。遗产管理人除了实施前面5项管理遗产的必要行为之外，还应当实施其他与管理遗产有关的必要行为，比如，参与涉及遗产的有关事项，对遗产情况开展必要的调查等。本项为兜底性的规定，只要基于管理遗产的需要，遗产管理人就可以实施相关的行为，确保遗产得到妥善有效的管理。

（三）遗产管理人的报酬与责任

《民法典》继承编第1148条规定了遗产管理人的责任。遗产管理人应当依法履行职责，如果是因故意或者重大过失造成继承人、受遗赠人、债权人损害的，应当承担民事责任。因此，遗产管理人承担民事责任的构成要件包括：第一，遗产管理人在客观上实施了不当的遗产管理行为。遗产管理人必须是在实施遗产管理过程中给利害关系人造成了损害。如果不是因为遗产管理行为损害了继承人、受遗赠人、债权人的利益，则不属于本条规定的范畴，应当按照《民法典》侵权责任编或者其他法律的规定承担责任。第二，遗产管理人在主观上有故意或者重大过失。所谓故意，就是明知会侵害他人权益而为之。所谓重大过失，就是违反一般正常管理者应尽的谨慎注意义务。第三，遗产管理人的行为给继承人、受遗赠人、债权人造成了损害，也就是遗产管理人的不当管理行为造成遗产的损失，进而损害了继承人、受遗赠人、债权人的利益。遗产管理人的前述行为造成继承人、受遗赠人、债权人损害的，需要承担民事责任，即需要承担赔偿损失等责任。

遗产管理人管理遗产必然需要耗费时间和精力，特别是对于巨额遗产的管理人而言，需要花费更多的精力。遗产管理人不仅要履行法律规定的职责，还需要承担因过错造成利害关系人损失的责任。权利应当与义务相匹配，赋予遗产管理人获得报酬的权利是有必要的，也是合理的。遗产管理人可以依照法律规定或者按照约定获得报酬。

二、遗产的处理

（一）遗产的概念和特征

《民法典》继承编第1122条对遗产的概念及范围作了明确的规定："遗产是自然人死亡时遗留的个人合法财产。依照法律规定或者根据其性质不得继承的遗产，不得继承。"根据上述规定，遗产的法律特征如下：

（1）遗产是自然人死亡时遗留的财产。自然人生前已经处分的财产，不管是否为其继续占有，因丧失所有权而不得作为遗产。同样，对自然人生前享有所有权，但为他人占有的财产不得列为遗产。

（2）遗产是死亡自然人的个人财产。与死者生前共同生活的其他人的财产，如夫妻共有财产中属于生存配偶的财产部分，以及家庭共有中属于其他家庭成员所有的财产，不得作为遗产。

（3）遗产是死亡自然人遗留的合法财产。死者生前的非法所得以及非法侵占的国家、集体以及其他人的财产，不得作为遗产。遗产必须具有合法性。

（4）除专属于被继承人不可转让的财产权利外，遗产应是死亡自然人遗留的一切性质的财产，包括财产权利和财产义务，也称财产负担。财产权利包括所有权、债权、知识产权中的财产权利以及法律规定可以继承的其他合法财产利益。财产义务指被继承人生前已经发生的各种财产负担，如各种税款、费用和未清偿的债务，因其也是被继承人生前财产的组成部分，死后应一并列入遗产范围。

（二）遗产的范围

根据《民法典》继承编第1122条规定："遗产是自然人死亡时遗留的个人合法财产。依照法律规定或者根据其性质不得继承的遗产，不得继承。"该条概括规定了遗产的范围，改变了《继承法》列举的方式。随着社会主义市场经济的不断发展，财产的种类丰富多样，新的财产类型不断出现，《民法典》总则也规定了各种财产权的种类，没有必要在继承编重复列明各种财产类型为遗产的范围。因此，概括规定了遗产的范围更加合适，即遗产是自然人死亡时遗留的个人合法财产。理解遗产的范围需要从三个方面把握：第一，遗产首先是财产或财产性权益，非财产性权利（人格权、人身权或相关权益）不得作为遗产继承。第二，遗产必须是合法的财产，非法的财产不属于遗产的范围。第三，遗产必须是被继承人个人的财产，非个人财产不属于遗产的范围。我国有些财产性权益带有社会保障性质，而非属于个人。比如，农村土地承包经营权、宅基地使用权等。

《民法典》继承编第1151条规定："存有遗产的人，应当妥善保管遗产，任何组织或者个人不得侵吞或者争抢。"人民法院对故意隐匿、侵吞或争抢遗产的继承人，可以酌情减少其应继承的遗产。

（三）被继承人债务的清偿

（1）被继承人的债务，是指被继承人生前个人依法应当缴纳的税款和完全用于个人生活需要所欠下的债务。它具有如下特征：一是被继承人生前所欠下的债务，具有明显的时间性。被继承人死亡后因进行殡葬事宜而支出的费用，不是被继承人的债务，理论上应属于其继承人的债务。当然也有立法认其为特殊债权，需从遗产中优先清偿的。二是以被继承人名义、因个人生活需要所欠下的债务。有的债务虽是以个人名义欠下的，但是为了家庭共同生活需要或偿还家庭债务等而产生的债务，不属此范畴，应属家庭债务，以家庭共有财产清偿。

（2）被继承人债务的清偿。我国《民法典》继承编第1161条规定："继承人以所得遗产实际价值为限清偿被继承人依法应当缴纳的税款和债务。超过遗产实际价值部分，继承人自愿偿还的不在此限。"因此，在被继承人债务的清偿中，应注意以下几点：①被继承人债务清偿的限定继承原则。即继承人对被继承人的债务清偿仅以遗产的实际价值为限，超过遗产实际价值的债务，继承人不承担偿还责任。但对此超过遗产实际价值的债务，继承人自愿偿还的，不在此限。如果继承人放弃继承的，可以不负偿还义务。②执行遗嘱不得妨碍遗嘱人依法应当缴纳的税款或债务。即只有在被继承人的债务清偿完毕、遗产尚有剩余时，才能执行遗嘱的内容。③继承人中有缺乏劳动能力又没有生活来源的人，即使遗产不足清偿债务，也应为其保留适当遗产，然后再按《民法典》继承编和《民事诉讼法》的有关规定清偿债务。④遗产已被分割而未清偿债务时，如既有法定继承又有遗嘱继承和遗赠的情形，首先应由法定继承人用其所得遗产清偿债务；不足清偿时，剩余的债务由遗嘱继承人和受遗赠人按比例用所得遗产偿还；如果只有遗嘱继承和遗赠的，由遗嘱继承人和受遗赠人按比例用所得遗产偿还。

三、无人继承的遗产处理

（一）无人继承的遗产的概念与范围

无人继承的遗产是指既没有继承人又没有受遗赠人承受的遗产。自然人死亡后，一般都有继承人或受遗赠人。但是，在有些特殊情况下也可能会出现无人接受被继承人遗产的情况。从实践来看，无人继承的遗产主要有三大类：（1）自始至终没有相关继承人。没有法定继承人、遗嘱继承人和受遗赠人。（2）因放弃导致遗产无人继承。法定继承人、遗嘱继承人放弃继承，受遗赠人放弃受遗赠。（3）因继承权丧失导致遗产无人继承。法定继承人、遗嘱继承人丧失继承权，受遗赠人丧失受遗赠权。

（二）无人继承的遗产的处置

（1）无人继承的遗产的最终归属。《民法典》继承编第1160条规定："无人继承又无人受遗赠的遗产，归国家所有，用于公益事业；死者生前是集体所有制组织成员的，归所在集体所有制组织所有。"可见，遗产由国家或者生前所在集体组织所有。遗产本身就是财产，为了最大化地利用资源，使更多人享受社会成果以及防止无人继承的遗产因无继承人而出现对该遗产的恶意抢占，从而引发不必要的争端，只要被继承人的遗产实际上无人受领，就会形成无人继承遗产，此种情况下，遗产不能任由他人先占取得。同时我国社会保障体系对公民的保护与福利政策，将无人继承的情况下归国家所有也是权利义务一致性的体现。

（2）无人继承的遗产的用途。《民法典》继承编第1160条明确了归国家所有的无人继承财产用途必须是公益事业。公益事业可以是教育事业、医疗事业、慈善事业等。用于公益事业就不能用于非公益事业，比如，用于行政办公经费支出。而对生前归属于所在集体组织所有的遗产，由集体组织自行处理。

（3）酌情分得遗产权。法定继承制度的重要特征是具有身份性，一般将被继承人的遗产分配给与被继承人具有血缘关系、婚姻关系的人。然而，如果将继承活动仅仅限定在有一定的血缘关系、婚姻关系的人之间，有时可能会不公平，特别是如果与被继承人形成扶养关系的人并不属于继承人，即使其与被继承人有非常密切的经济、生活和情感上的联系，在被继承人没有订立遗嘱的情况下，也不能继承其任何遗产。因此，对继承人以外的与被继承人之间具有扶养关系的人分给适当遗产的制度具有重要的意义和价值。《民法典》继承编第1131条规定："对继承人以外的依靠被继承人扶养的人，或者继承人以外的对被继承人扶养较多的人，可以分给适当的遗产。"

11

第十一章
婚姻家庭救助制度

思政目标

通过对家庭教育指导令和人身保护令制度的讲解，
让学生理解保护弱者，以人民为中心的立法精神，
树立平等、互爱、友善、和谐、法治的婚姻家庭理念。

案 例

金某（男）与白某于2014年结婚，婚后育有一儿一女，但不幸的是，2018年女儿因病导致大脑损伤，经过治疗仍不见好转，家里经济状况日益糟糕。迫于无奈，金某将女儿遗弃。此后金某时常酗酒，并沾染上赌博的恶习，甚至在酗酒后对白某以及儿子实施家庭暴力。2020年白某不堪忍受家暴，带上儿子离家出走前往外地生活。白某在工作时与同事王某互生好感，白某准备回家办理离婚手续。

问 题

针对白某的情况，我国婚姻家庭救济渠道有哪些？

第一节　婚姻家庭救助制度概述

一、婚姻家庭救助制度的概念

婚姻家庭救助制度，是指在婚姻家庭领域中保障法律实施，制止、惩戒不法侵害行为，对受害人的人身、财产及精神损害给予必要补偿的法律制度。

二、婚姻家庭救助制度的内容

违反婚姻家庭法的法律责任是婚姻家庭救助法的主要内容。一般而言，任何立法都会设定法律责任一章。所谓法律责任，是指行为人的行为因违反了法律规定所产生的具有强制性的法律结果。法律责任是对违法行为的一种约束和制裁，是对违法行为人的一种惩罚，其目的是保证法律的有效实施。法律责任具有国家强制性，表现为国家对要承担法律责任的行为一定予以追究，这是它不同于一般社会责任和道德责任的重要特征。

《民法典》婚姻家庭编与其他法律一样都是依靠国家强制力保障实施的行为规范。《民法典》婚姻家庭编对法律责任重新按照体系进行调整，形成了更为严密的法律责任体系。这对于巩固新时代社会主义婚姻家庭制度，维护法律的严肃性和保护当事人的合法权益，净化社会风气都必将产生积极的影响。

对于违法行为人，依据情节的轻重可以追究其行政责任、民事责任、刑事责任。

（1）可以追究行政责任的违法行为主要有：

①实施家庭暴力或虐待家庭成员，依据《中华人民共和国治安管理处罚法》（以下简称《治安管理处罚法》）的有关规定予以罚款、拘留或警告。2016年的《反家庭暴力法》更是通过单行立法的方式反对家庭暴力，国家禁止任何形式的家庭暴力。《妇女权益保障法》第65条规定，禁止对妇女实施家庭暴力。同时也明确了受害妇女经受家庭暴力时，相关部门以及单位要在职责范围内预防和制止家庭暴力，这些部门

和单位包括县级以上人民政府有关部门、司法机关、社会团体、企业事业单位、基层群众性自治组织以及其他组织。

②对于其他行为予以行政处罚。依据有关规定主要包括：有包办、买卖婚姻或其他干涉婚姻自由的行为，尚未使用暴力的；弄虚作假，骗取结婚证、离婚证、收养证或解除收养证的；虐待、遗弃家庭成员，按其情节尚不足以追究刑事责任的；违反义务教育法的规定，不送适龄子女或被监护人入学，经当地人民政府批评、教育、督促，仍拒不改正的，但并非出于父母或监护人过错的除外；违反劳动法规，强迫16周岁以下的子女或者被监护人充当童工的；对未成年子女滥施体罚，经教育不改的。行政处罚包括严厉的批评教育、罚款、拘留、劳动教养等。

③对于违反婚姻法的情节较轻的当事人，可以由其所在的机关、团体和企事业单位予以行政处分。行政处分包括警告、记过、记大过、降职降级、开除公职等。

（2）可以追究民事责任的违法行为主要有：

①对遗弃家庭成员，受害人可以请求人民法院依法作出支付扶养费、抚养费、赡养费的判决。

②因一方重婚、实施家庭暴力或虐待、遗弃家庭成员而导致离婚的，无过失方有权请求损害赔偿。

③离婚后另一方发现隐藏、转移、变卖、毁损夫妻共同财产，或伪造债务的行为，可以向人民法院提起诉讼，请求再次分割夫妻共同财产。

④其他行为。依据有关规定，其他行为主要包括：借婚姻索取财物，按情节应当返还的；干涉婚姻自由，致他人人身受到损害的；收养关系解除后，成年养子女和生父母不履行收养法所规定的义务的。

（3）可以追究刑事责任的犯罪行为主要有：

①重婚罪、虐待罪、遗弃罪。

②其他犯罪，主要有故意杀人罪、过失致人死亡罪、故意伤害罪、过失致人重伤罪、侮辱罪，诽谤罪、强奸罪、破坏军婚罪、暴力干涉婚姻自由罪等。

刑事法律责任、民事法律责任和行政法律责任都是维护社会正常秩序、保护公民和组织合法权利的有效法律手段，都带有强制性，但它们又是不同法律部门的不同制度，有不同的特征和作用。其区别主要表现在：第一，法律强制的程度不同。刑事责任只能由司法机关依法追究，行政责任由法律授权的行政机关确定，而且这两种责任一经确定生效，必须执行。民事责任除了依照诉讼和仲裁程序确定外，还可以由双方当事人协商确定，受害人有权要求加害方承担责任，也可以放弃权利免除对方的责任。第二，责任的性质不同。刑事责任所对应的行为一般是犯罪行为，而行政责任和民事责任所对应的行为可能既有犯罪行为又有违法行为。三种责任都有惩罚性，但刑事责任、行政责任的惩罚性非常明显，而民事责任的补偿性更为鲜明。第三，承担责任的原则不同。刑事责任以罪刑相适应为原则，适用经济制裁时并不完全以造成的实际损失为标准，追缴的财产交国库所有。而民事责任的承担以恢复原状和适度赔偿为原则，责令和协议交付的财产一般归受害人所有。

刑事、民事、行政法律责任既可以单独适用，又可以同时适用。有时一项违法行为要同时负几种法律责任，如故意杀人，不但要负刑事责任，还要对受害方承担民事赔偿；又如，违反《治安管理处罚法》要接受行政处罚，同时也不排除要承担民事责任。

第二节　婚姻家庭社会救助

一、婚姻家庭社会救助的概念

婚姻家庭社会救助，是指应当事人的请求，得到法律授权的组织或单位，对发生在婚姻家庭生活中的违法行为加以劝阻、制止、调解，从而教育有违法行为的当事人，合理解决有关纠纷，维护社会主义婚姻家庭秩序的活动。

我国《反家庭暴力法》第13条规定："家庭暴力受害人及其法定代理人、近亲属可以向加害人或者受害人所在单位、居民委员会、村民委员会、妇女联合会等单位投诉、反映或者求助。有关单位接到家庭暴力投诉、反映或者求助后，应当给予帮助、处理。"

二、婚姻家庭社会救助的主体

依照《反家庭暴力法》的第13条规定，实施社会救助的主体是当事人所在单位、居民委员会、村民委员会、妇女联合会等单位。居民委员会和村民委员会是我国在城市和农村的群众性自治组织。《中华人民共和国城市居民委员会组织法》规定，居民委员会的任务包括：宣传宪法、法律、法规和国家的政策，维护居民的合法权益，教育居民履行依法应尽的义务，爱护公共财产，开展多种形式的社会主义精神文明建设活动；办理本居住地区居民的公共事务和公益事业；调解民间纠纷；协助维护社会治安；协助人民政府或者它的派出机关做好与居民利益有关的公共卫生、优抚救济、青少年教育等项工作；向人民政府或者它的派出机关反映居民的意见、要求和提出建议。《中华人民共和国村民委员会组织法》规定，村民委员会的任务包括办理本村的公共事务和公益事业，调解民间纠纷，协助维护社会治安，向人民政府反映村民的意见、要求和提出建议。

当事人所在单位指的是双方当事人各自的所在单位，既包括加害人所在单位，也包括受害人所在单位。它们应当关心在本单位工作的职工的切身利益，发挥一定的教育管理职能作用，因此，法律赋予了它们对于本单位成员的婚姻家庭救助之责。

另外，按照一般的理解以及以往的惯例，有关的群众组织，比如各级妇联、共青团、工会等组织也可以采取一定的婚姻家庭救助措施。

三、婚姻家庭社会救助的内容

（一）社会救助的条件

旧《婚姻法》在规定社会救助的条款中，均以"受害人提出请求"为前提条件。要求给予社会救助，也只有在受害人行使这项权利、提出救助请求的情况下，居民委员会、村民委员会或者当事人所在单位才能依法进行救助活动。换言之，受害人提出请求是社会救助的必要条件，如果没有受害人的请求，有关组织和单位一般情况下不能主动介入。结合社会发展的现实，《反家庭暴力法》扩大了提出请求的主体，家庭暴力受害人、法定代理人及近亲属可以向公安机关报案或者依法向人民法院起诉。

（二）社会救助的对象及方式

根据《反家庭暴力法》第13条规定，家庭暴力受害人及其法定代理人、近亲属可以向加害人或者受害人所在单位、居民委员会、村民委员会、妇女联合会等单位投诉、反映或者求助。有关单位接到家庭暴力投诉、反映或者求助后，应当给予帮助、处理。编者认为，虽然《反家庭暴力法》规定了相关单位对家庭暴力受害人的救助，但是诸如虐待、遗弃家庭成员也应纳入该范围。《民法典》第1042条第3款规定："禁止家庭暴力。禁止家庭成员间的虐待和遗弃。"

有关单位收到家庭暴力投诉、反映或者求助后，应当给予帮助、处理。同时法律也赋予了任何单位与个人部分权利去阻止正在发生的家庭暴力。《反家庭暴力法》第13条第3款规定："单位、个人发现正在发生的家庭暴力行为，有权及时劝阻。"

第三节　婚姻家庭行政救助

一、婚姻家庭行政救助的概念

婚姻家庭行政救助，是指发生婚姻家庭违法行为时，有关国家行政机关采取的救助行动和行政措施。

二、婚姻家庭行政救助的主体

依据我国现行法律的规定，婚姻家庭行政救助的主体是公安机关。也就是说，公安机关按照法律赋予的职能，行使相应的行政权力，保证自然人在婚姻家庭生活中合法的人身和财产权利不受非法侵害，这是其负有的重要责任，也是婚姻家庭救助的重要内容。

三、婚姻家庭行政救助的内容

（一）行政救助的条件

《反家庭暴力法》第13条第2款、第3款规定："家庭暴力受害人及其法定代理人、近亲属也可以向公安机关报案或者依法向人民法院起诉。单位、个人发现正在发生的家庭暴力行为，有权及时劝阻。"因此公安机关对报案的情况可以进行救助，对于正在发生的家庭暴力行为也有权进行劝阻，构成违反治安管理行为的给予治安管理处罚更是其本职义务。

（二）行政救助对象及方法

依照《反家庭暴力法》《治安管理处罚法》等相关规定，适用于婚姻家庭行政救助的情形有：加害人实施家庭暴力；虐待家庭成员，被虐待人要求处理的；遗弃没有独立生活能力的被扶养人。

行政救助的方法，包括制止不法侵害行为和对不法行为人给予行政处罚两种。《反家庭暴力法》第13条第2款、第3款规定，对于正在实施的家庭暴力，可以进行劝阻。《反家庭暴力法》第33条规定，加害人实施家庭暴力，构成违反治安管理行为的，依法给予治安管理处罚；构成犯罪的，依法追究刑事责任。另外，《治安管理处罚法》第45条规定，对于虐待家庭成员，被虐待人要求处理的以及遗弃没有独立生活能力的被扶养人的情形，处五日以下拘留或者警告。

公安机关还应依法对某些婚姻家庭领域中的犯罪行为进行侦查，但这种活动不属于行政救助，而属于司法救助的范围。

第四节　婚姻家庭司法救助

一、婚姻家庭司法救助的概念

婚姻家庭司法救助，是指司法机关通过侦查、检察和审判活动，依法对婚姻家庭领域中的违法犯罪行为进行刑事制裁或者追究民事法律责任，从而维护自然人合法权益，保证社会主义婚姻家庭关系稳定和健康发展的行为。

二、婚姻家庭司法救助的内容

婚姻家庭司法救助分为民事救助和刑事救助两种。

（一）民事救助

民事救助，是指人民法院通过民事审判活动，制裁不法行为，维护婚姻家庭关系中受害人的合法权益的行为。婚姻家庭民事法律救助主要包括如下几种：

❶ 离婚损害赔偿

详见本书第九章第四节的内容。

❷ 对离婚时财产侵权行为的处理

离婚时的财产侵权行为，指的是一方在离婚时隐藏、转移、变卖、毁损夫妻共同财产或伪造债务企图侵占另一方财产的行为。

随着我国社会主义市场经济的发展以及人民生活水平的提高，夫妻共同财产的结构日趋复杂，数量也逐渐增多。我国目前尚很难通过税收制度等确切掌握公民个人所得和财产总量，使得个人隐藏、转移财产成为可能，特别是有些重婚或者有配偶又与他人同居的人，往往有预谋、有目的地隐藏、转移、变卖、毁损夫妻共同财产，有的甚至伪造债务来侵占另一方的财产。为了保护公民婚姻家庭生活中合法的财产权益，《民法典》规定凡是有上述不法行为者应当承担法律责任。

关于离婚时财产侵权的民事法律责任，《民法典》《民事诉讼法》以及相关司法解释主要有如下规定：

第一，诉讼参与人或其他人隐藏、转移、变卖、毁损已被查封、扣押的财产，或者已被清点并责令其保管的财产，或者已被冻结的财产的，人民法院可以根据情节予以罚款和拘留；构成犯罪的，依法追究刑事责任。

第二，如果当事人发现对方有隐藏、转移、变卖、毁损共同财产行为的，可以向人民法院申请采取财产保全措施。

第三，人民法院在审理离婚案件分割夫妻共同财产时，对隐藏、转移、变卖、毁损、挥霍夫妻共同财产或伪造夫妻共同债务企图侵占另一方财产的，可以少分或不分。

第四，离婚后，另一方发现有上述行为的，可以向人民法院提起诉讼，请求再次分割夫妻共同财产。

❸ 人身安全保护令

当事人因遭受家庭暴力或者面临家庭暴力的现实危险等，可以向申请人或者被申请人居住地、家庭暴力发生地的基层人民法院申请人身安全保护令。

《反家庭暴力法》中对"家庭暴力"形式界定为殴打、捆绑、残害、限制人身自由以及经常性谩骂、恐吓等方式实施的身体、精神等侵害行为。《最高人民法院关于办理人身安全保护令案件适用法律若干问题的规定》对家庭暴力行为种类作了列举式扩充，明确冻饿或者经常性侮辱、诽谤、威胁、跟踪、骚扰等方式实施的身体或者精神侵害行为均属于家庭暴力。

（1）申请主体。根据《反家庭暴力法》第23条规定，人身安全保护令申请的主体是遭受家庭暴力或者面临家庭暴力的现实危险的当事人，若当事人是无民事行为能力人、限制民事行为能力人，或者因受到强制、威胁等原因无法申请人身安全保护令的，其近亲属、公安机关、妇女联合会、居民委员会、村民委员会、救助管理机构可以代为申请。同时，根据《妇女权益保障法》第29条规定，对妇女作出了特殊的保护，妇女遭受或者面临以恋爱、交友为由或者在终止恋爱关系、离婚之后，纠缠、骚扰妇女，泄露、传播妇女隐私和个人信息的侵害或现实危险时，也可以向人民法院申请人身安全保护令。

（2）管辖法院。人身安全保护令案件由申请人或者被申请人居住地、家庭暴力发生地的基层人民法院管辖。

（3）作出人身安全保护令的条件与形式。只有满足以下条件，人民法院才会以裁定形式作出人身安全保护令：第一，有明确的被申请人；第二，有具体的请求；第三，有遭受家庭暴力或者面临家庭暴力现实危险的情形或以恋爱、交友为由或者在终止恋爱关系、离婚之后，纠缠、骚扰妇女，泄漏、传播妇女隐私和个人信息的情形，以上条件缺一不可。

（4）人身安全保护令的受理与驳回。人民法院受理申请后，应当在72小时内作出人身安全保护令或者驳回申请；情况紧急的，应当在24小时内作出。

（5）人身安全保护令的具体措施。人民法院作出的人身安全保护令，包括下列形式的措施：第一，禁止被申请人实施家庭暴力；第二，禁止被申请人骚扰、跟踪、接触申请人及其相关近亲属；第三，责令被申请人迁出申请人住所；第四，保护申请人人身安全的其他措施。

（6）人身安全保护令的期限。人身安全保护令的有效期不超过六个月，自作出之日起生效。人身安全保护令失效前，人民法院可以根据申请人的申请撤销、变更或者延长。

（7）人身安全保护令不服的救济渠道与执行。申请人对驳回申请不服或者被申请人对人身安全保护令不服的，可以自裁定生效之日起五日内向作出裁定的人民法院申请复议一次。人民法院依法作出人身安全保护令的，复议期间不停止人身安全保护令的执行。

人民法院作出人身安全保护令后，应当送达申请人、被申请人、公安机关以及居民委员会、村民委员会等有关组织。人身安全保护令由人民法院执行，公安机关以及居民委员会、村民委员会等应当协助执行。

阅读材料：人身安全保护令

吴女士因与丈夫叶先生感情破裂，搬离两人的共同住所，借住在外。三个月后，吴女士起诉离婚未果，时隔一年余，吴女士再次提出离婚诉讼请求，该案现仍在审理中。

然而在这期间，公公叶老伯竟多次跟踪吴女士，吴女士被迫报警求助。在出警录音中，被告叶老伯坦然表示"跟过，我肯定跟的，她离家出走，住在什么地方不告诉我""只要她居住在这里就会一直跟着"等内容。

由于叶老伯的跟踪行为，吴女士精神紧张、担惊受怕，严重影响了日常生活。

解析：依据《反家庭暴力法》《最高人民法院关于办理人身安全保护令案件适用法律若干问题的规定》的规定，妇女的隐私权等人格权受法律保护。家庭成员之间以冻饿或者经常性侮辱、诽谤、威胁、跟踪、骚扰等方式实施的身体或者精神侵害行为，应当认定为《反家庭暴力法》第2条规定的"家庭暴力"。现被告叶老伯的非法跟踪行为已经构成对吴女士私人生活安宁的侵害，吴女士可以向法院提出诉讼，并申请人身安全保护令。

④ 家庭教育指导令

家庭教育指导令是司法机关在办案过程中发现家庭教育缺失、不当或侵害未成年人合法权益时所发出的旨在纠正不当家庭教育行为的法律文书，其核心在于对家庭教育行为作出科学的规范和指引。目前，家庭教育指导令已经是司法机关参与家庭教育治理、提升家庭教育能力、改善未成年人家庭生活环境的重要方式。《中华人民共和国家庭教育促进法》（以下简称《家庭教育促进法》）实施以来，人民法院在办理家事案件过程中坚持最大限度保障未成年人合法权益，发现存在家庭教育缺失或不当行为时，通过积极发出家庭教育指导令，规范家庭教育行为，在改善未成年人家庭生活环境、提升家庭教育能力方面作出了很多有益探索。

2022年1月1日，《家庭教育促进法》正式实施，该法明确了家庭教育的概念、家长实施家庭教育的内容和方法，正式将家庭教育从"家事"升级为"国事"。

（1）家庭教育指导令的发布主体。

公安机关、人民检察院、人民法院在办理案件过程中，发现未成年人存在严重不良行为或者实施犯罪行为，或者未成年人的监护人或者其他监护人不正确实施家庭教育侵害未成年人合法权益的，可根据《家庭教育促进法》《未成年人保护法》等规定结合实际情况对监护人或者其他监护人予以训诫，并可以责令接受家庭教育指导。

（2）家庭教育指导令的适用对象。

家庭教育指导令的适用对象是未成年人所在的家庭还是仅针对其父母或监护人，能否对其他家庭成员发出家庭教育指导令，在司法实践中存有疑问。《家庭教育促进法》第2条规定，家庭教育是指父母或者其他监护人为促进未成年人全面健康成长，对其实施的道德品质、身体素质、生活技能、文化修养、行为习惯等方面的培育、引导和影响。可见，这里已经明确了家庭教育的责任主体是父母或其他监护人，法律所要约束的行为是监护关系中的家庭教育行为。因此，家庭教育指导令的适用对象不宜扩大为全体家庭成员，而应限定为监护关系中的监护责任主体，即父母或其他监护人。

（3）家庭教育指导令的适用情形。

在司法实践中，《家庭教育促进法》第49条规定是司法机关发出家庭教育指导令的直接法律依据。从该条规定可以归纳出家庭教育指导令主要针对三类行为：一是未成年人存在严重不良行为；二是未成年人实施犯罪行为；三是未成年人的父母或者其他监护人不正确实施家庭教育侵害未成年人合法权益。三类行为中，"犯罪行为"在刑法中有明确规定，无需赘述。

以"严重不良行为"为例，在《中华人民共和国预防未成年人犯罪法》第38条中也有明确规定，即严重不良行为是指未成年人实施的有刑法规定、因不满法定刑事责任年龄不予刑事处罚的行为，以及严重危害社会的行为，包括结伙斗殴，追逐、拦截他人，强拿硬要或者任意损毁、占用公私财物等寻衅滋事行为；非法携带枪支、弹药或者弩、匕首等国家规定的管制器具；殴打、辱骂、恐吓，或者故意伤害他人身体；盗窃、哄抢、抢夺或者故意损毁公私财物；传播淫秽的读物、音像制品或者信息等；卖淫、嫖娼，或者进行淫秽表演；吸食、注射毒品，或者向他人提供毒品；参与赌博赌资较大；其他严重危害社会的行为。未成年人存在以上严重不良行为的，法院可以对其父母或其他监护人发出家庭教育指导令。

阅读材料：要求孩子母亲履行监护职责的家庭教育指导令

2022年8月26日，渭源县法院公开开庭审理了原告李某诉被告张某离婚纠纷一案。李某与张某自由恋爱后于2012年8月办理婚姻登记，2013年生育男孩小张。共同生活期间，双方因家庭琐事发生矛盾，李某于2015年离家外出打工，后将张某诉至法院要求离婚。审理过程中，因张某涉嫌刑事犯罪，被羁押于看守所，承办法官通过远程提讯系统主持法庭调解，经调解后双方达成调解协议，确定解除婚姻关系，婚生男孩小张由张某直接抚养，由李某支付孩子抚养费27000元。

调解结案后，承办法官考虑到小张父亲张某因被采取刑事强制措施无法履行监护职责的实际情况，向实际照看小张的张某父亲征询了关于孩子抚养的意见。并针对李某离家外出多年对小张未尽到照护职责的事实，依法向李某发出家庭教育指导令，责令李某根据实际情况多与小张相处、沟通，及时了解小张的生活、生理、心理状况和情感需求，多与学校老师联系，掌握小张在校期间的学习及生活状况，切实承担养育义务。如违反本令，法院将依据《未成年人保护法》第118条、第129条及《家庭教育促进法》第54条的规定，视情节轻重，予以训诫、罚款、拘留；构成犯罪的，依法追究刑事责任。

解析：父母离婚后，未成年人的监护人仍然是其父母。虽然经法院调解后小张由其父亲张某抚养，但由于父亲张某被采取刑事强制措施无法履行监护职责，为保护未成年成长，法院根据法律法规并结合实际情况发出家庭教育指导令要求其母亲履行监护职责。

5 人民法院的判决或裁定的执行

人民法院的判决或裁定是法院行使国家赋予的审判职能，以事实为根据，以法律为准绳，依照法律程序作出的具有法律效力的结论性决定。判决或裁定一经作出，即以国家强制力为后盾，必须依法执行与实施，以确保当事人的权利不受侵犯，保证社会秩序的稳定和法律的严肃性。民事判决一般是指人民法院在查明案件事实的基础上，确定当事人双方的权利和义务，对整个案件作出的最后结论，解决的是案件的实体问题；民事裁定一般是指人民法院在审理民事案件过程中，对发生的各类程序问题作出的决定，如财产保全、先予执行的裁定，等等。

在现实生活中，由于各种原因，拒不执行人民法院有关扶养费、抚养费、赡养费、财产分割、遗产继承、探望子女等判决或裁定的情况时有发生。拒绝执行法院的判决或裁定的行为，不论何种原因，都必须承担法律责任，首先是民事法律责任。

《婚姻家庭编的解释（一）》第61条规定："对拒不履行或者妨害他人履行生效判决、裁定、调解书中有关子女抚养义务的当事人或者其他人，人民法院可依照民事诉讼法第一百一十一条的规定采取强制措施。"人民法院对有关财产判决和裁定的强制执行措施主要有：冻结、划拨被执行人的存款；查封、扣押、拍卖、变卖被执行人的财产；扣留、提取被执行人的收入；强制被执行人交付法律文书指定的票证或实物；强制被执行人迁出房屋；等等。属于人身关系的裁决不能直接强制执行，但是可以采取必要的手段促使当事人执行。《婚姻家庭编的解释（一）》第68条规定："对于拒不协助另一方行使探望权的有关个人或者组织，可以由人民法院依法采取拘留、罚款等强制措施，但是不能对子女的人身、探望行为进行强制执行。"

（二）刑事救助

① 刑事救助的含义

婚姻家庭刑事救助，是指通过依法追究犯罪行为人的刑事责任，保护我国的社会主义婚姻家庭制度，维护社会主义婚姻家庭关系和当事人的合法权益的行为。依法处罚婚姻家庭犯罪行为，既是对犯罪行为人的一种惩罚，又可以防止其再次犯罪，以达到特殊预防的目的。同时，通过这种制裁，向社会指明国家以暴力手段惩罚婚姻家庭犯罪的态度，从而收到一般预防的效果。

在发生婚姻家庭犯罪时，公安机关应当依法侦查，人民检察院应当依法提起公诉，人民法院应当依法进行判决。从过程看，公安机关、人民检察院和人民法院都负有进行婚姻家庭刑事救助的责任。当然，最后的结果还是要落足于人民法院的判决以及对判决的执行上。另外，必须将追究婚姻家庭犯罪的刑事责任和追究过错方的民事责任分别对待，不能混为一谈。追究婚姻家庭犯罪的刑事责任，并不能代替或者免除行为人应当承担的民事责任。

依照我国《刑法》的规定，暴力干涉婚姻自由罪和一般的虐待罪属于亲告罪，即受害人告诉的才予处理。

② 因家庭暴力导致的犯罪

实施家庭暴力本身是一类非法行为，并不是一种罪名，但这种非法行为可以导致《刑法》规定的如下犯罪：

第一种，实施家庭暴力，故意剥夺家庭成员生命的，构成故意杀人罪。在婚姻家庭范围内发生的故意杀人罪，犯罪的主体是家庭成员；犯罪的客体是其他家庭成员的生命权；犯罪的主观方面表现为杀人的故意，其中包括直接故意和间接故意；犯罪的客观方面表现为非法剥夺其他家庭成员生命的行为。依照《刑法》第232条规定，故意杀人的，处死刑、无期徒刑或者10年以上有期徒刑；情节较轻的，处3年以上10年以下有期徒刑。

第二种，实施家庭暴力，故意损害他人身体健康的，构成故意伤害罪。在婚姻家庭范围内的故意伤害罪，犯罪行为人和受害人应是一个家庭的成员；犯罪的客体是其他家庭成员的身体健康权；犯罪的主观方面是伤害家庭成员的直接或者间接故意；犯罪的客观方面是非法损害家庭成员身体健康的行为。依照《刑法》第234条的规定，故意伤害他人身体的，处3年以下有期徒刑、拘役或者管制；致人重伤的，处3年以上10年以下有期徒刑；致人死亡或者以特别残忍手段致人重伤造成严重残疾的，处10年以上有期徒刑、无期徒刑或者死刑。

第三种，实施家庭暴力，干涉家庭成员婚姻自由的，构成暴力干涉婚姻自由罪，应依照《刑法》第257条的规定，处2年以下有期徒刑或者拘役；致使被害人死亡的，处2年以上7年以下有期徒刑。

阅读材料：以暴力手段干涉家庭成员婚姻自由

王某某与妻子离婚后，独自照顾一子二女。2015年5月听闻其子（王小军）处了一个对象，但因为女方家境贫困，王某某希望其子断绝和女方往来，遭儿子拒绝。王某某非常生气，便开始留意儿子的行动，后发现他还在和女友来往，就对儿子进行殴打。同时，王某某找到女方，威胁女方不要再和她的儿子来往。此后王某某还多次因为此事殴打儿子，王小军痛苦不堪，于是在2015年6月和女方一起投河自杀，两人均死亡。

解析：王某某构成暴力干涉婚姻自由罪（致人死亡）。暴力干涉他人婚姻自由，造成他人死亡的，处暴力干涉婚姻自由罪，若发生致人死亡的结果，则构成暴力干涉婚姻自由罪的结果加重犯（致人死亡）。

③ 虐待罪

虐待，指经常以打骂、冻饿、禁闭、强迫过度劳动、有病不给治疗等方法，摧残、折磨家庭成员的行为。情节恶劣、后果严重的，构成虐待罪。在确定虐待罪的时候，必须划清罪与非罪的界限，即哪些属于一般的虐待行为，哪些行为已经构成虐待罪；并注意划清虐待罪与故意伤害罪、故意杀人罪的界限。一般来说，虐待罪表现为一个持续的过程，而故意杀人罪和故意伤害罪往往是一次性的暴力所致。

虐待罪的主体同样具有特殊性，必须是与被害人属于同一家庭的成员；犯罪的客体比较复杂，侵害的是包括家庭成员间的平等权利和被害人的人身权利；犯罪的主观方面必须是基于故意持续迫害、折磨被害人；客观方面必须是肉体的或精神的摧残行为，它们可能是单独使用的，也可能是同时或是交叉使用的。

我国《刑法》第260条第1款、第2款规定："虐待家庭成员，情节恶劣的，处二年以下有期徒刑、拘役或者管制。犯前款罪，致使被害人重伤、死亡的，处二年以上七年以下有期徒刑。"

4 遗弃罪

遗弃，是指对年老、年幼、患病或者其他没有独立生活能力的家庭成员，负有法定扶养、抚养和赡养义务而拒绝扶养、抚养和赡养的行为。情节恶劣、造成严重后果的可以构成遗弃罪。遗弃罪必须有遗弃家庭成员的故意，表现为应当作为而不作为，侵害了有关家庭成员的基本生存权利。我国《刑法》第261条规定："对于年老、年幼、患病或者其他没有独立生活能力的人，负有扶养义务而拒绝扶养，情节恶劣的，处5年以下有期徒刑、拘役或者管制。"

5 重婚罪

重婚罪包括两个方面：一方面，是有配偶者又与他人结婚的行为；另一方面，是明知他人有配偶而与之结婚的行为。由此可见，重婚罪的主体包括两种人，一种是有配偶的人，另一种是没有配偶但是明知他人有配偶而与之结婚的人。重婚罪必须有重婚的故意，如果误以为配偶已经死亡，或者不知道对方有配偶而与之结婚的，都不构成重婚罪。在客观方面，应当注意对重婚须作实质意义上的理解，不论是法律上的重婚（即办理了结婚登记的重婚），还是事实上的重婚，都构成本罪。

我国《刑法》第258条规定："有配偶而重婚的，或者明知他人有配偶而与之结婚的，处2年以下有期徒刑或者拘役。"根据《刑事诉讼法》的有关规定，对于重婚行为，受害人可以直接向人民法院提起自诉，也可以由人民检察院依法提起公诉。

6 其他犯罪

第一，破坏军婚罪。破坏军婚，指明知对方是现役军人的配偶而与之结婚或者同居的行为。这里的现役军人，是指有军籍的正在中国人民解放军或人民武装警察部队服役的军官、警官、文职干部、士兵以及有军籍的学员。复员军人、退伍军人、转业军人、人民警察、在军事部门或人民武装警察部队工作但无军籍的工作人员都不属现役军人。现役军人的配偶指与现役军人有合法夫妻关系的人，有婚约者、离婚者或有其他两性关系者都不能视为现役军人的配偶。

破坏军婚罪在主观上要求犯罪人明知对方是现役军人的配偶，对于能够证明自己不知道对方是现役军人的配偶或者受对方欺骗而不明真相的，不能以本罪论处。本罪在客观上要求行为人有与现役军人的配偶同居或结婚的行为。同居指经常公开或秘密地居住生活在一起；结婚是指登记结婚或公开以夫妻相称共同生活。

我国《刑法》第259条第1款规定："明知是现役军人的配偶而与之同居或者结婚的，处三年以下有期徒刑或者拘役。"按照规定，利用职权、从属关系，以胁迫手段奸淫现役军人的妻子的，不以破坏军婚罪论处，而是依据《刑法》第236条规定的强奸罪处罚。

第二，拒不执行判决、裁定罪。按照我国《刑法》第313条的规定，对人民法院的判决、裁定有能力执行而拒不执行，情节严重的，构成拒不执行判决、裁定罪。根据这一规定，对拒不执行人民法院有关扶养费、抚养费、赡养费、财产分割、遗产继承、探望子女等有效判决和裁定，情节恶劣的，可以追究刑事责任。这种犯罪的主体，只能是有执行人民法院判决、裁定义务的诉讼当事人，以及对判决和裁定有协助执行义务的人。在客观方面，构成此罪应当是对人民法院的判决、裁定有能力执行而拒不执行，且须是情节严重的，比如，隐藏、转移、变卖、故意毁损已被司法机关查封、扣押、冻结的财产，以暴力、威胁方法妨害或者抗拒执行，毁损、抢夺执行案件材料，等等。犯本罪，依法可处3年以下有期徒刑、拘役或者罚金。

主要参考文献

张贤钰主编：《婚姻家庭法教程》，法律出版社1995年版。

祝瑞开主编：《中国婚姻家庭史》，学林出版社1999年版。

史凤仪著：《中国古代的家族与身分》，社会科学文献出版社1999年版。

史尚宽著：《亲属法论》，中国政法大学出版社2000年版。

杨遂全著：《新婚姻家庭法总论》，法律出版社2001年版。

裴敬梅编著：《中华人民共和国婚姻法释义与适用指南》，中国人民公安大学出版社2001年版。

王胜明、孙礼海主编：《〈中华人民共和国婚姻法〉修改立法资料选》，法律出版社2001年版。

王丽萍、李燕编著：《新婚姻法释义与典型案例》，山东人民出版社2000年版。

吴高盛主编：《中华人民共和国婚姻法释义》，人民法院出版社2001年版。

巫昌祯主编：《中华人民共和国婚姻法讲话》，中央文献出版社2001年版。

李忠芳主编：《新〈婚姻法〉释义》，中共党史出版社2001年版。

钟佩娟主编：《婚姻法新释与例解》，同心出版社2000年版。

巫昌祯主编：《婚姻与继承法》，中国政法大学出版社1997年版。

巫昌祯、杨大文、王德义主编：《中华人民共和国婚姻法释义与实证研究》，中国法制出版社2001年版。

杨大文主编：《婚姻法学》，中国人民大学出版社1989年版。

陈爱萍、姬新江主编：《婚姻家庭法教程》，中国人民公安大学出版社2001年版。

蒋月主编：《新婚姻法导读》，厦门大学出版社2002年版。

巫昌祯主编：《中国婚姻法》，中国政法大学出版社1999年版。

陶毅主编：《新编婚姻家庭》，高等教育出版社2002年版。

马忆南著：《婚姻家庭法新论》，北京大学出版社2002年版。

孙彬、姬新江主编：《婚姻家庭法学》，中国人民公安大学出版社2004年版。

杨大文、龙翼飞主编：《婚姻家庭法》，中国人民大学出版社2020年第8版。

温静芳主编：《婚姻法实务》，国家开放大学出版社2020年版。

房绍坤、范李瑛、张洪波主编：《婚姻家庭继承法》，中国人民大学出版社2021年第7版。

夏吟兰主编：《婚姻家庭继承法》，中国政法大学出版社2021年第3版。

张伟主编：《婚姻家庭继承法学》，法律出版社2021年版。

黄薇主编：《中华人民共和国民法典婚姻家庭编解读》，中国法制出版社2020年版。